누가 나를 조선 여인이라 부르는가

누가 나를 조선 여인이라 부르는가

초판 1쇄 펴낸 날   2007. 5. 17

지은이 임해리
펴낸이 홍정우
펴낸곳 도서출판 가람기획
등록 제17-241(2007. 3. 17)
주소 (121-841)서울시 마포구 서교동 465-11 동진빌딩 3층
전화 (02)3275-2915~7 | 전송 (02)3275-2918
홈페이지 www.garambooks.co.kr | 전자우편 garam815@chol.com

ISBN 978-89-8435-272-8 (03910)

시대를 뛰어 넘은 조선 파워레이디 9인의 이야기

누가 나를 조선 여인이라 부르는가

임해리 지음

가람
기획

시대에 살지 않고, 시대를 넘어 살았던 여인들

흔히 18, 19세기를 영, 정조시대라 부르며 한국의 르네상스기(문예부흥)로 비유한다. 우리 역사상 가장 역동적이면서 가치관의 혼재로 충돌과 변화를 겪은 시대였다고 볼 수 있다.

임진왜란과 병자호란의 대 전쟁을 치룬 조선사회는 각 분야에 걸쳐 많은 변화가 일어날 수밖에 없었다. 무엇보다도 사농공상士農工商 중 양반 중심의 위계질서가 무너지면서 신분제의 동요를 가져왔고 몇몇 벌열閥閱 가문家門이 관직을 독점하면서 대다수 향촌사대부의 몰락을 초래했던 것이다.

한편 농업의 발달, 화폐경제의 급속한 성장, 중인과 서민층의 경제력 강화, 실학의 등장, 천주교 전래, 동학의 창도創道 등은 배금사상拜金思想과 여성들의 사회진출을 배가시켰으며 성리학적 지배질서의 붕괴와 함께 남존여비사상을 위협하기에 이르렀다.

이 시기에는 자수성가하여 큰 재산을 모은 여성, 자신이 남편을 선택하여 주체적인 삶을 꾸렸던 여성, 가족의 원수를 갚기 위해 복수하는 여성, 남편의 학문적 스승노릇을 한 여성이 있는가 하면 인간의 본능적 욕구를 적극적으로 추구하여 재혼하는 여성, 남의 첩으로 살기를 거부하고 중이 되어 집을 떠나는 여성, 신앙을 위해 독신으로 사는 여성 등 여성들의 삶이 각양각색이었다. 바로 그들의 공통점은 인습의 굴레에서 벗어나 자신의 의지대로 살고 싶다는 주체적 삶의 추구였던 것이다. 그리고 여성들의 이러한 의식은 점차 일반 대중 속으로 확산되어갔다. 결국 사회 전반에 걸친 대변화 속에서 전통적인 남존여비사상은 퇴색될 수밖에 없었고, 여성들은 인간으로서 여성으로서 주체적 삶에 눈뜨게 되었다. 자의식自意識의 각성은 사회의식을 성장시키는 출발점이 되었던 것이다.

그런 점에서 18, 19세기를 여성의 근대의식이 싹텄던 시기로 본다.

일반적으로 조선시대의 여성들은 가부장제의 규범 속에서 삼종지도三從之道와 여필종부女必從夫 사상에 순종하며 살았던 것으로 이해하기 쉽다. 그러나 그러한 시기는 성리학적 질서가 뿌리내리는 조선 중기에 국한될 뿐이며 그 시기에도 여성의 재산권과 제사 참여 등 일정한 권리를 보장받았던 것으로 학계에 알려져 있다. 오히려 18세기로 들어서면서 여성의 사회적 지위는 전대에 비해 현저히 낮아졌다고 한다. 사대부 집안에서는 여성들의 교육지침서인 〈내훈〉과 〈오륜행실도〉, 〈우암계녀서〉 등의 계속된 편찬 속에 적자嫡子 중심의 가부장제를 강화하려는 데 노력을 경주했다. 그럼에도 불구하고 일부 진취적 가풍을 지닌 성리학자나 실학자 집안에서는 여성의 학문적 소양을 인정하고 적극 후원해주기도 했다. 임윤지당(임윤지당 유고)이나 사주당 이씨(태교신기), 여성실학자 빙허각 이씨(규합총서)의 경우가 이에 속한다.

한편 여성의 활발한 경제활동은 전국적으로 재력가 여성들의 등장을 가져왔으며 제주 기생 김만덕은 많은 재물로 백성을 살리기도 했다.

또한 천주교가 전래되면서 천주교회사상 최초의 여회장 강완숙의 전교활동과 순교, 14세에 남장을 한 채 금강산과 여러 지방을 여행하고 최초의 여성 시동인회를 결성한 김금원, 여성의 의병활동을 고취시키고 의병항쟁에 나섰던 윤희순, 최초의 여성 판소리 명창 진채선, 여성계몽과 항일투쟁으로 평생을 바친 남자현 등은 이미 남존여비의 굴레를 벗어버리고 자신의 사상과 신념을 생의 깃발로 삼았던 여성들이었다.

필자가 18, 19세기의 여성들에게 주목하게 된 것은 오늘을 살고 있는 이 땅의 여성들에게 많은 교훈과 지혜를 줄 수 있다는 생각에서였다.

오늘날 여성들의 사회진출은 분야를 막론하고 활발하게 진행되고 있는 게 현실이며 가정에서도 경제권을 아내가 관리하면서 소비의 주체세력이 되었다. 여성국회의원의 대거 진출, 여성 법무부장관의 탄생, 여성 전문경영인의 증가, 전문직 여성의 모임뿐만 아니라 소비자운동, 환경보호운동, 사회복지사업은 그 대부분을 여성이 주도적으로 이끌어 가고 있는 실정이다. 대중의 사회의식을 반영하는 동시에 막대한 영향을 끼치는 매스컴에서도 여성문제에 있어 예전보다 훨씬 긍정적이며 수용적인 것도 사실이다. 물론 그 이면에는 구독권과 채널권을 여성들이 갖고 있다는 상업적 계산이 깔려 있는 것도 간과할 수는 없다.

한편 교육과정에서도 남녀의 성차별을 유도할 수 있는 내용들이 대폭 수정되기도 했다. 그럼에도 불구하고 국사 과목을 예로 든다면 우리 민족사 반만년을 자랑하지만 과연 그 찬란한 역사 속에 나오는 여성 인물은 몇이나 되었던가? 이는 초등학교 고학년부터 대학 교양과목에 이르기까지 별반 다르지 않은 것이 우리의 현주소인 것이다.

현재 우리 사회는 정치인의 정쟁 속에서 자본주의의 폐해와 함께 인터넷을 기반으로 한 정보화, 여성의 사회적 지위 향상(성적 평등권의 확보 등) 및 가정에서의 주도적 역할 담당, 독신의 급증, 세계적인 이혼율, 가족의 해체 등으로 홍역을 앓고 있다.

개인주의와 물질만능의 풍조, 국어와 국사교육의 실종, 외제선호병, 공공윤리의식의 저하, 공무원의 부정부패, 부유층의 사치와 향락, 도박산업의 성행, 중산층의 몰락과 서민층의 가족이산, 엽기적 살인과 방화범죄증가… 이것이 우리 사회의 자화상이다. 동시에 250년 전 사회의 복사판이라고 해도 과언이 아니다. 우리 사회는 조선 후기에 속하는 18, 19세기의 사회와 너무도 닮아 있다. 현재 우리 사회는 이렇듯 많은 난제와 함께 일본과 중국 등 인접 국가들의 역사왜곡과 영토문제, 북한과의 관계 등 대외적 과제에 직면하고 있는 것이 현실이다.

필자는 이러한 과제의 중심에 여성교육이 있다고 생각한다. 그런데 과연 이 사회에서 가정과 국가 구성원으로서의 여성에 대한 교육이 얼마나 제대로 펼쳐지고 있는지 자문해봐야 하지 않을까? 또한 시대와 사회가 변했는데 아직도 전통 봉건사회의 여성상을 여성의 전범으로 고착시키는 것은 시대착오적 인식일 수밖에 없다. 이제 더 이상 박제된 여성상이 아닌 이 시대의 나침반이 될 수 있는 여성들을 역사 속에서 재조명할 때라고 본다. 더욱이 중국과 일본을 상대로 영토분쟁과 한국사 왜곡의 외침을 당하는 국가적 현실에서 역사 속의 여성들이라는 주제는 여성에게만 의미 있는 것은 아니라고 생각한다. 여성의 삶도 시대적 현실 속에서 남성과 더불어 존재하기 때문이다.

일찍이 E.H 카아는 '역사는 과거와 현재의 대화'라고 했다.

사실 어느 시대를 막론하고 인간이 살아가는 모습은 크게 다르지 않다. 누군가는 부귀영화를 꿈꾸고 또 어떤 이는 사회의 변혁을 혹은 자신들의 기득권을 유지하려 하고, 그 외 대부분의 민초들은 최소한의 생존을 위해 몸부림을 치는 것이 역사 속에서 반복되고 있다.

우리가 과거의 역사를 통해 얻고자 하는 것은 단순한 사실이 아니라 그들의 삶을 통해 오늘을 살아가는 시대인식과 지혜라고 생각한다.

그런 까닭에 시대의 그물 속에서 여성으로서 주체성을 갖고 바람처럼 걸림없이 살았던 18, 19세기의 여성들에 대한 조명은 충분한 의의가 있다고 본다.

이 책은 여러 인물들의 생애를 다루기 전에 18, 19세기의 시대개관을 앞에 두었다. 그것은 당대의 사회상과 생활사를 폭넓게 이해함으로써 그들이 근대 지향적 의식을 갖게 된 배경을 거시적으로 알 수 있기 때문이다.

또한 내용의 주안점은 비범한 여성들의 재능이나 업적보다는 남성중심의 신분제 사회라는 질곡 속에서 펼친 그들의 꿈과 열정, 의지의 조명에 있었다.

필자는 이번 작업을 하면서 개인적으로 여성으로서의 삶을 반추해 볼 수 있었던 좋은 계기가 되었다. 그리고 250년 전보다 훨씬 자유로운 세상 속에서 얼마나 치열하게 살고 있는가를 자문하면서 부끄러움을 느꼈다. 언젠가부터 소시민적 삶에만 자족하며 정신을 팔고 사는 것은 아닐까?

오늘날 가치관의 아노미 현상과 함께 총체적 위기를 겪고 있는 한국 사회는 그 어느 때보다도 여성의 힘을 필요로 하고 있다고 생각한다. 과거 한국 경제를 도약시킨 원동력이 여성에게 있었듯이 다시 그 힘을 결집시킬 시점에 와 있다고 생각한다.

이러한 시대적 요청 앞에 놓인 우리에게 옛 여성들의 정신은 밤바다의 등대가 되리라는 희망을 품는다.

차례

불꽃 같은 여성의 삶은
18, 19세기에 이미 시작되었다

– 18, 19세기 여성의 주체적 각성

◆ 봉건적 신분제의 동요와 여성의 주체성 자각

임진왜란(1592)과 병자호란(1636)의 양대 전란을 겪고 난 후 조선 사회는 격심한 변화를 겪게 된다. 우선 농지가 대규모로 유실되었고, 당연한 결과로 경작지와 인구가 급격히 감소되었다. 그런데도 세금을 면제받는 농토는 오히려 늘었고, 농지의 소유를 감추는 양반 토호들로 인해 국고 수입은 점점 줄어들게 되었다. 이에 대한 자구책으로 조선 조정은 공명첩(일정액을 국가에 헌납하면 실제 관직이 아닌 명예 관직을 주었다)과 납속책(헌납하는 액수에 따라 부역 면제에서 관직 수여까지 차등을 두었다)을 실시했다. 한편 군공軍功(전란때 공을 세우면 관직을 주거나 신분 상승의 기회를 주었다)과 호적 위조(지방관아의 아전에게 뇌물을 주고 호적을 양반으로 고치는 것), 족보 매매 및 위조가 활발하게 이루어짐으로써 공명첩·납속책 등과 함께 노비와 양인의 신분 상승의 길은 그 어느 때보다 활짝 열린 듯했고, 이로 인해 조선 사회는 급격한 신분 변동의 조짐을 보이기 시작했다.

18세기에 이르러 노비들의 도망이 빈번하게 일어났다는 사실 역시 봉건적 지배질서의 붕괴 과정을 드러내는 것이다. 도망한 노비가 다른 고장에서 돈을 벌어 양반 행세를 하거나 도망한 노비를 찾아갔다가 목숨을 잃은 양반들도 적지 않은 것이 당시 현실이었다. 정조(1752~1800)의 문집 《홍재전서弘齋全書》에는 노비제도의 혁파에 관한 사항이 수록되어 있다. 왕권강화를 통해 부국강병을 꿈꾸었던 정조는 인재를 선발할 때도 과감히 능력 있는 서얼 출신들을 등용했다. 정조가 검서관檢書官으로 임명하여 규장각의 실무를 맡기고 신임했던 이들 중 박제가, 유득공, 이덕무, 서이수 등은 공교롭게도 모두 서얼 출신이었다.

또한 교역과 부정축재로 치부한 중인中人과, 근대적 농법(이양법과 시비법)의 개발로 경제력을 가진 부농 등이 양반계급으로 편입되어갔다. 결국 성리학을 통치이념으로 엄격하게 신분제를 유지하며 정체성을 유지했던 조선 사회는 18세기 이후 서서히 동요되기 시작했고, 양반의 권위 역시 힘을 잃을 수밖에 없었다. 19세기 중엽에 이르면 양반의 비율이 총 인구의 과반수에 이르렀으며, "돈만 있으면 개도 멍첨지"라고 했다니, 그야말로 돈이 양반인 세상이 된 것이다.

이러한 사회의 변화와 함께 삼강오륜三綱五倫에 기반을 둔 봉건적인 신분질서가 변화하기 시작했다. 당연히 남녀간의 관계에서도 변화가 일어났다. 삼종지도三從之道에 입각한 남성의 종속적인 존재로서의 여성에서 주체적인 의식을 가진 여성으로서 자각 현상이 서서히 자리잡기 시작했다.

사대부가의 여성들이 개인 문집을 남기기 시작했고, 많은 문인들이 여성을 주인공으로 한 시조, 전傳, 소설을 지었다.

하지만 정치적으로는 인조의 비인 자의대비의 복상服喪 문제로 시작된 예송논쟁禮訟論爭이 남인과 서인으로, 남인의 처벌을 두고 서인은 노론과 소론으로 갈라져 당쟁을 거듭하는 동안 지배층의 분열은 심화되어갔다. 숙종대 이후에는 몇몇 문벌가문이 관직을 독점하면서 신분 상승의 요로였던 과거제는 유명무실하게 되었으며, 대필과 훔쳐보기, 공동 합작 등의 부정행위가 난무했다. 과거대필을 직업으로 삼다가 자살하는 양반이 있는가 하면(영정조대의 문인 이옥李鈺(1760~1812)의 《유광억전》), 과거 합격증인 홍패紅牌를 위조하여 양반 행세를 하는 경우도 적지 않았다는 기록이 전해진다.

이렇듯 벌열가문의 관직 독점은 대다수의 향촌 사대부들을 경제적으로 몰락시키며 신분에 대한 좌절감, 지배층에 대한 반발의식을 갖게 했다. 양반끼리의 혼인 관습도 깨져 가난한 양반과 부유한 중인의 혼사도 차츰 늘어갔다. 심한 경우에는 양반이 상민의 소작농이 되거나 날품팔이, 나무꾼 등으로 생계를 유지했다. 도시에서는 장사를 하면서 매점매석으로 치부하거나(《허생전》) 술장수로 돈을 버는 양반도 출현했으며(당대의 대표적 야담집 《청구야담》에는 몰락 양반의 다양한 삶이 나타나 있다), 화적패나 민란의 지도층이 되어 기존의 지배질서에 항거하기도 했다. 홍경래洪景來(1771~1812)의 난(1811)의 홍경래와 동학농민전쟁(1894)의 전봉준 등은 몰락 양반 출신이었다.

그런데 이러한 사회 전반에 걸친 신분제의 붕괴에 대해 집권 양반층은 예학禮學을 통해 성리학적 규범을 강조하며 기득권 유지에만 급급했다. 또한 문벌의식이 고조되면서 각 가문에서는 경쟁적으로 족보를 편찬하고 개인 문집을 간행하며 서원 건립 등을 활발하게 진행했다. 따라서 이 시기에는 가문의식의 확대로 몇 세대에 걸쳐 전개되는 장편長編 가문소설家門小說이 창작되고 읽혔는데, 그 배경에는 충효사상을 바탕으로 한 가문의식의 고취와 가부장제를 강화하려는 목적이 숨어 있었다. 이후 가문소설의 유행은 소설의 발전과 함께 영정조대 여성 독자층의 형성을 가져왔다. 결과적으로 가문소설은 가문에서의 여성의 역할(희생봉사)을 강조하려는 취지와는 달리 여성의 주체성 자각에 일조를 하게 된 셈이다.

한편 현재까지도 계속되는 시가 중심의 혼인제도는 17세기 중반 이후에 정착된 것이다. 특히 18세기 이후에는 적장자 중심의 가부장적 가족제도가 강화되어 재산도 장남 위주로 상속되었고, 여성은 제사에서 제외되었다. 여성의 재산권이 축소된 것도 이 시기부터이며 족보에도 딸 대신 사위만 기록되었다. 여성과 관련한 상례, 제례, 재산상속의 권리가 일정하게 보장되었던 조선 중기 이전에 비하면 실질적으로는 여성에 대한 차별적 대우가 심화되었다. 이후 남존여비사상이 고착되면서 부계 직계 중심의 가족제도는 여성의 순종과 정절을 강요했다. 당대에는 남편이 죽어서 과부가 된 여성은, 수절守節만이 아니라 스스로 목숨을 끊어야 열녀烈女로 칭송되고 가문의 명예를 한껏 빛내는 일이 되었다. 열녀를 국가적으로 장려하여, 열녀를 배출한 가문에 대해 여러 가지 혜택을 주었던 것이다. 그러나 후대로 오면서 열녀 이데올로기는 '열녀전烈女傳 끼고 서방질하기'라는 속담이 생길 정도로 퇴색되어갔다.

《청구영언靑邱詠諺》에는 재상이 과부가 된 딸을 죽은 것처럼 꾸미고 건장한 무관에게 개가시킨 일, 갑부인 역관譯官이 과부가 된 딸을 몰락 양반에게 첩으로 보낸 일들을 기록하고 있다. 후대로 갈수록 과부의 재가는 공공연하게 이루어졌고, 동학농민전쟁의 폐정개혁안에는 과부재가금지법 철폐를 요구하는 조항이 들어갔다. 과부의 재가를 법적으로 허용한 것은 갑오개혁(1895)에 이르러서였다. 이로써 《경국대전經國大典》(성종 8년, 1477)에 수록된 이후 조선의 여성들에게 족쇄가 되었던 과부재가금지법은 인간 평등을 지향하는 역사와 시대의 요구 속에서 사라졌다.

조선 후기의 신분제 동요는 집권층의 무능과 당쟁, 부정부패가 자초한 결과였고, 자신들의 기득권 유지를 위한 가부장제는 여성을 억압하는 사회적 장치였다. 그럼에도 불구하고 서민과 여성들의 사회적 진출과 성장은 장강長江처럼 흐르는 역사의 물결 속에서 계속 확대되어갔다.

◆ 화폐경제의 발달과 여성의 경제력 증가

상평통보라 불리는 동전이 주조되어 통용된 것은 숙종 때이지만 전국적으로 화폐가 유통된 것은 영조대 국내 동광銅鑛의 개발이 추진되면서부터다. 세금과 상거래의 지불수단이 된 화폐를 얻기 위해 농민은 곡식을 팔아야 했다. 나물 파는 노파들과 소금 파는 염부들까지도 돈을 더 선호했다. 동전이 유통 보급되면서 사회적 폐단도 심해졌다. 수령과 아전들의 뇌물수수 행위가 성행하고 농민의 이농현상이 증가했으며, 일반 백성들에게까지 소비와 사치풍조가 만연했다. 화폐의 유통은 또한 투전 등의 도박과 사행성을 부추기는 원인 제공자로 지목받았다.

조선시대의 화폐인 상평통보. 구리와 주석의 합금으로 주조 크기가 3종이다.

18세기 초(영조 3년) 지방 유생 이일장李日章은 동전의 유통 보급으로 조장된 고리대금업이 농촌 사회의 분화를 촉진한다는 글을 조정에 올렸다. 그러나 화폐의 유통이 일반화

되면서 수공업, 광업, 상업의 발전과 함께 장시場市가 발달하는 계기가 되었다. 또한 정조대의 신해통공辛亥通共(1791)은 육의전을 제외한 어용 상인인 시전市廛의 특권을 철회하여 자유로운 상업발전의 계기를 마련했다. 그리고 관영 수공업자들의 명단도 폐지하여 자영 수공업의 발달을 촉진했다. 19세기 전반에 이르러 장시場市는 전국에 1,061개소가 되었고 (《만기요람》 재용편), 계속 증가 확대되어 일부는 상설시장처럼 되었다(서유구의 《임원경제지》).

서울에서는 전문 음식점이 생기고 5일장이 상설시장으로 변하면서 숙식을 제공하는 역촌과 주막이 늘어났다. 자연히 도로와 운송수단이 발달했고 교통의 요지에는 객주客主가 성행했다. 객주는 상품의 위탁판매·매매알선의 거간이나 창고업·화물수송업·고리대금업을 운영했고, 연안 지방의 포구에서는 객주와 유사한 형태인 여각旅閣이 자리잡게 되었다. 제주 기생 만덕이 치산을 하게 된 것도 포구에서의 상업에 힘입은 것이었다. 서울에서는 현재의 마포, 용산, 서강, 한남동, 뚝섬 등지에 객주가 밀집했다. 때로는 지방 아전이나 수령과도 유대관계를 맺으며 부를 축적한 이들은 자신들의 성향에 따라 기득권에 편승하거나 반대로 민란 주도세력의 자금책이 되기도 했다.

당대에는 사회 전반적으로 물질만능과 배금사상이 확산되어, 경제력에 따라 양반이 천민 취급을 받기도 하고 노비 출신이 양반 행세를 하기도 했다. 이처럼 전통적 윤리규범이 무너진 것은 배금사상과 함께 성리학의 이념이 민중의 삶과 유리遊離되어 그 한계를 드러냈기 때문이다. 또한 관리들의 가렴주구와 부패는 민중들의 좌절과 분노를 가중시켰고, 민중들은 그들의 분노를 집단적 행동으로 표출하기도 했다. 진주민란(1862)은 과도한 조세 수탈이 그 원인이었으며 삼남지방으로 확산되었던 대표적인 민중 반란이다.

이 책에서 주목하는 것은 18세기 이후 여성의 경제활동이 활발하게 진행되었다는 점이다. 그 배경에는 향촌 사대부의 경제적 몰락으로 여성이 가정의 생계를 전담할 수밖에 없었던 현실이 있었다. 제사, 손님접대, 과거시험 뒷바라지, 자녀교육은 모두 여성의 몫이었다.

영정조대의 실학자 이덕무가 지은 《사소절士小節》(1775)에도 "선비의 아내는 집안의 생계가 가난하고 궁핍하면 약간 살아갈 도리를 마련하여 일을 하는 것도 안 될 것은 없다."라고 하면서 가축과 식품, 과일 등을 팔고 무역과 염색법을 배워 알면 생계에 도움이 된다고 적고 있다. 이는 그만큼 사대부의 핍진乏盡한 현실을 나타내는 동시에 선비의 아내가 경제를 책임졌던 당시의 추세를 반영하고 있다.

일찍이 실학자 유수원(1694~1755)이 《우서于書》에서 선비의 상업 참여를 주장한 것도 현실에 대한 적극적 수용이었다. 이 시기의 여성들은 제사를 받들고 손님을 접객하고 자녀를 교육하는 전통적 역할 이외에 가족의 생계마저 책임져야 했다. 이로 인해 여성들은 양반에서 천민에 이르기까지 돈을 모으는 데 주력하여 과거를 준비하는 남편과 아들의 경제적 후원자가 되는가 하면 재물을 모아 관직을 사기도 했다. 여성 문인 청한당 김씨(1853~1893)가 〈용재론用財論〉에서 "재물이란 귀할 수도 천할 수도 있지만 재물에서 예의가 난다."라고 한 것은 청빈淸貧을 미덕으로 여겼던 사대부가의 의식이 현실적으로 전환되고 있음을 보여주는 일례라 할 수 있다.

《청구야담》에 수록된 〈감초甘草〉는 상처한 가난한 선비에게 시집 온 신부가 시당숙에게 돈 1,000냥을 빌린 뒤 감초를 매점하여 큰 이윤을 남긴 이야기이다. 갓 시집 온 신부가 시댁 어른에게 부탁을 하는 것도 쉽지 않은 일인데, 더구나 거금을 융통하고 큰 이윤을 남길 수 있는 물품을 선택하여 큰돈을 모았다는 사실은, 당시 여성들의 주체적 삶에 대한 인식과 실천적 행위로서의 경제력을 단적으로 보여주는 사례라고 여겨진다. 능동적이고 주체적 의식을 가진 여성의 등장은 이미 17세기에 편찬된《파수록破睡錄》에 기록되어 있다. 잠을 깨운다는 의미를 담고 있는 파수록의 내용 중에는 여성이 주인공인 이야기도 많으며, 또 여성을 긍정적 시각으로 그리고 있다. 이러한 사실은 당대의 세태를 반영하는 동시에 여성이 역사 속에서 주체적 존재로 부상浮上하고 있음을 의미한다.

18세기로 들어오면서 여성의 자각은 경제활동을 통해 구현되었다고 추측된다. 부를 축적한 여성 중에 과부나 특수직 여성들이 많았다는 사실은 경제력이 여성의 삶을 주체적으로 살아갈 수 있도록 현실적 기반으로 작용했음을 의미한다. 이 점은 현대를 살고 있는 여성들도 마찬가지다. 경제력이 없는 여성은 주체적인 삶을 살아갈 수 없다.

18, 19세기의 여러 작품 속에는 치산治産에 적극적이고 유능한 여성들의 삶을 보여주는 사례를 쉽게 찾아볼 수 있다.

《홍재전서》에는 서울의 시전市廛 120개 중 여성이 운영하는 곳이 18개나 된다고 기록되어 있다. 조선 후기의 야담이나 문인들의 문집 등에는 돈을 번 여성들의 이야기를 따로 모아놓을 정도였다. 여성들은 직포織布 생산, 담배·차 등의 특용작물 재배, 국경무역, 농장경영, 고리대금업, 매점매석 등을 통해 부를 축적해나갔다. 아마도 이들은 그러한 과정 속에서 새로운 사회관과 인간관을 성장시켰으리라 짐작된다. 물론 그중에는 단순히 재물 축적에만 몰두한 여성도 있었지만, 어려운 이웃을 위해 재물을 나누는 여성들의 미담美談이 여러 문집에 전하고 있다.

19세기에 활발하게 읽혔던 〈복선화음가福善禍淫歌〉는 여성 윤리덕목의 최우선으로 치산治産을 꼽았다. 내용을 들여다보면, 유복한 가문에서 성장한 여성이 몰락 양반에게 출가하여 재산을 모아 시집식구들을 부양하고 말년에는 행복하게 살았다는 것이다. 여성을 훈계하려는 목적에서 창작되었지만 이면에는 시집 중심의 여성 윤리를 비판하고 있다. 여주인공의 눈부신 경제력이 역설적으로 시집식구들의 무능과 무책임을 암암리에 드러내고 있기 때문이다.

18, 19세기 여성의 경제활동은 생계유지라는 소극적 방편에서 벗어나 점차 적극적인 치산으로 확대되어갔다. 부의 축적은 가문을 일으키고 벼슬을 사고 신분을 상승시킬 수 있는 확실한 방법이었기 때문이다.

◈ 인간 중심의 가치관과 여성의식의 성장

신분제의 붕괴와 화폐경제의 발달은 18세기의 사회상을 엄청나게 변화시켰으나, 이로 인해 농촌과 도시를 막론하고 빈부의 격차가 심화되었다. 특히 지방 수령과 아전의 농민 수탈은 호환虎患에 비유될 정도였다. 반면 도시에서는 부유한 경제력을 가진 중인中人, 역관을 중심으로 사치와 향락 풍조가 유행했다. 또한 관리들의 부정부패는 전국적으로 일상화되었고 성리학적 지배윤리는 도덕적으로나 현실적으로 무용지물이 되었다. 이에 성리학에 대한 반성과 당대의 국가적 현실 문제를 극복하기 위한 사상이 등장했다.

실학實學사상은 집권층에서 소외된 남인과 소론계 재야학자와 일부 진보적인 관료들을 중심으로 펼쳐진 사회개혁사상이었다. 실학사상의 특징은 실증적인 학문연구, 민족적 현실 자각, 인본주의에 입각한 신분제 개혁, 경세치용經世致用의 추구였다.

그중 이용후생학파利用厚生學派에 속하는 박지원(1737~1805)은 실용적이면서도 인본주의적인 관점에서 당대의 현실을 사실적·비판적으로 풍자하는 작품을 많이 남겼다. 그는 대표 단편인 〈양반전〉에서 몰락 양반의 위선과 무능력을, 〈호질虎叱〉에서는 도학자와 열녀 표창까지 받은 청상과부의 밀회를 통해 양반의 위선과 당대의 열녀론을 비판했다. 뿐만 아니라 〈광문자전〉을 지어 비천한 거지의 순수한 인격을 긍정적으로 묘사했고, 〈예덕선생전〉에서는 똥지게를 지는 사람도 군자君子의 도道가 있으니 예덕선생穢德先生으로 부르는 것이 마땅하다고 했다. 이는 당대의 양반에 대한 통렬한 비판인 동시에 인간에 대한 인본적, 평등적 가치관을 표방한 것이었다. 그는 이런 시각에서 여성에 대한 문제도 인간 중심으로 보았다.

박지원은 당대의 열녀론을 비판하면서 수절도 부족하여 스스로 목숨을 끊는 것은 지나친 행위라 했다. 그는 〈열녀함양박씨전〉에서, 과부가 밤마다 동전을 굴리며 외로움을 달랬다는 고백을 통해 여성의 본능적 욕망을 긍정적으로 그리고 있다.

한편 정약용(1760~1801)은 남편이 죽었다고 따라 죽는 것은 자신을 살해하는 행위로, 부모나 자식에게 불효하고 자애롭지 않은 것이라고 했다.

또한 인간평등주의와 남녀의 정情을 중시했던 문인 이옥(1760~1812)은 〈생열녀전〉에서 "남편을 따라 죽는 자에게만 나라에서 정녀문貞女門을 세워주니 조선의 열녀는 모두 죽은 자뿐이다."라고 했다. 이는 여성도 생명을 가진 인간으로서 소중한 존재라는 인식을 보여주는 한편으로, 비인간적 행위를 강요한 사대부의 열녀 이데올로기를 비판한 것이다.

한편 이 시기에 두드러진 새로운 문화 경향은 아전과 역관, 의원 등의 기술직 중인들을 중심으로 한 위항문학委巷文學의 발달이었다. 《소대풍요

국보 제135호, 신윤복 〈혜원풍속도〉.

昭大風謠》는 민중시집으로 중인 · 서얼 · 서리 · 상인 등의 작품이 실려 있는데, 이들 작품들에는 양반과의 동격 의식이 표현되어 있다. 서리胥吏 출신의 조수삼(1762~1849)은 〈추재기이秋齋紀異〉에서 서울 여항인閭巷人들의 다양한 생활상을 통해 자신이 속한 계층에 대한 애정과 주체성을 투영하고 있다. 당대의 대표적 여항시인인 이언진(1740~1766)은 역관 출신으로 《송목관집松穆館集》을 남겼는데, 서민들의 생활상을 진솔하게 그렸다는 평을 받았다. 이 시기에 서민들이 즐기던 것은 전국에서 성행하던 재인과 광대들의 탈춤이었다.

한편에 판소리는 17세기 말에서 시작되어 18세기 말에 이르는 동안 하나의 장르로 자리잡는다. 판소리는 서민들의 감정을 진솔하게 표현하는 동시에 당대의 현실을 적나라하게 묘사함으로써 많은 사람들의 호응을 얻었다. 19세기에 들어서 판소리는 대중예술의 꽃으로 활짝 피어났는데, 그런 분위기에서 진채선은 여성 명창으로 당대에 이름을 떨쳤다.

이러한 서민문화의 발달은 미술 부문에도 새로운 변화를 가져왔다. 서민과 여성이 주인공으로 등장하여 일상의 삶을 사실적으로 묘사하는 풍속화가 유행했다. 화제畵題는 일상사의 모습을 사실적으로 보여주는 풍속화였다. 김홍도의 〈서당〉, 〈주막〉, 〈집짓기〉, 신윤복의 〈밀월〉, 〈빨래터〉, 윤용(1708~1740)의 〈봄 캐는 아낙네〉, 오명현의 〈점괘 보는 노승〉, 김득신의 〈투전〉 등에는 당시의 사회상이 그대로 묘사되어 있다. 신윤복은 주로 남녀의 애정을 적나라하고 감각적으로 표현했는데, 이는 정조대부터 유행한 사치와 향락풍조로, 성문화性文化가 개방되고 있었음을 시사한다. 여성들은 고급스런 옷감을 두르고 화려한 장식의 가발과 비녀를 착용하는가 하면, 한복의 짧아진 저고리와 풍성한 치마에서 보듯이 에로티시즘을 강조하는 것이 유행했다.

이 시기의 작품들이 인간의 본능적 표현을 주제로 했다는 것은 인간 중심의 세계관을 지향하는 근대 의식에 조금씩 근접한 것으로 생각한다. 그리고 그것은 여성 의식의 성장에 일정한 영향을 끼쳤으리라 여겨진다.

◈ 학문과 독서를 향유하는 여성의 증가

여성에 대한 전통적인 교육관은 조선 최고의 성리학자로 꼽히는 퇴계 이황李滉의 《규중요람閨中要覽》에 잘 나타나 있다.

"부녀가 시서詩書, 사기史記, 소학小學, 내칙內則을 읽어 역대 나라 이름과 선대 조상의 명자名字를 아는 것은 마땅하나 문필의 공교工巧함과 시사詩詞

방각본 소설 〈춘향전〉.

의 찬란함을 아는 것은 사대부가의 부녀가 할 바가 아니다."라고 그는 적고 있다. 성리학적 가치관에 의하면 여성의 교육은 인간의 도리와 부녀의 규범을 익히고 조상의 이름을 외워 제사나 잘 받드는 데 목표를 두었던 것이다. 이러한 관념은 18, 19세기까지도 크게 다르지 않았다.

실학자 이익李瀷은 교육에서 남녀의 차별을 분명하게 명시했다.

"부인은 근검과 남녀유별의 삼계三戒를 알면 족하다. 독서讀書와 강의講義는 장부丈夫의 일이다… 고금古今의 역사에 통하고 예의를 논하는 부인들이 반드시 몸으로 실천하지도 못하고 그 폐해가 무궁했음을 가끔 볼 수 있다."(《성호사설星湖僿說》)

그런데 이 글을 통해 역설적으로 당시에 독서와 학문을 하는 여성들이 적지 않았음을 추측할 수 있다.

또한 당대의 대표적 수신서修身書인 이덕무의 《사소절》에도 "여자가 함부로 시사詩詞를 지어 외간外間에 퍼짐은 불가不可하다."라고 언급했다. 이는 당시의 문인들 중에 역사와 문장에 뛰어난 실력을 가진 사대부 가문 여성들의 행적을 칭송하며 그들의 글을 자신의 문집에 남겨 현존하게 한 사실로 미루어, 그만큼 시사를 짓는 여성들의 수가 적지 않았다는 반증으로 생각된다.

한편 사대부 학자들의 부정적인 시각에도 사대부 여성들의 독서량은 많아지고 그 수준도 높아서, 사서삼경은 물론 중국과 선대의 역사책과 의학서 등을 읽었다. 이들은 단순한 독서에 그치지 않고 인물전을 쓰거나 기행문, 교육서, 백과사전, 산문집, 발문, 묘지문, 행장기 등을 저술하여 자신의 주관과 지적 능력을 표출했다.

이 시기에 조선시대의 유일한 여성 성리학자인 임윤지당을 비롯하여 사주당 이씨, 빙허각, 김금원 등 저서를 남긴 대표적 여성 문인이 15명 이상이나 된다는 사실이 이를 뒷받침하고 있다.

또한 18세기에는 사대부 여성과 경제적으로 부유한 일반 여성들 사이에 소설 읽기가 대유행이었다. 정조대의 재상 채제

번암 채제공 초상화.

공(1720~1799)은 《여사서서女四書序》에서 "부녀자들이 소설 읽기에 몰두하고, 장사들은 필사를 하여 빌려주고 그 세로 이익을 삼는다."라고 하면서, 비녀와 팔찌를 팔거나 혹은 돈을 빌려서 읽는 것으로 긴 날을 보낸다."라는 탄식의 글을 남기고 있다.

당시 서울에는 세책가貰冊家(책을 빌려주기도 하고 팔기도 하며 목판인쇄도 했다)

천주교 비밀집회.

가 번창했다. 그런가 하면 한글도 모르는 부녀자들은 판소리 공연을 보면서 소설의 내용을 알 수 있었다. 이렇듯 여성들의 소설 읽기가 유행하면서 그 경향도 〈심청전〉, 〈춘향전〉, 〈사씨남정기〉, 〈박씨전〉 등에서 〈홍계월전〉, 〈방한림전〉 같은 여성 영웅소설로 발전해갔다. 여기에는 전대에 비해 여성의 지위가 저하된 현실에 대한 일탈 욕구가 작용한 듯한데, 그 내면에는 여성의 사회적 진출에 대한 욕구와 여성도 국가를 위해 중요한 인재가 될 수 있다는 의식, 그리고 가부장제에 대한 저항의식이 자리잡고 있었다.

◆ 남녀평등사상을 전파하는 천주교와 동학의 여성들

18세기 사회에서 가장 큰 변화의 줄기는 천주교 전파에서 비롯되었다. 17세기 이후에 《천주실의天主實義》를 비롯한 천주교 서적이 들어와 학자들의 관심을 끌며 서학西學이라 불리던 천주교는, 당시 정계에서 소외된 남인학자들(이벽, 정약전, 권일신, 이가환, 윤지충)을 중심으로 연구되었다가 이후 신앙활동으로 전개되어갔다. 여기에는 특히 여성들의 참여가 두드러졌다. 그것은 신분제와 가부장제 속에서 고통받던 여성들에게 천주교의 평등사상이 새로운 세계관으로 수용되었기 때문이다.

《천주실의》.

효孝에 대해서도 자식이 있고 없음이 효의 기준이 될 수 없다고 밝히고, 또한 축첩蓄妾제도에 대해서도 가정의 평화를 깨뜨리는 죄라고 비판하며 첩을 둔 남성의 경우 신자 자격을 박탈했다.

　조선시대 여성들이 가장 고통받았던 문제가 축첩제도였고, 자식을 갖지 못한 여자는 가문과 조상에 대한 죄인이라는 억압에 시달렸던 현실 속에서 천주교의 인간평등관은 '새로운 세상'이 열리는 것과도 같았으리라. 천주교는 일부일처제, 과부 재가 허용 등의 결혼관으로 성리학적 윤리와 도덕관을 배척하며 여성의 자유와 권리를 인정했던 것이다.

　천주교는 초기에 양반층 여성들을 중심으로 전파되었다. 이즈음 유한당柳閑堂 권씨는 한문으로 번역된 서학서西學書를 한글로 번역하여 하층민 여성들의 참여를 넓혔는데, 그로 인해 여성들은 한글을 배우고 지식을 갖게 되면서 잠재된 능력을 발휘할 수 있었다. 그는 또한 〈언행실록言行實錄〉을 저술하여 여성의 존재를 창조주에게서 받은 인격체라고 강조했다.

　천주교를 믿게 된 양반층 여성들은 제사를 부정하고 혼인을 거부했다. 예배를 볼 때는 남녀를 구분 짓지 않았고, 양반과 천민이 동석하여도 자연스럽게 받아들였다. 그런데 전통적인 질서 안에서 여성의 가장 중요한 의무의 하나인 제사를 부정한다는 것은 지배층에 대한 도전이자 위협으로 간주되었음은 당연한 일이었다. 1791년의 신해박해와 1801년의 신유박해는 남인세력을 몰아내기 위한 정치적 이해관계도 있지만 왕족이나 궁녀, 양반 여성들까지 세례를 받는 등 급속히 번지는 천주교의 전교활동은 사회적으로 미치는 파장이 너무도 컸기 때문이다. 결혼하지 않은 여성들이 가출하여 공동체 생활을 하거나, 남녀가 모여 내당의 안방에서 집회를 하고 맡은 일을 분담하고, 부부간에도 동정을 지키는 일 등은 당대의 사회윤리나 가족 규범과 정면으로 배치되었던 것이다.

천주교는 중국의 주문모 신부가 입국하면서 조직적으로 전교활동을 펼쳐나갔다. 주문모 신부는 명도회의 여회장으로 강완숙을 임명하는 등 여성에게도 공적 활동의 기회를 주어 남녀평등을 실천했다. 여성 신도들의 교회활동은 남녀평등사상을 고취시키는 데 일정한 역할을 했으며, 인본주의를 지향하는 근대의식과 그 맥을 같이하는 것이었다.

한편 1860년 최제우가 창도한 동학東學은 천주교가 전통 문화와 충돌을 하는 시기에 유교 · 불교 · 선도의 교리를 토대로 인내천人乃天 사상을 표방한 민족 종교로서의 입지를 다졌다.

인내천은 인간은 누구나 차별 없이 평등하다는 이념으로 양반과 상민, 노비와 주인, 적자嫡子와 서자庶子, 남자와 여자의 차별을 근본적으로 부정했다. 이러한 슬로건은 당시 많은 여성에게 정신적인 해방과 함께 다가올 세상에 대한 희망을 심어주었다. 특히 최제우는 자신의 여종 중 한 명은 며느리로, 또 한 명은 수양딸로 삼아 신분타파와 여성평등을 실천했다. 그리고 '가도화순론家道和順論'을 펼쳐 가정의 도리가 화순한 것은 그 책임이 부인에게 있고 그 일이 생기는 것은 가장의 책임이라 강조하며, 도道를 얻기 위해서는 부인과의 화목이 가장 중요하다고 설파했다.

동학은 인간의 존엄성과 만인평등주의를 기반으로 계급과 신분·빈부·남녀의 차별을 타파하고자 했으며, 특히 여성의 역할을 중시하여 의식개혁을 강조했다. 그리하여 교세가 삼남지방에서 빠른 속도로 전파되자 조정에서는 혹세무민惑世誣民하는 사교邪教로 단정하고 탄압했다.

이후 1894년 고부군수의 학정虐政은 전봉준 접주接主를 중심으로 한 고부민란의 도화선이 되었고, 점차 확대되어 동학농민전쟁으로 전개되었다. 동학군은 폐정개혁안을 요구했는데, 그중에는 과부의 재가를 허용하라는 조항이 포함되어 있다. 이는 과부재가금지법을 악법으로 인식했다는 사실과 여성 교도들의 요구를 적극적으로 수용한 결과라고 생각한다.

◆ 구국救國에 앞장선 여성 의병과 여성 독립투사들

1895년 명성왕후 시해사건이 일어나자 지방 유생들을 중심으로 의병운동이 열화와 같이 일어났다. 처음에는 사대부 유학자들의 위정척사衛正斥邪운동에서 시작되어 이후 의병항쟁으로 발전되어갔다. 그리고 1910년 한일합방 이후에는 항일독립전쟁으로 전환되는데, 그 과정에서 과거의 신분제와 남녀차별은 그 의미를 잃게 되었다. 조선의 역사는 근대사회로 이행되어 가는 시점에 있었던 것이다.

이제 조선의 여성들도 남녀차별이나 신분제의 질곡에서 벗어나 여성으로서 주체적 삶을 추구하게 되었다. 그중에는 개인의 발전과 행복을 위해 여학교에 진학하거나 기술을 배우기도 하면서 신학문을 익히는 여성도 늘어갔다. 그런데 그들과는 달리 민족의식으로 무장하고 위기에 빠진 나라를 구하겠다고 의병활동에 참여하는 여성들도 있었다. 이들은 훗날 독립투쟁의 대열에 나서 평생을 구국의 열정에 몸 바치고 산화散花한다.

紀念碑

伊藤頊女士
是柳弘錫文教将
的子姆，參加柳
綿傷故目又丸，
曾制作"妈女
兵歌"答歌十篇
救日激道。一九
一一年，与丈夫遙
送、儿子敦相、敦
相、就相一起
扶日束平，在沈
陽、寬甸、故城
漢蔽箋地，参加
大月越立国的故
日斗国泡的。一
九三五年八月一
日歿于透碳，亭
辛文萬懸懸情
其遠林亥華碁苗
舎曾地。一九四
四年孙于激日故
頃新扶於拔懸懸
懸扶送於拔懸傷

중국 해성시 묘관촌 윤희순 기념비.

독립기념관에 있는 윤희순 애국시비.

　　윤희순은 의병대장 유인석 가문으로 출가하여 평생을 온 가족과 함께 항일투쟁을 하다 만주에서 생을 마쳤던 여성이다. 처음에는 의병들의 뒷바라지를 하다 점점 적극적인 활동을 펼쳤는데, 그녀는 문중의 부녀들을 모아 안사람 의병단을 조직하고 각종 경고문과 〈안사람 의병가〉 등을 지어 여성들의 의병 참여를 고취시켰다. 〈안사람 의병가〉의 내용은 다음과 같다.

　　아무리 여자인들 나라 사랑 모를 것이냐
　　아무리 남녀가 분별한들 나라 없이 소용이 있겠는가
　　우리도 나가 의병 하러 나가 보세

　　안사람 의병단은 화약을 만들고 군사훈련도 받는 한편 의병 군자금 모금, 가사일 등 다양한 활동을 했다. 한일합방(1910)이 되자 윤희순은 가족과 함께 만주로 가서 평생을 독립운동에 몸 바쳤다.

　　남자현은 3·1운동(1919)이 일어나자 적극적으로 만세운동에 참가했고, 바로 만주로 망명하여 서로군정서西路軍政署에서 활약했다. 또한 동만주 일대 열 곳에 여자교육회를 설립하여 여성계몽과 해방운동을 위해 전력을 다했다.

그녀는 1932년 국제연맹단이 하얼빈에 '오자, 손가락 두 마디를 잘라 '한국독립韓國獨立'이란 혈서를 써서 자른 손가락과 함께 보낼 정도로 독립에 대한 충정과 의지가 강건했다. 1933년 만주국 전권대사 부토의 암살 거사를 모의하다 체포되어, 갖은 형벌 끝에 단식투쟁을 전개하다 석방되었으나 그 후유증으로 하얼빈에서 죽었다.

이들의 정신을 이어서 여성 광복군 김정숙, 한국혁명여성동맹을 조직한 김효숙, 조선여자여용군을 조직한 박차정을 비롯한 많은 여성 독립운동가들이 정보수집이나 선전공작·무장전투 등 독립운동에 헌신했다. 그러나 혁혁했던 여성 항일투사들의 활동은 오늘날까지 제대로 알려진 것이 없는데, 이는 그들의 활동무대가 만주나 러시아였고, 사회주의나 공산주의자가 많았기 때문이다. 그런 까닭으로 그들의 상당수는 우리 역사에서 배제되었던 것이다. 최근 들어 좌우이념보다는 독립운동의 공로를 우선시하게 되며 이들에 대해 새롭게 조명하고 있는 것은 뒤늦게나마 다행스런 일이다.

이 책에서는 이러한 시대의식을 바탕으로 풍랑의 시대를 치열하게 살았던 18, 19세기 여성들의 삶을 재조명하고자 한다.

여성으로
성인의 도를
이루리라

임윤지당任允摯堂(1721~1793)

◆ 아녀자의 분수에 구애되지 아니하고

아! 내가 비록 부인이기는 하지만 천부적으로 부여받은 성품은 애당초 남녀간에 다름이 없다. 비록 안연顔淵(공자의 수제자)이 배운 것을 능히 따라갈 수는 없다고 하더라도 내가 성인을 사모하는 뜻은 매우 간절하다. 그런 까닭에 알고 있는 바를 대략 서술하여 나의 뜻을 덧붙인다. 〈극기위인복례설克己爲人復禮說〉

이 글은 조선 후기에 살았던 여성 성리학자이며 철학자인 임윤지당의 《윤지당유고尤摯堂遺稿》 중 〈극기위인복례설〉에 나오는 대목이다. 극기복례는 '자신의 욕심을 이기고 예의를 회복하는 것이 인仁이 된다.'는 뜻으로 《논어》에서 공자가 안회顔回에게 가르친 교훈이다. 안회의 학문을 좋아하는 태도와 도덕적 실천을 흠모했던 윤지당은, 이를 통해 인간의 심성을 수양하고 실천하는 것을 목표로 삼았던 것이다.

윤지당 초상화.

《여사서》의 내용. 여성들의 수신과 행동규범에 관한 글들을 모아 편
찬한 책. 영조 때 간행. 규장각 등지에 소장되어 있다.   《여사서》표지.

조선시대에서 여성 교육은 현모양처를 이상으로 하여 삼종지도三從之道
(결혼 전에는 아버지를 따르고, 결혼 후에는 지아비를 따르며, 남편이 죽은 뒤에는 자식을 따라
야 한다)를 강요했다.

물론 사대부가 여성들은 기본적인 문자교육을 받기도 했다. 먼저 한글
을 습득하여 언어 구사와 편지 쓰기가 가능했고, 한문을 익혀 경서와 사
서,《시경詩經》,《소학》,《여사서》등을 읽어 그 뜻이 통하며, 여러 집안의
성씨, 조상의 계보, 역대 나라의 이름, 성현의 이름자 등을 알 것을 강조
했다.

그러나 이러한 여성 교육의 목표는 철저한 남성 중심의 가부장적 질서
를 유지하기 위한 부덕婦德과 교양 함양에 있었다. 그런데 남녀간의 성품
은 다르지 않으니 여성으로서 자신도 공자나 그의 제자 안회같이 성인의
길을 가겠다는 뜻을 밝힌 것은 남녀차별적인 당대의 유학자들에 대한 도
전이었다고 생각한다. 동시에 그것은 박복했던 그 자신의 인생을 밝히는
등불이 되었다. 이는 그가 65세 되던 1785년(정조 9년)에 지은 다음의 글을

통해 알 수 있다.

나는 어릴 때부터 성리性理의 학문이 있음을 알았다. 조금 자라서는 고기 맛이 입을 즐겁게 하듯이 학문을 좋아하여 그만두려 해도 할 수 없었다. 이에 감히 아녀자의 분수에 구애되지 아니하고, 경전에 기록된 것과 성현의 교훈을 마음을 다해 탐구했다. 수십 년의 세월이 지나자 조금 말을 할 만한 식견이 생기게 되었다… 집안 일을 하는 틈틈이 여가가 날 때마다 글로 써두었다… 비록 식견이 천박하고 문장이 엉성하여 후세에 남길 만한 투철한 말이나 오묘한 해석은 없지만, 내가 죽은 후에 장독이나 덮는 종이가 된다면 또한 비감한 일이 될 것이다. 그래서 한 권의 책에 정서하여 양자 재준에게 넘겨주었다. 〈인引〉 문집 초고를 베껴 지계로 보내며.

여성의 작품이 밖으로 알려지는 것을 꺼렸던 사회적 분위기도 개의치 않고, 자신의 글이 장독이나 덮는 종이가 될 것을 우려하여 문집을 남겼던 것을 보면 윤지당의 당찬 성격의 일면과 함께 자신의 문장에 대한 자부심을 짐작하게 한다. 《윤지당유고》에는 전傳 2편과 11편의 인물론, 발문跋文 2편, 6편의 논설論說, 4편의 잠언箴言, 3편의 명문銘文, 1편의 찬贊, 3편의 제문祭文, 1편의 인引, 2편의 경의經義 등 35편이 들어 있고, 시동생인 신광우의 언행록과 동생 임정주의 유사遺事, 그리고 각각 1편씩의 발문이 실려 있다.

윤지당의 학문은 사대부가 남성들에게 '성리학과 인의의 논의에서는 고금의 여성들 중에 제 일인자' 라는 평과 함께 '여중군자女中君子로 세상의 교화에 큰 도움을 줄 수 있었다.' 라는 말을 들을 만큼 그 수준이 뛰어났다. 훗날 윤지당을 흠모했던 강정일당姜靜一堂(1772~1832)의 유고에는 윤지당의 저술이 널리 전파되어 칭송을 받는다는 전언傳言이 수록되어 있다. 그의 이러한 학문적 성취는 타고난 재능과 대대로 내려온 문장가 집안이라는 가문의 전통이라는 배경도 있지만, 무엇보다도 평생을 독서와 심성 수양에 매진한 노력에 있었다고 여겨진다.

그의 가문을 살펴보면 예학과 문장의 전통이 있는 명문가임을 알 수 있다.

윤지당의 고조부는 효종 때 사대부가에서 명망이 높았던 임의백任義伯(1605~1667)이다. 그는 예학으로 유명한 김장생金長生의 문하에서 수학했고 송시열宋時烈과 교유가 깊었다. 또한 증조부 임승任陞은《천예록天倪錄》(조선 후기의 야담집)의 편자인 임방任埅과 형제간이다. 그리고 임방의 손자인 난당蘭堂 임매任邁(1711~1779)는《잡기고담雜記古談》의 편저자로, 당대의 사회적 질곡桎梏과 억압에 대항하여 적극적으로 자신의 인생을 개척하는 여성상을 수록했다.

윤지당은 함흥판관을 지낸 임적任適(1685~1728)의 5남 2녀 중 둘째 딸로 태어났고, 어머니는 파평 윤씨로 소론의 영수 윤증尹拯의 6촌 동생인 윤부의 딸이었다. 파평 윤씨는 문인을 많이 배출한 명문가로 윤지당의 어머니는 단정한 품행과 학문도 있었으나 가문과 자녀교육에 전념했다고 전해진다.

임명주가 모친 윤씨에 대해 "우리 어머님이 마음에 지니신 것과 가르친 바는 진실로 세속의 부녀자들이 미칠 바가 못 되고, 우리 집안의 유풍遺風 또한 볼 만한 것이 있다."라고 한 것은 그 일례가 될 것이다. 훗날 윤지당의 절도 있고 단아한 예의범절과 법도 등은 모친의 부덕을 이어받았다고 할 수 있다.

윤지당은 조선 후기의 대성리학자 녹문 임성주任聖周(1711~1788)와 운호 임정주任靖周(1727~1796)의 누이로, 윤지당이라는 당호는 임성주가 지어준 것이라고 한다. 주자의 "태임太任과 태사太姒를 존경하노라."라는 말에서 따온 것으로 태임의 친정이었던 지중씨의 지摯라는 글자를 취했다고 한다(태임은 중국 주周 문왕의 어머니로 고대 중국의 이상적인 여성상이었고 성인으로 칭송받았다. 태사는 문왕의 부인으로 학문에 능하고 덕이 높아 문모文母라 불렸다. 신사임당申師任堂의 사임師任도 태임을 스승으로 본받는다는 뜻이다).

윤지당이 8세 되는 해에 부친 임적任適이 죽고 큰오빠 임명주任命周가 대과에 급제하여 사간원 정언으로 나가자 임성주가 형제들의 교육을 직접 교육했다. 그것은 조부가 일찍 죽고 당쟁이 치열하던 때 뒤늦게 관직에 나간 부친도 청렴한 생활로 가세가 빈곤했기 때문이다. 오빠들과 함께 공부하게 된 윤지당은 역사와 경전을 논하면서 한마디로 시비를 결단했는데 모든 것이 착착 들어맞아 오빠들이 "네가 대장부로 태어나지 못한 것이 한스럽다."라고 했다. 임성주는 누이의 학문적 재능을 간파했던 것으로 보인다. 이에《효경》,《열녀전》,《소학》,《사서》등의 책을 가르쳤는데, 윤지당은 매우 기뻐하며 하루 일이 끝나는 밤이면 소리를 낮추어 책을 읽었다고 한다. 그는 그렇게 한 걸음씩 성리학의 세계로 입문하게 되었다.

성리학은 우주 자연과 인간의 생성·변화·소멸 등의 현상을 하나의 원리로 설명하는 철학 체계이며, 태극설太極說·이기설理氣說·심성설心性說 등으로 설명되는 형이상학形而上學이다. 또한 도덕적 실천을 강조하여 윤리서인《소학》과 예서禮書인《가례》의 실천을 중시했다.

그 당시 사대부 여성들이 여성의 부덕을 강조한《규중요람》,《내훈》,《삼강행실》을 익힌 것과 비교해보면 그들과 윤지당의 지적 배경이 다를 수밖에 없었다. 물론 윤지당 이전에 도 사대부가에서 시와 문장으로 이름난 여성들이 몇몇 있었다. 신사임당, 허난설헌, 정부인 장씨(1598~1680), 김호연재(1681~1722) 등을 대표적으로 들 수 있다.

임윤지당 유고.

그러나 조선시대를 통틀어 여성으로 성리학의 철학을 공부하고 연구한 사람은 임윤지당이 최초이다. 또한 6편의 논문은 그의 학문적 깊이와 축적을 가늠하기에 충분할 뿐더러 남성들의 영역인 성리학을 평생 연구하고 실천함으로써 여성의 지적 영역을 확장시킨 동시에 남녀평등론의 철학적 논거를 제시했다고 보여진다. 이는 1792년 프랑스 혁명 시기에 여성해방운동의 효시로 불리는 《여권옹호론》의 저자 메리 울스턴 크래프트(1759~1797)보다도 앞선다.

한편 윤지당은 철학적 논문 외에도 전(傳)을 비롯하여 다양한 문체로 산문을 지어 자신의 역사관, 인생관, 여성관과 시대 인식 및 심회(心懷)를 드러내었다. 이는 풍부한 독서량과 논리적 사고, 글쓰기 훈련을 통해 이루어진 것으로, 자신의 정체성과 자아의식에 대한 표현이었다고 여겨진다. 조선 후기에 자신의 문집을 남긴 여성 문인들이 교육서, 백과사전, 발문(跋文), 묘지문, 행장기, 기행문 등의 장문을 저술한 것도 같은 맥락에서 이해할 수 있을 것이다.

◆ 윤지당 집안의 가문의식과 우애 깊은 형제들

윤지당의 학문적 스승이자 둘째 오빠인 녹문 임성주는 조선 후기의 대표적 성리학자로 김장생, 송시열, 권상하, 이재李縡(1678~1746)로 내려오는 노론 핵심 계열의 정통 기호학파畿湖學派에 속한다(기호학파의 수장首長은 율곡 이이다). 그는 젊어서부터 학문적 명성이 높아 사도세자의 학문을 지도하기도 했다. 임성주는 윤지당의 성리학에 큰 영향을 주었으며 그의 든든한 지지자이기도 했다.

임성주는 "우리집 임사姙姒는 정씨 집안의 딸이 훌륭하다고 부러워할 것이 못 된다."(《녹문집鹿文集》 부록)라고 했으니, 태임과 태사를 합쳐 부를 정도로 윤지당의 학식과 덕행을 높이 평가하며 가문의 자부심을 가졌던 것 같다. 어린 시절의 윤지당을 보고 남자로 태어나지 못한 것을 한탄하던 아쉬움이 오랜 세월 뒤 가문의 자랑으로 바뀌었던 것이다.

윤지당이 살았던 18세기는 각 사대부 집안에서 가문의식이 팽배하던 시기였다. 그것은 당시의 시대현실에서 비롯되었다.

임진왜란과 병자호란의 국난을 겪은 조선 사회는 농업생산의 발전과 상품 화폐경제, 수공업과 광업의 발달로 사회경제적으로 많은 변화가 진행되고 있었다.

정치적으로는 몇몇 벌열가문의 관직 독점으로 양반 관료는 대부분 몰락하여 경제적 기반을 잃게 되었다. 반면에 경제력을 가진 부농이나 상업으로 부를 축적한 노비와 양인은 양반으로 끊임없이 신분상승을 했다. 납속納粟(곡식을 내는 것)을 통한 것은 합법이고 이외에도 호적을 고치거나 몰락 양반의 족보를 매입하여 조상을 바꾸기도 했다. 자연히 신분제가 붕괴되어 가면서 전통적 윤리규범은 퇴색되어 갈 수밖에 없었다.

이에 위기의식을 느낀 사대부 집안에서는 《예학禮學》과 《보학譜學》을 강조하며 교훈서를 만드는가 하면, 개인과 가문을 동일시하여 개인 문집들을 저술했다. 학계에서는 조선 후기의 장편소설 중 가문소설이라 불리는 작품들은 가문의식을 고취할 목적에서 창작한 것으로 보고 있다. 그런 가운데 윤지당의 집안에서는 비록 경제적으로는 가난했지만 가정예법을 실천하고자 노력했다고 《유사》에서 동생 임정주가 술회하고 있다. 그러나 형제들이 분가하고 셋째 오빠 임경주任敬周(1718~1745)와 남동생 임병주任秉周(1724~1756)의 요절로 계속되지 못했다. 임경주는 당대의 문인 김원행金元行(1702~1772)이 재기齋記를 부탁할 만큼 문장력을 인정받았다. 그런데 주목할 만한 사실은 그가 남긴 4편의 전傳 중 〈매죽당이씨전梅竹堂李氏傳〉은 여성을 주인공으로 여성 간의 우정과 학문을 주제로 했다는 점이다. 이는 여성의 자유의지와 능력을 인정하는 그의 여성관의 단면을 보여주는 것으로 여겨진다. 윤지당이 남자 형제들과 같이 공부하고 토론할 수 있었던 것도 이들의 여성에 대한 열린 의식과 자유로운 학문적 분위기에서 비롯되었다고 추측된다.

윤지당의 막내 동생 임정주任靖周(1727~1796)는 임성주와 함께 당대의 대학자가 되었다. 그는 윤지당의 〈유사〉를 통해 "아! 누님 같은 사람은 진실로 규중閨中의 도학道學이요, 여인들 중의 군자라고 할 만하다."라고 하면서 윤지당의 학식과 언행을 추모했다. 그리고 누구보다도 윤지당을 이해하고 아낀 사람은 큰오빠 임명주였다. 그것은 그의 영전에 올린 윤지당의 제문에서 드러나 있다.

일찍이 말씀하시기를, "작은 누이는 내가 딸처럼 생각하니, 부디 멀리 가지 말고 자주 자주 찾아오너라."라고 하셨습니다. 아! 이는 지극히 우애하시는 말씀이었습니다.… 오직 적적하고 교교하여 저를 알아주는 사람이 없습니다. 아! 오라버니께서는 어찌 차마 저를 이렇게 대하십니까?… 이 누이는 문장이 짧고 마음이 황폐하니, 더욱 이 비참한 마음을 만의 하나라도 묘사할 수 있겠습니까?〈큰오라버니께 올린 제문(祭伯氏正言公文)〉

이 제문은 1758년 윤지당이 38세에 쓴 것으로 그녀의 문장을 본 사대부들을 깜짝 놀라게 했다. 제문에는 큰오빠의 인품과 형제들의 죽음, 가문의 불행을 한탄하면서 재능과 지혜와 자질과 학문을 갖추고도 나라의 동량으로 쓰이지 못한 임명주의 불우한 관직생활을 회고했다. 뿐만 아니라 중국 역대 고사와 인물을 인용하면서 써내린 문장은 막힘이 없이 활달한 가운데 비수를 삼베보자기에 숨긴 듯 은유적으로 당시의 정치현실을 비판하고 있다.

어찌하여 맑은 조정에 등용되자마자 곧 배척을 받으시고, 하늘이 잘못 짚으시어 이처럼 빨리 데려가셨습니까? 아마도 공께서 혼탁한 것을 싫어하셔서 혼자서만 깨끗이 지내시려고 돌아가신 것입니까? 아니면 우리나라 백성들이 복이 없고 하늘이 우리 동방에 복을 주지 않으시려고 공을 이 지경에 이르게 하신 것인지요?…(중략)

그 당시에는 세상의 도의가 나날이 떨어지는 판이었습니다. 오라버니께서 처음 대간臺諫(조선시대 대표적인 청요직淸要職으로 관리들의 비위감찰과 임금에 대한 간쟁을 담당하는 관직)이 되시자 개연히 탄식하며 말씀하시기를 "남의 신하가 되어 그 직분을 다하지 않고 헛되이 녹만 축낸다면, 이는 빈 자리나 채우고 있는 사람일 뿐이다. 또 말할 책임을 띠고서 말을 해야 할 때 말하지 않을 수 있겠는가?"라고 하셨습니다.… 오라버니로 하여금 조정에 벼슬을 시키지 않았다면 모르지만, 벼슬을 주고도 쓰지 않으시니 애석합니다. 〈큰오라버니께 올린 제문〉 중

결국 임명주는 10조목의 건의서를 올려 영조의 소론 중심의 탕평책을 비판한 죄로 제주도에 귀양을 갔다. 그후 4년 뒤에 사면을 받았으나 7년 간 금고禁錮되어 벼슬을 하지 못했고 1757년 전주에서 죽었다.

또한 1788년에 둘째 오빠인 임성주에게 올린 제문에서도 "절세의 학문과 천고에 드문 의지로써 만약 기회를 얻어 정치를 하게 하셨더라면 이윤伊尹과 부열傅說의 치적을 이루었을 것"이라고 하면서 궁벽한 시골에서 일생을 마친 둘째 오빠 임성주의 불운에 대한 낙담과 상실감으로 하늘에 유감을 품는다고 토로했다.

윤지당의 제문은 양자養子 재준에게 올린 것까지 모두 3편이다. 평생시 한 편을 남기지 않을 정도로 인간으로서의 감정 표현을 극도로 자제한 그였지만 장문의 제문 속에는 형제간의 우애와 모자간의 사랑에 대한 비통함과 절절함이 폭포수처럼 쏟아져 내리는 것을 느낄 수 있다.

애통하고, 애통합니다. 이 작은 누이는 미망인의 몸으로 늘 완악頑惡한 목숨이 죽지 않음을 한탄하고 세상에 살 뜻이 없었습니다.

아! 사람이 세상에 나서 사는 것은 가벼운 먼지가 연약한 풀 위에 붙은 것 같습니다. 저와 같은 사람은 서러움이 지극하고 원한이 쌓여 안으로 잦아들고 밖으로 녹아서, 남아 있는 것은 오직 빈껍데기일 뿐입니다. 이제 또 질병이 교대로 엄습하여 죽을 날도 며칠 남지 않아 오라버니의 뒤를 따라갈 일도 멀지 않은 줄 알고 있습니다. 이것으로나마 스스로를 조금 위로하는 실

마리가 되지 않을는지요?〈큰오라버니께 올린 제문〉중

아! 누이는 완악한 목숨이 아직도 지탱하고 있으나 친정과 시댁의 부모가 모두 돌아가시고, 일곱 형제 중에서 오직 남은 자는 오라버니와 막내 그리고 저뿐이었습니다. 또 동쪽과 서쪽으로 멀리 흩어져 만나기는 어려웠으나 마음은 마치 묶어놓은 것처럼 하셨습니다.… 아! 저는 칠순의 다 죽어가는 나이에 눈이 멀 것 같은 자식의 죽음을 겪고 간담이 모두 타서 재가 되어 남은 날이 머지않았습니다.〈작은 오라버니께 올린 제문(祭仲氏鹿門先生文)〉중

사람의 일생은 바로 백마가 작은 틈새 지나가는 것과 같다고 한다. 하물며 나는 노병으로 죽을 때가 되었는데, 지난 봄에는 친정 오라버니를 여의었고, 겨울에 또 오라버니의 작은 아들을 잃었다. 지극한 마음의 고통이 하나라도 견디기 어려운데, 하물며 셋이겠느냐?… 그래도 하루가 여삼추如三秋 같으니, 오직 원하는 것은 빨리 죽는 것이다. 그리하여 너와 지하에서 단란하게 만나, 이 세상에서 못다 한 모자의 인연을 이어가고자 할 뿐이다.〈아들 재준에게 올린 제문(祭亡兒在竣文)〉중

위 글은 1787년에 28세의 나이로 죽은 양자 신재준의 영전에 올린 글이다. 신재준은 시동생 신광우申光祐의 맏아들로 윤지당이 마흔 넘어 양자로 삼았는데, 젖 뗄 무렵부터 키웠기 때문에 친자식과 같이 애정을 쏟았다.

윤지당의 제문은 가족의 불행과 함께 과부로서 살아가는 신산辛酸한 삶의 편린을 엿볼 수 있다. 그런데 제문에 공통적으로 보이는 글귀가 '나의 완악頑惡한 목숨'이라는 표현이다. 아들이 먼저 죽은 것도 자신의

완악한 목숨이 빨리 죽지 못하여 천상천하의 귀신의 노여움을 얻은 때문일 것이라고 했고, 또한 자신을 '순절殉節하지도 못한' 부녀자라고 표현한 것을 보면 그 고통이 얼마나 오랜 세월 속에서 지속되었는지를 생각하게 한다.

그러면 누구보다도 자신에 대한 자존의식이 강했고 부덕과 학행으로 존경을 받아 친지들로부터 당호堂號로 불리던 그가 자신을 비하하는 표현을 반복했던 이유는 무엇 때문일까? 그것은 이중적인 뜻을 담고 있다고 생각한다. 첫째는 자신이 과부로서 남편을 따라 죽음을 택하지 않은 것을 부끄럽게 여긴다는 점을 알림으로써 사대부가 사람들의 구설을 미리 차단하기 위한 것으로 보인다.

원래 열녀烈女란 남편이 먼저 죽어 개가改嫁할 수 있는데도 일부종사하는 여인을 의미했다. 그런데 임진왜란과 병자호란을 겪으면서 열녀라는 의미가 반드시 순절殉節(목숨을 끊어 절개를 지킨다)해야 하는 것으로 변질되고 만 것이다. 나라에서도 종사從死한 여인만을 열녀로 포상했다. 조선 후기에 나오는 열녀전들도 남편에 대한 의리를 중시하여 종사를 여성의 귀감龜鑑으로 삼고자 했다. 미망인未亡人이라는 표현부터 죽어야 할 사람이 아직 죽지 못하고 있다는 뜻이며, 이 말은 홀아비에게는 쓰지 않는 표현이다. 당시 사대부가 여성들은 대부분 열녀전을 읽으면서 교육을 받고 그러한 가치관을 내면화했을 것이 분명하다. 그리하여 미망인은 부모에게 불효하고 자신들의 박복함이 남편을 죽게 했다는 자책감과 함께 가문에 대한 부끄러움을 가질 수밖에 없었다. 특히 윤지당과 같은 학통인 기호학파의 문사들은 순절殉節을 찬양하여 인간의 생명보다 의리를 강조했다. 한마디로 과부의 삶이란 죽는 것보다 나을 것이 하나 없었던 현실이었다. 윤지당이 말년에 지은 〈인잠忍箴〉에 "이 생애는 허물이 많으니 죽는 것이 도리어 즐겁겠네."라고 토로한 것은 그 의미가 깊다고 할 것이다. 그런데 미망인의 처지로 대유학자였던 형제들의 제문을 짓는다는 것은 자칫 구설거리가 될 수도 있었다. 그 점을 윤지당은 누구보다도 잘 알고 있었으리라 추측한다. 그럼에도 과부의 몸으로 당대의 대학자인 친정 오라버니들의 제문을 지었다는 사실은 윤지당의 강건剛健한 성격과 함께 혈육에 대한 정이 남달랐다는 것을 알 수 있다.

둘째로 자신의 마음 속에 품었던 생각을 표현하기 위해 자신을 낮추고자 했던 것으로 보인다. 임성주에게 올린 제문에서 "남녀가 하는 일은 비록 다르지만, 하늘이 부여한 성품은 언제나 같은 것입니다. 이 때문에 경전을 공부하다가 그 뜻에 의문이 있으면 오라버니께서 반드시 친절하게 가르쳐주어 제가 완전히 깨우친 뒤에야 그만두셨습니다."라고 밝혀 남녀차별적인 사회와 여성의 독서와 학문에 대한 편견을 은연중에 비판했다.

즉, 임성주와 같은 대학자도 여성인 자신에게 학문을 지도했다는 것을 밝힘으로써 자신의 입장을 옹호하는 동시에 제문을 통해 자신의 문장 실력을 조심스럽게 보여주고 있는 것이다. 당시 사대부 여성의 글짓기는 금기되는 분위기였다. 그런데도 제문을 통해 자신의 느낌과 주관을 유창하게 써내려간 것을 보면 그의 당당한 자세를 엿볼 수 있다. 반면에 당대의 실학자였던 이익李瀷(1681~1763)의 다음 글은 당시 사대부들의 여성관을 단적으로 나타내고 있다.

"독서와 강의講義는 장부의 일이고 부인은 조석으로 절기에 따라 제사와 빈객을 받들 뿐이니, 어느 겨를에 책을 읽고 외우겠는가?《소학》과《내훈》 따위도 다 남자의 할 일이니, 그저 묵묵히 그 내용을 익혀 일에 따라 경계하

고 가르칠 따름이다"《성호사설》 중 '부녀지교婦女之敎'

◆ 인생이란 가벼운 먼지가 연약한 풀 위에 붙은 것과 같고

윤지당이 큰오빠 임명주의 제문에 쓴 표현이다. 사람이 나고 죽는 것
이 그처럼 덧없다는 회한이 담겨 있다. 이는 그의 박복한 삶을 투영하는
것이기도 하다.

윤지당은 1739년 그녀가 19세 되던 해에 당대 명문가 평산 신씨 자손
의 신광유申光裕(1722~1747)와 혼인했다. 그런데 남편이 26세의 나이로 죽
자 윤지당은 시어머니 두 분을 모시고 종부宗婦의 삶을 살아가게 된다.
남편이 후사가 없는 큰아버지의 양자로 입양되었기 때문이었다. 그는 남
편도 자식도 없는 과부로 시어머니 두 분을 섬기며 시동생 식구들과 한
집에서 살았다고 한다. 시아버지 두 분은 윤지당이 시집 가기 전에 돌아
가셨다니 그나마 숨을 쉴 수가 있었을 것이다. 윤지당이 47세 되던 해 친
시모親媤母마저 돌아가자 그는 집안에서 가장 웃어른이 되었다. 그가 과
부로 산 지 20년의 세월이 흐른 뒤였다. 그동안 그는 셋째 오빠 임경주와
남동생 임병주의 요절과 큰오빠 임명주의 죽음으로 혈육과 생이별을 겪
어야만 했다. 예전이나 지금이나 여성에게 친정만큼 의지처가 되는 것은
없다. 더욱이 윤지당의 경우 그 형제들은 학문적 동료이자 여성의 능력
을 인정해준 후원자들이었기 때문에 윤지당의 통한은 그 누구보다 깊었
으리라.

윤지당은 가문을 유지하고 문중의 모범이 되는 종부宗婦 생활을 충실
히 수행했다. 사간원司諫院의 대간이었던 시동생 신광우는 〈언행록言行錄〉
에서 윤지당의 일화를 회고하며 부덕과 학문을 칭송했다.

시어머니의 병구완을 오랫동안 했다든지 동서(신광우의 부인)의 산후 간호를 며칠씩 했다는 일, 사람을 대할 때는 한결같이 화목하고 너그럽게 하고 베풀 때는 아끼거나 바라는 것이 없었다는 등등의 일화를 소개하고 있다. 이는 전통적인 부덕 이전에 윤지당의 성품이 자애롭고 정이 많았기 때문이라 여겨진다. 동생 임정주는 〈유사〉에 그 부분을 이렇게 적고 있다.

8세 때 부친을 여읜 후 매년 기일忌日이 되면 어린애처럼 사모하여 마치 초상 때와 같이 하셨다. 모친을 섬길 때는 잠시라도 그 곁을 떠나지 않으셨다. 극도로 더운 여름에는 모친께서 간혹 밀쳐내시어 멀리하셨는데, 조금 있다가 자기도 모르게 무릎 가까이 다가오셨다. 이와 같이 하기를 여러 번 하니, 모친께서 웃으며 그만두셨다. 그처럼 지극한 사랑이 천성에서 나온 것은 어릴 때부터 그러하셨다.

윤지당은 시동생 신광우와 집안의 대소사를 의논했는데, 신광우가 외직外職으로 멀리 가 있으면 늘 소식을 언문으로 자세히 보냈다고 한다. 또한 시댁 원주와 500리나 떨어진 친정이 있는 공주에는 해마다 봄 가을에 인편으로 소식을 보내고 음식과 약재를 보냈다는 것이다.

〈언행록〉과 〈유사〉는 윤지당의 성품과 일상사를 그리며, 예법에 충실하고 재물에 대해서도 청렴하며 절제되고 검소하게 지냈던 생활을 보여주고 있다.

하지만 이같은 윤지당의 전통적이고 모범적인 가정생활은 규범에 얽매였던 것이 아니라 그 자신이 성인의 길을 걷기 위한 도덕적 실천이었다고 여겨진다. 그래서 덧없이 느껴지는 인생 속에서도 '완악한 목숨'을 부지하며 성인의 도를 구하고자 정진했다고 생각한다. 다음의 글은 그의 인생관을 나타내면서 사리사욕에 눈이 멀어 인仁을 실천하지 않는 당대의 사대부들을 질타하고 있다.

고요하고 한결같은 마음의 본체는 성인聖人과 범인凡人이 같다. 다만 기질이 모여 생명이 시작될 때 잡다한 찌꺼기가 혼탁하게 섞여서 범인이 되는 것이다. 진실로 남이 한 번 노력하면 나는 천 번 노력해 기질의 불순한 찌꺼기를 제거할 수 있다면 그 본체의 고요하고 한결같은 것이 저절로 나의 뱃속에 있게 되어 본래의 인仁을 회복할 수 있을 것이다. 그렇다면 노력을 기울이는 데는 무엇부터 할 것인가? 뜻을 확립하고(立志) 독실하게 실천하는 것보다 더 중요한 것은 없다. (중략)

아아! 하늘이 사람을 내실 때 누구인들 어진 마음이 없었겠는가? 오직 사람들의 마음이 육신의 노예가 되어 자포자기를 편안히 여기고 이렇게 말한다. "나는 기질이 변변치 못하니 어떻게 감히 성현을 배울 수 있겠는가." 그러고는 슬슬 눈치를 살피고 꾸물꾸물하면서 오직 사욕만을 따르고 무례한 짓만을 행하여 하등급의 천한 사람이 되는 것도 달게 여기고 있다. 그리하여 미미한 초목과 마찬가지로 썩어가니 얼마나 비참한가! 또 금수와 다를 바 없이 행동하니 얼마나 부끄러운가! 〈극기복례위인설〉

◆ 내 마음의 잡초를 베어버리라

윤지당은 사람의 성품은 모두가 선善하나 사람의 사욕私慾이 본래의 성품을 해치기 때문에 공자와 같은 성인이 되지 못한다고 했다. 이 사욕을 끊기 위해서는 칼날(匕首)을 갖고 있어야 한다는 것이다.

대개 칼날을 쓰고 쓰지 않는 것은 다만 용기가 있는가 없는가에 달려 있을 뿐이다. 용기에는 두 가지 종류가 있으니, 혈기를 앞세우는 용기는 없어야 하고 의리를 앞세우는 용기는 길러야 한다. 혈기의 용기를 억제하면 의리의 용기가 생기게 된다. 의리의 용기를 배양하면 이 칼날이 생기게 되어 사욕이 발을 붙일 수 없게 된다.

(중략)

아! 빛난다, 비수여
나를 부인이라 여기지 마라.
네 칼날을 더욱 예리하게 힘써
숫돌에 새로 간 것처럼 하라.
내 잡념 모두 쓸어버리고
내 마음의 잡초를 베어버리라.

〈비수에 새기는 명문(匕劍銘)〉

윤지당은 누구나 노력하면 성인이 될 수 있다고 보았다. 위 글에서 잡초라고 한 것은 사욕을 뜻하는 말이다. 따라서 그가 평생을 통하여 추구했던 학문은 심성의 수련과 도덕적 실천에 있었다. 그리고 그 실천에는 남녀의 구별이 없음을 단호하게 밝히고 있는 것이다. 그의 유명한 〈척형명尺衡銘〉은 바로 자와 저울로 재고 달 듯이 마음의 저울질로 본성을 되찾자는 자신의 노력을 맹세한 글이다.

그는 만년에 지은 〈인잠忍箴〉에서 자신의 박복한 운명을 회고하며 하늘의 소명을 따를 뿐이며 잠언을 지어 스스로를 경계한다고 다짐했다.

나는 본래 성질이 조급하여, 어릴 때부터 마음에 불편한 것이 있으면 잘

참지 못했다. 자라나면서 스스로 그 병폐를 알고 힘써 극복하고자 했다. …
예부터 지금까지 나와 같이 박복한 사람이 몇이나 되었을까? 비록 강인한
심장을 가진 대장부라고 하더라도 참고 견디지 못할 것이다. 하물며 연약한
부녀자로서 쉽게 인내할 수 있겠는가? 그러나 참아내지 않고도 회피할 수
있는 방법이 있다면 좋겠지만, 이미 그럴 방도는 없으니, 마땅히 마음을 가
다듬고 성품을 길러 하늘의 소명에 따를 뿐이다. 〈인잠〉

이것은 잇단 혈육의 죽음으로 인한 절망감을 인내로 극복하여 인간의
본래 성품을 이루리라는 의지를 보여주는 것이었다. 윤지당이 어려서부
터 평생 동안 한 번도 남에게 흐트러진 언행을 보이지 않은 가운데 덕을
베풀고, 자신의 감정을 절제했던 것은 비록 여성으로 태어나긴 했으나
자신도 성인의 길을 걷고자 한 뜻이 독실했기 때문이었다.

"죽는 것이 마땅하다면 집에 돌아가듯이 하겠지만 그것이 옳지 않은
것이라면 운명은 어길 수 없는 것. 오직 자신을 수양하여 자연의 순리를
따르겠다."라고 한 대목은 순절하지 않고 부끄러움을 견디며 살았던 이
유를 완곡하게 내비치고 있다. 윤지당의 글 속에는 평생을 비인간적이고
왜곡된 사대부들의 열녀 이데올로기로 갈등을 겪었음을 짐작하게 하는
대목이 있는데 그에 대한 결론은 자연의 순리를 따른다는 것이었다. 그
는 자신의 목숨을 스스로 끊는 것은 운명을 어기는 것으로 생각했다. 그
래서 죽을 때까지 '마음의 잡초를 베는 일'을 화두로 학문에 정진했던
것이다.

훗날 문인 이규상李圭象(1727~1799)은 〈병세재언록幷世才彦錄〉에서 윤지당
에 대해 "견식과 문장 솜씨가 스스로 일가를 이루고 있어 반소班昭(역사학
자, 반고의 누이)와 비길 만하다."라고 평가했다. 또한 유한준兪漢雋(1732~

1811)도 《저암집著菴集》에서 "그때에는 비록 여성의 처지에 있더라도 윤지당과 같은 분들이 학문에 진력하여 세상의 교화에 큰 도움을 줄 수 있었다. 아아! 이제는 그것이 어찌 가능하겠는가!"라고 했다.

◈ 남녀가 하늘로부터 받은 성품은 다르지 않거늘

윤지당은 〈이기심성설理氣心性說〉에서 인간과 사물의 본성과 수양방법을 논했는데, 인간의 타고난 성품은 누구나 같다고 보았다.

성품의 큰 근본으로 말하자면, 성인과 어리석은 사람은 같은 존재이다. 그래서 "사람은 누구나 요순堯舜과 같이 될 수 있다."라고 한 것이다. 요순이 성인이 된 까닭은 성품이 지극히 선하고 덕성이 위대하기 때문이다. (중략)
마음이란 것은 고요하고 한결같은 신명神明이다. 한결같은 신명이란 것은 곧 천지가 만물을 살리는 마음이다. 사람과 사물이 이 세상에 태어날 때 모두가 이 '만물을 살리는 마음'을 부여받아 각자의 마음이 된다. 따라서 마음 속에 갖추어진 원리는 응당 같아야 할 것이다.

사람은 누구나 요순堯舜이 될 수 있다는 뜻은 성인이 되는 길에 남녀의 차별이 없다는 것을 내포하고 있으니 단지 남자와 여자는 본성은 같지만 그 역할이 다르다는 것이다. 〈유사遺事〉에서 임정주가 전하기를 윤지당은 다음과 같이 말했다고 한다.

남자의 원리는 씩씩한 것이고 여자의 원리는 유순한 것이니 각기 그 법칙이 있다. 성녀 태사와 성인 문왕께서 하신 업적이 달랐던 것은 서로 그 분수가 달랐기 때문이다. 그러나 다 같이 천성대로 최선을 다했다는 것은 그 원리가 같기 때문이다. 입장을 바꾸어 놓았더라면 두 분이 또 거기에서 최선을 다했을 것이다. 그러므로 부인으로 태어나서 태임과 태사의 도덕 실천을 자임하지 않으면 이는 자포자기한 사람이다.

깊이 숙독熟讀해보자. 윤지당이 이 말을 늘 했다고 하는데 그 이유가 어디에 있었을까? 윤지당은 학식이 뛰어난 남자 형제들에게서도 인정받았던 여성이다. 그러나 현실적으로 그 학문과 재능을 쓸 길이 없기에 도덕적 실천을 가정 안에서 할 수밖에 없었다. 그는 혹시 부인이라 할지라도 태임과 태사의 도덕 실천을 해야 하는데 하물며 대장부로 태어난 사대부들이 그 분수에 따라 최선을 다해야 하는 것이 아닌가?라는 말을 하고 싶었는지도 모른다. 그가 사대부들이 사리사욕을 채우고 명예에 급급하는 정치현실을 제문이나 인물론 등을 통해 비판하고 있기 때문이다.

한편 도덕적 실천을 하기 위해서는 기본적으로 공부가 필요하다. 그러니 윤지당은 여성의 독서와 교육은 당연한 것으로 간주 했던 것이다.

윤지당이 남긴 2편의 전傳 중 〈송씨능상부宋氏能相婦〉에는 비범한 재능과 인품을 지닌 송능상(우암 송시열의 현손으로 한원진의 제자이다)의 부인 한씨가 "친정 부친이 세속의 구구한 소리를 믿고 글을 가르치지 않았으나, 혼자서 사서삼경의 경서와 역사책들을 배우니 그 뜻이 통달했다."라는 대목이 나온다. 여기서 부인 한씨의 친정 부친은 사헌부 지평을 지낸 한계진韓啓震(송시열의 제자 권상하의 수제자인 한원진의 동생이다)을 일컫는다. 그 당시에도 여자가 글을 배우면 운명이 기박하다는 말이 많았기 때문에 한계진도 딸을 가르치지 않았던 것이다. 윤지당은 바로 이 점을 우회적으로 비판하고 있다(그는 친정 조카인 임조任照에게 준 〈권학문勸學文〉에서 '사랑하고도 가르치지 않으면 금수禽獸의 사랑일 뿐'이라고 했다). 송능상은 작은 오빠 임성주와 절친하여 윤지당은 오빠를 통해 한씨의 이야기를 늘 들었던 것 같다.

〈송씨능상부宋氏能相婦〉는 부덕을 두루 갖추고도 식견이 뛰어나 남편을 이끌어 학문을 이루게 한 송능상 부인 한씨를 위해 지은 전傳으로, 윤지당이 이상으로 여긴 여성상이라 할 수 있다. 그 내용 중 한 일화는 윤지당의 여성관과 함께 사대부들의 이 영광과 명예를 흠모하는 태도에 대한 비판의식을 엿볼 수 있다.

> 남편과 시댁의 종형제들이 각자 포부를 이야기하다 한 사람이 "나는 율곡 선생의 도덕과 영예를 흠모한다."라고 말하자, 그 남편도 이를 옳게 여겼다. … 이에 대해 한씨가 대답하기를 "율곡 선생이 훌륭하신 것은 그분의 도덕 때문인데. … 지금 여러 형제들께서 만약 그 도덕만을 말씀하셨다면, 이것은 참으로 그 도덕을 흠모하는 것이 됩니다. 그렇지만 도덕과 영예를 함께 말했으니 실상 마음 속으로 그분의 존귀한 지위를 부러워하는 것입니다. 당신이 그것을 괜찮다고 하시니, 옳으신 것일는지요?"라고 했다. 이 말을 듣고 남편은 그녀의 높은 식견에 탄복하고 드디어 분발하여 학문을 닦아 대학자가 되었다.〈송씨능상부전〉

윤지당의 또 다른 〈최홍이녀崔洪二女〉는 경상도의 부인 최씨와 딸 홍씨 모녀가 남편과 부친의 원수를 갚은 사건에 대하여 기술한 것이다.

> 사람이 금수와 다른 것은 효도와 정절이 있기 때문이다. 아내가 남편의 원수를 갚는 것은 정절이며, 자식이 아버지의 원수를 갚는 것은 효도이다.
>
> (중략)

그리하여 칼을 품고 원수의 집을 엿보며 기회를 기다리고 있었다. 결국 몇 년 후에야 그를 맞닥뜨려 찔러죽이고 관아로 들어가 신고했다. 그 고을 수령이 사건을 중앙에 보고하자, 국가에서는 그들의 행위를 의롭게 생각하여 살인죄를 용서하고 각종 세금을 면제하고 관아에서 일체 간섭하지 못하게 했다. 〈최홍이녀〉

윤지당은 말미에 붙인 찬讚에서, "두 여인의 일은 정절과 효성이 지극할 뿐 아니라 용기도 있다. 비록 남자라 하더라도 그들에게 미치지 못할 것이다."라고 칭송하고 있다. 그런데 많은 소재 가운데 모녀의 살인사건을 기록하고 찬을 붙인 이유가 어디에 있는 걸까? 남편이 죽었는데 순절하지 않고 적극적으로 원수를 갚는 행위를 "정절貞節이 지극하고 용기도 있다."라고 표현한 이면에는 순절하는 것만이 정절을 지키는 것은 아니라는 항변이 숨겨져 있다고 보인다. 그리고 "의리와 용기를 배양하면 사욕을 끊을 수 있는 칼날을 갖게 된다."라고 했듯이 그 용기를 언급하고 남자도 미치지 못할 것이라고 한 것은 적극적이고 실천적인 여성의 삶에 대한 긍정적 인식이라 할 것이다.

그런데 작가의식이 가장 직접적으로 반영된다는 전傳의 형식을 통해 윤지당은 무엇을 주장하고 싶었던 것일까? 그는 식견과 행실이 뛰어나면서도 문장과 재주가 있어 남자를 이끌어줄 수 있는 여성을 이상으로 생각하는 한편, 여성이 도덕적 실천에서는 남성보다 용기가 있음을 강조하고자 했던 것으로 보여진다. 또한 그 이면에는 성리학을 공부하고도 마음을 닦고 예를 실천하지 않으며 부귀영화에 혈안이 된 사대부가 정치를 혼란하게 한다는 인식이 깔려 있는 것이다. 그의 〈난세를 다스리는 법은 인재를 얻는 것治難在得人說에 있다〉는 대목은 임명주나 임성주와 같이 학식과 경륜을 가진 인재들이 정치적 불운을 겪는 현실을 비판하는 정치 논설이다. 윤지당은 영조 당시의 정치현실을 난세로 보고 있었다.

아아! 옛적에 성군과 현군들이 천하 국가를 다스릴 때는, 대성인이 군림하면서도 현명한 신하들을 등용한 연후에야 이와 같이 훌륭한 정치가 실현되었다. 후세에는 용렬한 군주와 비루한 사람들이 통치하면서도 잘 다스려지기를 바라니, 참으로 어려운 일이다. 하물며 폭군과 간신들이 국정을 맡으면 정치가 혼란하지 않겠는가? (중략) 오직 자기의 편견만 믿고, 자기에게 아첨하는 사람만 좋아한다. 그러니 평화로운 시대는 적고, 혼란한 시대가 많아지는 것도 당연하다. 아, 한탄스럽다! 〈난세를 다스리는 법은 인재를 얻는 것에 있다.〉

1747년 윤지당의 큰오빠 임명주는 사헌부 지평이 되자 영조의 소론 중심의 탕평책을 비판했다. 이에 격노한 영조가 국문(반역죄인에게 시행하는 문초)을 명했다가 대신들의 만류로 제주도에 귀항을 보냈다. 또한 영조는 1762년 자신의 아들을 뒤주에 가둬 죽게 했다. 사도세자의 죽음은 단순한 부자간의 갈등이라기보다는 노론과 소론의 치열한 당쟁이 빚은 비극이었다. 윤지당이 '용렬한 군주'니 '폭군'이니 하고 표현한 것은 영조의 부당한 처사에 대한 강한 반발이었다. 임금에 대한 간언을 소임으로 하는 신하가 군주의 정책을 비판했다고 국문에 처하려 했다는 것은 누가 봐도 지나친 행위였기 때문이다.

"아! 사람이 금수나 오랑캐와 다른 것은 바로 삼강오륜이 있기 때문이다."(《이릉을 논함(論李陵)》)라고 한 윤지당의 시각에서 본다면 영조는 어버이와 자식 간의 인륜을 무참하게 짓밟은 폭군임에 틀림없었다. 이는 인물론에서도 반복되고 있다. 윤지당은 11편의 인물 평전을 지었는데 안자를 제외하고는 모두 신랄하게 비판하고 있다. 그의 역사의식과 정치론은 유교적 이상주의를 표방하여 명분과 인의仁義를 강조하는 왕조정치를 지향했다. 따라서 윤지당은 진晉나라의 공신이며 효자로 이름난 온교를(온교溫嶠가 흉노족의 침입으로 수도가 함락된 때 장군 유곤의 사신으로 먼 길을 떠나게 되었다. 이에 그의 어머니가 붙잡자 칼로 옷깃을 자르고 떠난다)를 다음과 같이 평했다.

아! 부모 자식 간은 오륜의 으뜸이니 서로를 아끼는 것은 자연의 이치이다. 공훈功勳은 출세의 기초이고, 그것을 이루고 싶은 것은 사사로운 마음이다. 공훈과 출세에 대한 욕심 때문에 천륜天倫의 은혜를 손상한다는 것은 비록 변변치 못한 사람이라도 차마 하지 못할 일이다. 〈온교가 옷깃을 자른 일을 논함(論溫嶠絕裾裾)〉

세상에서는 온교를 효자라고 칭송하지만, 윤지당은 어머니의 옷깃을 자르고 길을 떠난 온교에 대해 출세에 대한 욕심이 앞서 천륜의 은혜를 손상한 것이라며 혹독하게 비판하고 있다. 차마 자식을 죽게 한 군주를 직접적으로 비난하기 어려운 심정을 온교의 일에 빗댄 것이 아닌가 하는 생각이 든다.

한편 윤지당의 글 곳곳에서 남녀의 성품이 다르지 않다고 천명하고 사대부와 정치현실을 비판하는 것을 발견할 수 있다. 그러므로 여성이 부덕을 갖추고 학식을 겸비할 것을 강조한 배경에는 여성이 사회활동을 할수 없는 현실 속에서, 여성이 남성 사대부들의 모범(도덕적으로나 실천적으로)이 되기를 기대했던 염원이 있었던 것으로 짐작된다.

◈ 인간은 만물을 살리는 천지의 도를 얻어 태어난 존재

하늘이란 무엇인가? 그 형체를 드러낸 것이 높고 높아서 크기가 극도에 다다랐고, 그 마음을 쓰는 것이 만물을 살리는 데 중점을 두어 인애仁愛가 지극한 존재이다. 땅이란 무엇인가? 하늘과 짝이 되어 천지를 이루는 존재이다. 사람이란 무엇인가? 천지의 알맞고 바른 도를 얻어서 태어나, 만물 가운데 으뜸이 되고 삼재三才(하늘, 땅, 사람)의 하나에 들어간 존재이다. 〈이기심성설理氣心性說〉

이 글은 조선시대 성리학의 중요 명제였던 '이기심성설'을 논한 윤지당의 〈이기심성설〉의 첫 대목으로, 그의 자연관과 인간관을 단적으로 표현하고 있다. 즉 인간은 천지 자연과 더불어 존재한다는 인식에서 출발하고 있음을 알 수 있다(이는 현대 당면과제인 생명존중사상이나 환경보호운동의 철학적 근거를 제시하는 것이기도 하다). 따라서 그는 천지의 알맞고 바른 도를 인간의 본성으로 보았고, 그것을 보존하는 실천적 방법을 예禮에서 찾았다. 그리고 예의 근본을 공경恭敬으로 보았으며, 능히 공경할 수 있으면 반드시 덕德을 갖추게 된다고 인식했다. 하늘로부터 받은 성품에는 성인과 범인의 차별이 없으니 예를 실천하고 마음을 수양하면 누구라도 성인이 될 수 있다고 한 까닭이 여기에 있다.

임윤지당은 조선시대에서 변화의 풍랑 속에 살았던 18세기의 여성 성리학자였다. 그는 여성의 학문을 금기하고 왜곡된 열녀 이데올로기로 무장한 시대의 장막을 헤치며 당당하게 자신의 길을 걸어갔던 여성이었다. 미망인이라는 굴레와 친정 혈육들의 죽음 등 개인적으로 박복하게 보이

는 삶 속에서 그는 학문을 등불로 삼았다. 그리고 학문을 하는 성인의 길을 가는 데에는 남녀 차별이 없다고 천명했고, 마침내 도덕적 실천과 학문으로 사대부들의 오만과 편견을 깨뜨렸다. 그런 점에서 윤지당의 삶과 학문은 이 땅의 많은 여성에게 교훈이 되는 동시에 죽비竹扉가 될 것이라 생각한다.

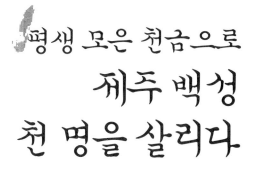

평생 모은 천금으로
제주 백성
천 명을 살리다

김만덕金萬德(1739~1812)

◆ 제주 유배지의 기생이 임금을 만나다

　재물을 잘 쓰는 자는 밥 한 그릇으로도 굶주린 생명을 구할 수 있지만, 그렇지 않으면 썩은 흙과 같다.

　　이재채李載采(1806~1833)의 《오원집五園集》

　이 글은 조선 후기의 문인 이재채의 문집 중 〈만덕전萬德傳〉에 실려 있는 내용이다. 제주 기생 만덕이 정조의 부름을 받고 한양에 올라와 사대부가에 머물러 있을 때라고 한다. 도대체 무슨 까닭으로 천한 신분의 여인이 임금을 직접 대면할 수 있었던 걸까?
　《정조실록》1796년(정조 20년) 기사에 만덕에 관한 내용이 나타나 있다.

　제주 기생 만덕이 재물을 풀어서 굶주린 백성을 살렸다고 목사牧使가 보고 했다. 이에 포상을 하려고 하자, 만덕은 사양하면서 바다를 건너 상경上京하여 금강산 유람하기를 원했다. 정조는 이를 허락하여 연도沿道의 고을들로 하여금 양식을 지급하게 했다.

또한 《승정원일기承政院日記》에는 당
시의 재상 채제공이 정조에게 만덕의
딱한 사정을 알리는 내용을 기록하고
있다. 만덕이 겨울에 상경한 후 혹한
을 당하여 길을 떠나지 못해 자신을
찾아와 울며 말했다는 것이다. 정조
가 명하기를,

김만덕 초상화 (김만덕 기념관 소장).

"탐라인의 진휼賑恤을 다른 도에
본받게 하고 또 별도로 그녀는 한 사
람의 미천한 기생으로서 의로움을
발發하여 재물을 내어놓아 곤궁한 백성을 구휼하니 지극히 가상한 일이
다. 그 소원이 평범하지 않고 이미 상경한 후니 어찌 길에서 굶주리게
하랴."

정조는 비변사에 일러 겨울을 한양에서 지내도록 하고 봄에 금강산 유
람을 할 수 있도록 양식과 노자를 보내주도록 했다.

한편 《일성록日省錄》의 정조 20년 11월 25일조에도 만덕에 대한 기록이
보인다.

재물을 모아 굶주린 백성을 구휼함이 조정에 알려져 그녀의 소원을 물으
니 상 받기도 면천免賤하기도 원치 않고 단지 바다를 건너 상경하여 금강산
을 보는 것이라 했으나 몹시 추워서 부득이 출발하지 못했다. 비록 천민이
지만 옛날 열협烈俠에 부끄러움이 없으니 봄이 될 때까지 양식을 지급하고
내의원행수內醫院行首로 삼아 각별히 볼 수 있도록 했다. 금강산을 보고 돌아
올 때 연도沿道의 도신道臣들이 양식과 노자를 지급토록 했다.

이 기록을 통해서 정조는 만덕이 자선慈善으로 많은 백성을 살리게 된 것을 높이 평가하고 그에 상응한 대우를 충분히 보상해주고자 배려했음을 알 수 있다. 만덕이 평생 모은 재산으로 굶주린 제주 백성 1,000여 명을 구제했기 때문이다.

조선 후기 제주도에 관한 기록 중 가장 많이 보이는 것이 기근飢饉과 진휼賑恤이다.

전국에 흉년이 들면 피해가 극심했고 곡식이 제때 도착하지 못하면 수백 명씩 굶어죽는 일도 많았다. 영조 41년(1765)에는 제주도민 6,000여 명이 굶어죽기도 했다. 이런 사정으로 제주에서는 가뭄으로 흉년이 들면 대나무 열매를 따먹으며 목숨을 연명할 수밖에 없었다. 그러다 정조대에 와서 진휼정책이 크게 확대되면서《혜정요람惠政要覽》을 비롯한 진휼 관계 기록 등이 편찬되었다.

정조 18년(1794), 계속된 흉년으로 피폐해진 제주는 '온 섬을 비로 쓸어버릴 것 같이' 큰 태풍의 피해마저 입었다. 그런데 다음 해 봄에는 큰 기근이 일어나 제주목사는 조정에 진휼미를 요청했고, 조정에서도 어사를 파견하고 진휼미를 보냈다. 그러나 풍랑으로 5척의 배가 침몰하는 사고가 발생했다. 이에 토착 부호인 고한록이 300석을 바쳐 후에 대정현감으로 임명되었다. 이때 만덕은 천금을 내어 육지에서 쌀을 사들여 500석 중 10분의 1은 친척에게 나눠주고 450석을 관에 보내 굶주린 백성을 구했다. 그리하여 제주 남녀 모두가 만덕의 은혜를 칭송하고 제주목사가 그 일을 조정에 보고했다. 그런 연유로 정조가 만덕의 소원을 들어주었던 것이다.

◆ 국법에 도전하여 한양 땅을 밟고 금강산 유람을 소원하다

만덕의 두 가지 소원 중 첫째가 임금이 사는 한양 땅을 밟고 싶다는 것이었다. 그런데 당시에는 제주도민이 육지로 나가는 것을 국법으로 금지하고 있었다.

출륙금지령出陸禁止令은 인조 7년(1629)부터 실시하여 순조 때까지 계속되었다. 제주도는 예전부터 과다한 공물 진상進上과 토호土豪에 의한 수탈 및 빈번한 왜구의 침범에 따른 군역을 피해 육지로 도망하는 사람이 많았다. 성종 때부터는 육지로의 이주가 많아지면서 주로 가까운 남해안 지역에 모여 살았다. 그러다 보니 16세기 중반에는 '제주의 세 고을은 주민들이 날로 유망流亡하여 고을이 거의 빌 지경'에 이르렀다고 한다.

인조 7년(1629), 연이어 남자들이 도망을 가서 군액軍額이 감소하자 제주도민의 출륙을 엄금한다는 명이 내려지게 되었다. 제주 여인은 육지인과의 혼인도 금할뿐더러 특별히 출륙을 금지시켰다.

영조대에는 "제주도 삼읍인으로서 다른 지역으로 도망가는 자는 벌을 준 다음 곧 원적지로 돌려보낸다. 이들을 거둔 자도 곤장 100대를 쳐서 3,000리 밖으로 유배를 보낸다."라는 법령을 《속대전續大典》에 명시했다. 그러나 영조대 이후 상업의 발달로 육지의 상인들(개성상인, 안성상인들)과 제주민들의 교역이 활발해지기 시작했다. 이후 정조대에는 제주상인이 전국 각지에서 자유로운 상거래를 했다. 주로 해산물과 미곡을 교역하기 위해서였다.

그러면 만덕이 국법에 도전하여 평생의 꿈을 이룬 까닭은 어디에 있을까?

그는 천한 신분에 여자 혼자 몸으로 장사를 하여 제주 최고의 거상巨商

가야금 타는 김만덕(강부언 그림).

이 된 인물이다. 그렇다면 그는 머리도 총명하고 탁월한 사업수완도 있었겠지만, 엄청난 재산을 모으는 과정에서 인간과 사회에 대한 의식이 성장했을 것이다. 돈을 벌려고 수단방법을 가리지 않는 시정잡배들과 수령, 아전들의 수탈과 횡포, 남존여비 중심의 신분제, 제주도민에 대한 차별, 새롭고 넓은 세상에 대한 동경 등….

만덕이 전 재산을 기부하여 많은 목숨을 살렸던 행위도 사회의식이 성숙했기 때문에 가능한 일이었다.

조선 후기에는 돈 문제로 인한 살인·강도 등의 범죄가 증가했고, 관리들의 부정부패는 일반화 될 정도였다. 특히 제주도는 지리적으로 임금이 사는 한양과 멀리 떨어져 있고, 교통이 어려워 행정과 재정 운영이 거의 독립적으로 이루어졌다. 또한 제주로 부임하는 것은 좌천을 의미했기에 목민관牧民官으로 선정善政을 베푼 경우가 드물었다고 한다. 흔히 수령과 향리, 토호의 결탁은 제주 백성에 대한 수탈로 이어졌다. 조선 후기에 널리 알려졌던 〈배비장전裵裨將傳〉(제주 기생 애랑이 배비장을 조롱하고 위선적인 양반과 관속들을 풍자한 소설로 판소리로도 발표됨)의 배경이 제주인 것도 그런 현실의 반영이었다.

척박한 땅 제주에서 성장한 만덕은 누구보다도 재물이 갖는 힘과 가치를 잘 알고 있었다. 그래서 죽어가는 목숨들의 참상을 그대로 보고만 있을 수 없었던 것이다. 만덕의 진휼은 단순한 자비심의 발로가 아니라 끈끈한 공동체적 연대의식과 사회구성원으로서의 책임의식에서 나온 것이다.

한편 만덕이 출륙금지령이 국법인 줄 알면서도 육지로 나가겠다고 소원한 까닭은 어디에 있을까? 무엇보다 자신의 소원을 통해서 제주도민에 대한 차별이 부당하다는 것을 알리고 싶었을 것이다. 또한 한양 구경을 원한 것은 넓은 세상에 대한 호기심과 상인으로서 느끼는 당연한 관심사였으리라. 그렇다면 그가 금강산 유람을 원했던 까닭은 무엇 때문일까?

예부터 금강산의 명성은 중국과 일본에까지 알려질 정도였다. 그래서 조선조의 많은 문인들이 금강산에 대한 기행문을 지었고, 18세기 후반에는 금강산 유람이 일반 서민들에게까지 유행할 정도였다. 강세황姜世晃(1713~1791)의 〈유금강산기遊金剛山記〉에는 "금강산을 가보지 못한 이는 사람 축에도 끼지 못한다는 말이 나돌았을 정도"라고 기록되어 있다. 만덕은 비록 육지에서 멀리 떨어진 제주에서 평생을 살았지만 육지 상인들과의 빈번한 교역으로 세상 돌아가는 사정이나 소식에 밝았을 것이다. 시정市井의 풍문으로 금강산에 대한 이야기를 들었음이 분명하다. 그리고 그는 58세(1797)에 비로소 금강산을 유람하게 되었다.

◆ 은혜의 빛이 온 세상에 널리 퍼지다

'은광연세恩光衍世'

은혜로운 빛이 세상에 널리 퍼지다는 뜻으로, 헌종 6년(1840) 제주 대정현으로 유배 간 김정희金正喜(1786~1838)가 만덕의 이야기를 듣고 그 뜻을 기리고자 만덕의 후손 김종주에게 써준 편액이다. 김정희는 박제가의

만덕이 정조를 알현하는 장면(왼쪽). 석각은 제주시 사라봉 모충사에 있음(오른쪽).

제자로 이미 만덕의 이야기를 알고 있었고, 그래서 일부러 찾아갔던 것이다.

　만덕이 한양에 머무르고 있을 때 당대의 사대부들이 그를 만나고자 했고, 여러 문인들은 그에 대한 전傳과 송시送詩를 남겼다. 특히 정조의 개혁을 지지하던 재상 채제공은 〈만덕전萬德傳〉을 지어 그녀의 행장을 작품화함으로써 그의 정신을 후대에까지 널리 알리고자 했다. 그런가 하면 이재채도 〈만덕전〉을 지어 만덕의 한양생활을 소개했다. 또한 병조판서 이가환李家煥(1742~1801, 성호 이익의 종손으로 천주교를 연구하다 옥사함)은 만덕을 전송하는 시를 지어 칭송했는데 그중,

　　우레같이 왔다가 고니처럼 날아가니 높은 기풍은 오래 머물러 세상을 맑

게 하네. 사람으로 태어나서 이름을 세움이 이와 같으니 옛날 여회청대(진시황 때 청이란 과부는 많은 사람에게 재물을 나누어 주었다. 그래서 조정에서 청을 위해 대를 쌓았다고 함)를 어찌 부러워하겠는가.

라는 대목은 만덕의 삶을 간결하나 높이 평가했음을 알 수 있다.

당대 실학파의 거두이자 문장가였던 박제가朴齊家도 한시漢詩를 지어,

"귤밭 깊은 숲속에 태어난 여자의 몸 의기는 드높아 주린 백성 없었네."라고 그 의로운 뜻을 기리고 있다.

정약용丁若鏞(1762~1836)은 《다산시문집茶山詩文集》에서 만덕을 소개하며, 그에게는 세 가지 기특함과 네 가지 희귀함이 있다고 평했다. 세 가지 기특함은 1. 기적妓籍에 실린 몸으로서 과부로 수절한 것이고, 2. 많은 돈을 내놓은 것이고, 3. 바다섬에 살면서 산을 좋아함이다. 네 가지 희귀함은 1. 여자로서 겹눈동자이고, 2. 종의 신분으로 역마의 부름을 받았고, 3. 기생으로서 중을 시켜 가마를 매게 했으며, 4. 외진 섬사람으로 내전內殿의 사랑과 선물을 받은 것이다.

이외에도 조선 후기 위항문학委巷文學을 대표하는 유재건劉在建(1793~1880)의 《이향견문록里鄕見聞錄》(중인과 평민층 인물들의 전기)과 조수삼趙秀三(1762~1849)의 〈추재기이秋齋紀異〉(도시 하층민들에 관한 일화 모음), 조희룡趙熙龍(1797~1859)의 《호산외사壺山外史》에도 만덕에 관한 내용이 소개되어 있다.

그렇다면 당대의 사대부들이 만덕의 기부에 대해 높이 평가한 이유는 무엇일까? 특히 박제가와 정약용은 만덕이 겹눈동자를 가졌다고 언급함으로써 중국의 천하 영웅 항우(겹눈동자였다고 함)에 빗댈 정도였다.

박제가는 중국이 부유한 이유를 상업의 발달에서 찾았고, 선비들도 상업에 종사할 수 있게 해야 한다고 주장할 만큼 진보적인 실학자였다. 또

한 물자유통과 해상교역의 중요성을 강조한 그의 입장에서 만덕은 만인의 귀감으로 삼을 만한 인물이었다. 한편 남다른 애민정신으로 일반 백성의 피폐한 삶을 뼈아프게 느꼈던 정약용으로서는 여자의 몸으로 거금을 내어 백성을 구제했다는 사실에 깊이 감동했을 것이라 추측된다.

그밖에 중인층 문학에서 만덕을 소개한 이유는 천민인 만덕의 삶을 통해 자신들의 위상을 높이고자 했기 때문으로 보인다.

그런데 만덕에 대해 유일하게 부정적인 평가를 한 인물이 심노숭沈魯崇(1762~1837)이다.

지난날 내가 제주에 있을 때 만덕의 이야기를 상세하게 들었다. 만덕은 품성이 음흉하고 인색해 돈을 보고 따랐다가 돈이 다하면 떠나는데, 그 남자가 입은 바지저고리까지 빼앗으니… 여러 학사들은 전을 지어 많이 칭송했다… 무릇 세상의 명名과 실實이 어긋나는 것이 이렇게 많음을 혼자 슬퍼하나니…. 〈계섬전桂纖傳〉

심노숭은 1794년 제주목사로 제수된 심낙수沈樂洙의 아들이다. 그는 부친을 만나러 제주에 갔다가 만덕에 대한 소문을 들었을 것이다. 만덕은 여성의 몸이었으나 큰 재산을 모은 인물이다. 당연히 많은 남자들을 수하로 부렸을 테고, 양반이나 관아 사람들도 그녀를 함부로 하지 못했을 것이다. 그런 까닭에 토호 세력이나 상인 가운데 없는 말도 짓고 사실을 과장하여 그녀를 폄하하는 사람들이 있었으리라.

당시에 제주목사가 되는 것은 좌천을 의미했다. 심노숭은 부친의 그런 처지에 울분을 느꼈을 것이고, 은연중에 정조에 대한 원망을 담았던 것 같다. 그래서 정조가 만덕의 공을 높이 평가하고 정조의 지지 세력인 채제공, 박제가, 정약용 등이 만덕을 위해 글을 지었던 것을 〈계섬전〉을 통해 비판한 것이라 여겨진다.

심노숭은 청송靑松 심씨沈氏의 21세손이고 당대 노론 벽파의 영수 심환지沈煥之(1730~1802)는 19세손이다. 파派는 다르지만 조선조 10대 문벌에 속하는 심씨 가문의 사람들로서 그 유대가 돈독했을 것으로 보인다.

영정조대는 각 문중마다 가문의식이 발달하여 개인과 가문을 일체화하는 경향이 있었다. 그런데 심환지는 노론의 의리를 중시하고 정조의 개혁정치를 비판했으며, 사도세자의 죽음(1762)에 대해서도 당연하다는 벽파辟派에 속했던 인물이다. 조선조에서 가장 많은 왕비를 배출한 심씨 가문의 입장에서 정조의 개혁정치(신분이 낮은 자들과 남인들을 관직에 등용하고 왕권강화를 추진하는 정책)는 기존의 성리학적 지배질서를 무너뜨리는 위협 요인이었을 것이다. 그러니 제주의 천한 기생이 공을 세웠다는 이유로 왕이 국법을 어기면서까지 대궐로 불러들이고, 친히 만나 칭찬했다는 사실을 용납하는 것이 어려웠으리라.

심노숭의 만덕에 대한 부정적 평가는 이런 맥락에서 이해되어야 할 것이다.

한편 정조의 입장에서는 먼 외딴 섬 유배지인 제주에서 기생이 천금을 만들어 1,000명의 목숨을 구한 것도 너무나 장하고 기특한데 그 소원이 남다른 것에도 놀라지 않았을까. 물론 성군으로서 애민정신이 강했던 정조였지만 만덕에 대한 높은 평가와 깊은 환대에는 또 다른 의미가 숨겨져 있었다. 만덕의 진휼행위를 천하에 공표함으로써 재물과 벼슬에 눈이 어두워 민생을 돌보지 않고 향락에 빠진 사대부와 부정부패에 젖은 지방 수령들의 귀감으로 삼고자 했던 것은 아니었을까?

◆ 기생에서 벗어나 남편을 선택했던 주체적 여성의식

만덕은 김응렬金應悅의 외동딸로 태어났다. 김응렬은 전라도 나주까지 가서 제주에서 나는 미역, 전복, 귤 등을 팔고 육지의 쌀을 사다 제주에 파는 상인이었다. 만덕은 11세 되던 해에 풍랑으로 부친을 일 년 반 뒤에는 모친도 여의게 되었다. 그녀에게는 만석, 만재라는 두 오빠가 있었으나 모두 뿔뿔이 흩어지는 신세가 되었다. 그래서 만덕은 퇴기退妓에게 몸을 의탁하여 관가官家의 기적妓籍에 오르게 된다. 채제공의 《번암집》에는 그녀가 나이 스물 남짓이 되자 울면서 자신의 처지를 관가에 하소연하므로 관가에서는 이를 가엾게 여겨 양인 신분을 회복시켜주었다고 되어 있다.

원래 기녀의 면천은 국가의 구휼정책의 일환으로 재물을 내는 것이 합법적인 절차였다. 그런데 당시에는 불법으로 지방관이나 아전과 결탁하여 기녀가 노비를 사서 대신 종속하게 하는 일이 빈번했다. 그런 까닭에 《정조실록》에서 제주목사가 만덕을 '제주 기생'이라고 보고하고, 《승정원일기》에서 채제공이 '탐라의 기녀'라고 부르며, 《일성록日省錄》에서 '면천免賤하기도 원치 않고'라는 표현을 쓴 것으로 미루어 만덕은 양인으로 신원회복이 되지 않았음이 분명하다. 그러나 아마도 대속代贖(다른 사람이 대신 신역에 종사하게 함)으로 관기의 처지에서 벗어났기에 자유롭게 상업활동을 한 것으로 보인다.

1812년(순조 12년) 만덕이 죽은 후 세워진 구묘비문舊墓碑文에 "김만덕의 본은 김해 김씨요 탐라 양가良家의 여자이다."라고 기록된 것은 본래 양인良人 출신이라는 사실을 강조하여 만덕을 높이 평가하려는 뜻이 들어

제주시 건입동 모충사에 있는 만덕묘. 2006년 제주도 문화재로 지정됨.

있다고 생각한다.

실제로 영정조대에는 경제적 몰락으로 양가녀良家女나 양반의 딸이 기녀가 되는 경우가 많았다. 반대로 기녀가 사족士族의 부인이 되기도 했다. 한편 《번암집》에서 만덕은 남편을 두지 않았다고 했으나 이는 실제의 인물을 모델로 한 전傳이었기 때문에 작가인 채제공이 임의로 생략했다고 여겨진다. 왜냐하면 정약용이나 이재체는 만덕을 과부라고 했기 때문이다.

사실 만덕은 두 딸이 있는 홀아비 고선흠과 부부가 되었으나 후에 남편이 병사했다. 일설에 의하면 고선흠은 통인通引이었다고 한다. 통인은 지방관청에 소속되어 수령의 심부름을 하는 중인中人 신분이다. 그런데 기생에서 벗어나 하필이면 홀아비에 양반도 아닌 남자와 결혼을 했던 이유가 어디에 있을까?

이가환의 표현대로 '예순 나이가 마흔처럼 보일 만큼' 미모가 뛰어났다면 양반의 첩이 되어 신분상승과 부를 한꺼번에 얻고자 하는 것이 일반적 선택이었을 것이다. 그런 면에서 만덕의 결혼은 남다르다. 추측건대 양인 신분을 회복하기 위해 노력했던 그의 성격으로 미루어 양반의 첩으로 구차하게 살고 싶지는 않았을 듯싶다. 그래서 경제력이나 신분을 따지지 않고 자신이 원하는 남자와의 결혼을 택했다고 생각한다.

만덕이 살았던 당대에는 평민이나 하층민의 신분상승이 활발하게 이루어졌고, 여성들의 사회의식도 날로 발전했다. 따라서 결혼을 하는 문제에서도 만덕처럼 여성 쪽에서 주체적으로 남편을 선택하는 경우가 많아졌던 것으로 보인다. 이는 조선 후기의 대표적 한문단편집인《청구야담青邱野談》을 비롯한 여러 문헌에서 볼 수 있는데(흔히 택부담擇夫談이라고 표현한다), 신분제가 붕괴하는 시대의 변화 속에서 인간 중심의 가치관이 증폭되는 현실을 반영한 것이라 생각한다. 여성 중에는 결혼을 통하여 남존여비 중심의 봉건적 신분제에 저항하는 방식으로 자신의 주체적 욕망을 적극적으로 실현한 경우가 많아졌다. 조선 후기에 빠르게 진행되는 신분제의 붕괴와 사회·경제적 변동이 서민층과 여성의 의식에도 많은 영향을 끼쳤음이 분명하다. 여기에는 실학과 천주교의 영향도 있었을 것이고, 이런 역사적 흐름 속에 인간에 대한 새로운 가치관이 태동한 것이라 생각한다.

만덕이 결혼한 후 얼마 되지 않아 남편은 돌림병으로 병사病死한다. 결혼으로 새 삶을 찾고자 했던 희망이 물거품으로 변하고, 이제 그는 과부 신세가 된 것이다. 물론 당시에도 '과부재가금지법'(성종 8년인 1477~1894년까지 실시)이 국법으로 엄연히 존재하고 있었지만, 서민층은 물론 양반가에서도 재혼은 비일비재했다. 그러나 만덕은 결국 혼자 살기로 결심하고 먹고살 대책을 마련하게 된다.

◈ 이재에 밝았던 조선 후기의 여성들

영정조대에 오면 엄격한 신분제가 붕괴되고 벌열가문閥閱家門의 관직 독점이 심화되어 대부분의 몰락 사대부들은 생계의 위협에 시달리게 되었다. 박지원의 〈양반전〉은 가난한 양반이 관아의 곡식을 빚내어 먹다가 갚을 길이 없게 되자 양반의 신분을 돈을 받고 파는 당대의 실정을 표현했다. 그야말로 '수염이 석 자라도 먹어야 양반'이었기 때문이다.

박제가(1750~1805)가 양반도 상업에 종사할 수 있게 하고 자본을 빌려주거나 점포를 마련해주어 좋은 성과를 올리면 벼슬도 내려야 한다고 진보적인 개혁안을 주장한 것도 이러한 배경에서 나온 것이다.

그런 현실 속에서 사대부의 여자들이 면포나 마 등을 만드는 수공업으로 생계를 해결하는가 하면 특용작물을 매점매석하여 재산을 늘리는 일이 많아졌다. 그리하여 조선 후기의 이상적인 여성상은 실질적으로는 절약과 부지런함을 통해 가문의 재산을 늘리는 이재에 밝은 여성상으로 변화해갔다.

이덕무李德懋(1741~1793)는 《사소절》에서 선비의 아내가 베짜기, 누에치기, 가축기르기를 해서라도 가계에 보탬이 되기를 권장하고 있다.

한편 19세기의 여성 가사歌辭 〈복선화음가福善禍淫歌〉는 가난한 시집에 출가한 명문가 여성이 치산治産으로 남편과 아들을 과거급제시켰다는 내용을 담고 있다. 이는 경제적 가치를 중시하던 당시에 여성이 그 주체가 되고 있는 세태를 반영하고 있는 것이다.

또한 《청구야담》에는 갓 시집 온 신부가 시당숙에게 돈 1,000냥을 빌린 뒤 감초를 매점매석하여 치부한 이야기를 비롯해, 여성이 경제적 능력을 발휘하여 부를 축적한 경우를 소개하고 있다. 그리고 조선 후기의 기록을 모은 《이조한문단편집》에 소개된 〈택사澤瀉〉는 서민층의 아내가 집을 팔아 택사라는 한약재를 매점하고 가격을 조작하여 수십 배의 이문을 남겨 치부하는 과정을 그려 여성의 이재 능력을 부각시키고 있다.

한편 조선 후기의 야담서 《차산필담此山筆談》에는 한 선달에게 얻은 돈을 장사 밑천 삼아 담배, 과일, 잡화장수를 하여 재물을 모은 과부에 관한 이야기가 실려 있다. 자신의 능력으로 호구지책을 마련해야 했던 과부는 근검절약은 기본이고 이재에 대한 관심이 클 수밖에 없었다. 과부들 중에는 고리대금업으로 상업 자본을 축적하는가 하면 광작농廣作農으로 30명 이상의 노비를 거느린 경우도 여럿 있다는 기록이 있다(17~19세기의 대구부, 울산부, 단성현의 호적戶籍).

또한 정조의 시문집詩文集인 《홍재전서弘齋全書》에 서울 시전 120개 점포 중 여주인이 운영하는 곳이 열여덟 군데라고 기록한 것을 보면 여성들의 이재 능력이 대단했음을 짐작할 수 있다. 그리고 서유구徐有矩의 《임원경제지林園經濟地》에 나오는 "남자 보상褓商들은 여자 보상들의 짚신도 넘지 않는다."라는 표현으로 미루어 행상을 하는 여성이 많음을 알 수 있다. 그 당시 보상들은 전국적인 조직을 갖고 자체의 규율을 지키며 상행위를 했다고 전한다.

여성의 경제력 성장은 인간과 사회에 대한 의식을 각성覺醒시키게 마련이다. '돈이 양반'이라는 말이 유행하던 조선 후기로 오면 불평등한 신분질서와 남존여비사상에 저항하는 인간상이 등장하게 된다. 조선 후기 야담집 중에는 노름빚으로 팔려간 신부가 패물을 들고 야반도주하여 먼 곳에 가 장사를 하여 돈을 번 이야기, 재상의 딸이 과부가 되어 친정으로 돌아오자 머슴과 짝지어 멀리 보내고 거짓으로 장례를 치른 이야기 등을 비롯해 다양한 삶을 사는 여성들이 기록되어 있다.

◆ 장사에 눈뜨고 세상사를 읽으며 거상으로 성장하다

당시에 기생 출신의 여성이 작은 밑천으로 할 수 있는 장사는 객주客主였다. 만덕은 객주를 하면서 상인들의 입을 통해 제주의 사정은 물론이고 육지의 물정에 대해서도 익히 알게 되었을 것이다. 그는 돈이면 양반 신분도 사고 벼슬도 얻을 수 있는 세상의 변화를 느꼈고, 재물 모으는 것을 목표로 삼았다.

부를 축적하는 가장 빠른 방법은 이익을 많이 내는 품목을 취급하는 것이다. 예부터 양반들이 애호하는 녹용을 비롯한 한약재를 팔아 큰 이문이 남자 그녀는 한라산 중턱을 개간하여 사슴목장을 만들고 약초재배까지 했다. 17, 18세기에는 권농책의 일환으로 황무지 개간을 장려하여 여러 가지 혜택을 주었기 때문에 만덕은 어려움 없이 원자재를 확보하게 되었다. 한편 특산물은 임금에게 진상되는 만큼 사대부나 부유한 중인층의 수요가 많았을 뿐더러 값도 비싼 만큼 이문도 많은 것이 사실이었다.

만덕은 당시의 시정에 밝았기 때문에 제주의 특산물인 미역·전복·갓·표고·양태·귤 등을 사두었다가 육지에 파는가 하면, 부녀자들의 옷감·장신구·화장품도 취급했다. 조선 후기에는 전국적으로 사치하는 풍조가 심하여 이런 물품의 수요가 늘었다(1781년 정조 5년에 간행된《추관지秋官志》에는 하층으로부터 사치풍조가 비롯되어 범람하고 있다고 기록됨). 더욱이 제주도는 육지의 풍흉작과 일기에 따라 물가의 변동이 심했기 때문에 상인의 안목과 수완에 따라 큰 이익을 낼 수 있었다. 만덕의 치부治富에는 상인으로서의 재능이 밑거름이 되었다.

채제공이 〈만덕전〉에서 "그는 재산 늘리는 데에 가장 재능이 있어 물가의 높고 낮음을 잘 짐작하여 내들이를 했다."라는 대목이나, 심노숭이 〈계섬전〉에서 "육지에서 온 상인이 만덕으로 인해 패가망신하는 이가 잇달았고 이리하여 그녀는 제주 최고의 부자가 되었던 것이다."라고 한 것을 보면 충분히 짐작할 만 하다. 그 당시 육지에서 제주까지 내왕할 정도의 상인이라면 재력과 능력이 상당하다고 추측되는데, 만덕은 이들보다 상술이 더 뛰어났던 것이다. 만덕은 시장경제에 대한 탁월한 판단력과 추진력, 전국의 상인들을 상대하고 아랫사람을 부리는 리더십이 있었기에 거상으로 성장할 수 있었던 것이다. 그리고 상업을 크게 번창시킨 저간에는 제주인의 조냥정신(절약이란 뜻의 제주 방언)과 제주 여성 특유의 근면성과 생존에 대한 의지와 개척정신이 있었음은 물론이다.

한편 만덕의 식산殖産(재산 증식)에 결정적인 계기가 된 것은 여객주인권旅客主人權과 포구주인권浦口主人權의 획득이었다. 이로써 만덕은 포구를 중심으로 이루어지는 상품유통에 대한 지배권으로 거래액의 10%를 챙기는 한편 위탁판매, 화물보관, 운반업, 숙박업을 겸하게 된 것이다. 어음할인과 환업무 등 금융업도 적잖은 이익을 냈다. 포구주인권은 매매, 상속, 양도를 자유롭게 처분할 수 있는 재산권으로 법적인 보호를 받았다. 이 때문에 이를 가진 상인들 중에는 자본과 유통력을 발판으로 서울의 시전이나 상설 점포를 소유하는 경우도 있었다.

만덕은 이외에도 공인貢人(모든 공물은 대동미로 바치게 하고 관청에서 필요한 물품을 구매하여 대신 납부해주는 어용상인)활동도 했을 것으로 추측된다. 왜냐하면 제주의 모든 생산물은 포구를 중심으로 유통되었기 때문이다.

◆ 만덕의 치산治産 배경, 전국 장시의 발달과 포구 상업의 성장

조선 후기에는 이앙법移秧法의 발달로 농업 생산력이 증가했고, 이는 곡물의 상품화를 가능케 했다. 뿐만 아니라 면화, 담배, 차, 인삼 등 특용 작물의 재배로 부를 축적하는 경우가 많았다. 또한 1708년에는 대동법大同法(조선시대에는 궁중이나 각 관청에 필요한 물품을 지방의 주·현에 부과했는데 이를 쌀이나 포布, 전錢으로 납부할 수 있게 함)이 전국적으로 실시되어 시장의 발달과 상품유통이 활발해졌다. 특히 금속화폐의 전국적 유통과 조세의 금납화金納化는 시장의 발달을 촉진시켰다. 이중환李重煥(1690~1752)은 《택리지》에서 18세기 전반의 시장과 도시의 발전상을 기록했고, 《동국문헌비고東國文獻備考》(1770년 편찬)에는 1,062곳에 장시가 개설되어 있다고 기록되어 있다.

정조 15년(1791) 채제공의 주장으로 신해통공辛亥通共(육의전을 제외한 모든 시전의 독점매매권을 배제하고 영세상인과 생산자층의 영업 인정)이 실시되었다. 이로 인해 상품 화폐경제 및 사상인층私商人層의 성장과 각 지방의 장場이 발달하는 계기가 되었다. 또한 5일장이 점차 상설시장화되면서 각 지방의 곡물, 면포, 담배, 인삼 등 특산물의 전국적 유통을 가져왔다. 이에 따라 17세기에는 되면 포구도 상업의 중심지로 자리잡게 되었다. 포구는 대량의 물자를 이동할 수 있는 선박의 출입지였기 때문이다.

18세기 중엽 이후 전국에서 가장 큰 강경장江景場은 작은 포구에서 상업도시로 성장했고, 마산장馬山場은 남해안의 유통 중심지로 부상했다. 포구의 성장은 객주客主의 등장을 불러왔는데, 이들은 선상과 보부상이 위탁하는 상품매매를 주선하여 구문口文(수수료)을 챙기는 한편 숙박업과 금융업도 겸했다. 정약용은 《목민심서牧民心書》에서 객주들의 횡포를 비판하고 있는데, 이들이 정박한 화물의 이동을 조종해서 값을 임의로 받

고 객상에게 높은 수수료를 내게 하여 결국 이익의 절반을 가져간다는 것이다. 객주는 대개 관아와 토호들과 끈끈한 유대 관계를 맺고 활동했는데, 만덕의 경우도 기생 시절의 친분을 십분 활용하여 거상으로 성장하는 계기를 마련했다고 볼 수 있다.

한편 제주도는 농경지가 얼마 안 되어 기근이나 흉년에는 국가의 적극적인 진휼에 의존할 수밖에 없었다. 이에 영조대에는 항구적인 대책의 하나로 나리포羅里浦(현재의 군산)에서 제주도의 전복·양태(바닷물고기)·갓 등을 육지의 곡물과 교환 거래하도록 했다. 특히 양태는 제주민의 주요 생계수단이 되었다. 양태는 강진과 해남을 거쳐 서울까지 전매되었는데, 제주상인이 직접 서울로 가져가서 거래하기에 이르렀던 것이다. 경강상인京江商人은 한강을 거점으로 서남해안을 오가며 미곡, 소금, 어물, 특산물 등을 운송, 판매 했다. 특히 장시가 활발했던 전라도와 제주도는 해상을 통한 교역이 번창했고, 이는 선박제조와 항해술의 발전을 가져왔다.

◇ 만덕의 상도와 재물론

만덕은 상인으로서 세 가지 원칙을 세웠다.

첫째, 이익을 적게 남기고 많이 파는 것으로, 이는 제주도민의 궁핍한 생활을 누구보다 잘 알기 때문이었다. 박리다매의 판매방식은 생산자와 상인, 소비자 모두에게 이익이 된다.

둘째, 적정한 가격매매는 오랜 장사 경험을 통해 치열한 경쟁 속에서 우위를 차지하는 정도正道라고 생각했다.

셋째, 정직한 신용본위로 자신도 신용을 지키며 상대의 신용만 확실하면 담보가 없어도 상인에게 돈을 꿔주었다. 이는 아마도 만덕이 개성상인(송방松房이라는 조직체계를 갖고 전국의 포목상권을 장악했으며 인삼을 비롯하여 도고상업으로 자본을 축적)의 시변時變제도를 차용借用했다고 볼 수 있다.

만덕의 이런 원칙은 오늘날 이 땅의 기업인들이 금과옥조로 삼아야 할 것이라고 생각한다. 장사를 해서 이익을 남겨야 하는 것은 상술에 속하지만 여기에 절제와 협동정신으로 모두가 더불어 살아야 한다는 철학은 상도라 할 수 있다. 만덕이 상인으로서 위대한 면은 재물을 많이 모은 것보다도 상행위에서 중요한 원칙을 고수했다는 점에 있다.

한편 만덕은 제주의 큰 부자가 되어서도 근검절약하는 태도를 유지했다.

"풍년에는 흉년을 생각하여 절약하고, 편안히 살 수 있는 사람은 하늘의 은덕에 감사하며 어렵게 고생하는 사람을 생각하여 검소하게 생활해야 한다."《오원집》

만덕이 서울에 머무르면서 신세진 윤상국의 소실에게 돈을 건네자 소실이 사양하므로 갖고 갔다. 이를 두고 소실의 노복들이 공돈이 생겼으면 자기들과 돈을 쓰고 즐겨야 하지 않겠느냐고 뒷말을 한 것을 소실이 만덕에게 전하자 만덕은 다음과 같이 대답했다.

"재물을 잘 쓰는 자는 밥 한 그릇으로도 굶주린 사람의 인명을 구할 수 있지만, 그렇지 않으면 썩은 흙과도 같지요. 더구나 돈 천여 꿰미가 밥 한 그릇에 비길 바이겠습니까?《오원집》

만덕의 재물관이 여실히 드러난 대목이다. 그녀가 전 재산을 흔쾌히

내놓아 많은 인명을 살리게 된 것도 이런 재물과 인간에 대한 주체적인 철학이 있었기 때문이었다. 당시 조정에서도 '제주의 100섬은 육지의 1,000포에 맞먹는 것'이라 할 정도로 제주는 척박한 섬이었다. 그리하여 임금도 감동하고 많은 사대부들 역시 경악과 찬탄을 금치 못했던 것이다. 정조가 만덕을 일컬어 "열협烈俠에 부끄럽지 않으니…"라고 하고, 당대의 문장가들이 그녀를 의롭다고 칭송한 뜻도 여기에 있었다.

◆ 전 재산을 내어 굶주린 제주 백성을 구하다

조선 후기에 가장 고질적인 사회문제는 기근이었다. 실록實錄에는 잦은 자연재해로 백성들이 굶어 죽었다는 기록이 끊이지 않을 정도였다. 1862년에 일어난 삼남三南지방의 민란民亂도 기근 후에 발발했다.

실록에는 영조 41년(1765)에 목사 유진하가 제때 보고를 하지 않아 굶어 죽은 제주민이 6,000여 명에 이르렀다고 기록되어 있다. 제주도는 화산회토火山灰土로 토지가 척박하고 태풍과 바람으로 농작물의 피해가 일상적이었기 때문에 흉년이 들면 조정의 진휼에 의존할 수밖에 없었다(조선 왕조는 건국 초기부터 미리 곡식을 비축했다가 흉년에 농민에게 빌려주는 제도를 운영했다. 그리고 다음 추수 때 갚는 이자로 재정을 충당했는데, 이러한 환곡還穀제도가 조선 후기로 오면 고리대로 변질하여 탐관오리의 치부 수단이 되었다).

제주도로 가는 곡식은 해마다 수백 석에서 많게는 20만 석이 넘을 때도 자주 있었지만(숙종실록, 45년) 전국적으로 기근이 들 때는 그 보급이 쉽지 않았다. 정조는 조선조 임금 중 가장 진휼에 힘썼는데, 이는 민생의 안정을 무엇보다 중요하게 여겼기 때문이다. 정조 11년 이후의《일성록日省錄》진휼 관련 기록은 기민수饑民數와 분급 곡물分給穀物의 수까지 적혀

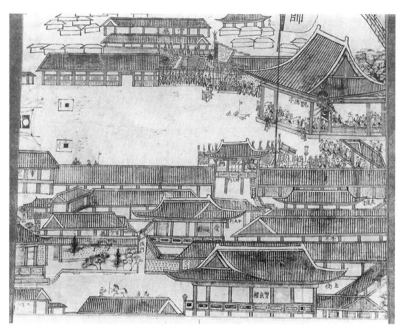

보물 제652-6호 〈탐라순력도〉. 조선 숙종 때 문인 이형상이 그린 제주도첩. 제주시 소장.

있어 후대에는 이를 기준으로 기록했다.

《정조실록》에 기록된 행장行狀에는 정조의 애민정신이 그대로 드러나 있다.

그리고 흉년을 당하면 그때마다 마치 불에 타는 사람을 구제하고 물에 빠진 자를 건져내듯이 오로지 제휼濟恤에만 전념하여 창고를 열어 곡식을 내고, 곡식을 배로 실어와 먹이게도 했으며 내탕內帑(왕실의 사유재산을 관리하는 부서)의 것을 털어내 돕기도 하고 곡식 환자를 정지시켜 백성들의 숨을 돌리게도 했다.

제주에서는 정조 16년(1792)에 시작된 흉년이 정조 19년까지 계속되었고, 정조 18년에는 피해가 가장 극심했다. 이에 조정에서는 3월에 심낙수를 제주목사로 제수하여 대비책을 세우게 했다. 그런데 심낙수는 9월에 "이와 같이 큰 흉년은 고금에 드문 것입니다… 2만 여 섬을 보내지 않으면 제주 백성이 모두 굶어 죽을 것입니다."라고 다급한 사정의 장계를 올렸다.

그런데 이때 제주에서는 과거시험인 빈흥과賓興科(국왕이 직접 과제를 출제하여 규장각신奎章閣臣이 현지에 가서 개봉, 시험을 실시한 다음 답안지를 규장각에 가져와 국왕의 주관 아래 합격자를 발표하는 제도로 소과의 새로운 전범이 되었다)를 실시하여 여러 명의 합격자를 내었다.《탐라빈흥록耽羅賓興錄》, 1794년.

관례적으로 진휼이 끝나고 민생이 안정되면 위령제도 지내주고 과거를 실시했는데, 1794년 빈흥과의 실시는 제주민의 고통을 위로해주기 위한 이례적인 조처라고 생각한다. 그만큼 제주의 실정이 백척간두百尺竿頭의 상황이었던 것이다.

정조 19년(1795) 봄에 1만 1,000석을 싣고 제주로 오던 배 5척이 침몰하여 1,928석이 물에 잠겼다. 제주 백성이 아사 직전에 이르자 토착 부호들이 곡식을 진휼곡으로 내놓았다. 후에 고한록은 300석, 홍삼필과 양성범은 100석씩을 낸 대가로 고한록은 대정현감大靜縣監, 두 사람은 순장巡將의 벼슬을 받았다.

이때 만덕은 자신이 평생 모은 재산을 풀어 육지에서 쌀을 사오게 하여 500석 중 50석은 친척들에게 주고 450석을 관아에 바쳤다. 관아에서 곡식을 받은 백성들이 "만덕의 은혜를 입었으며, 만덕이 나를 살렸다."라고 노래했다.

1795년 제주의 실정이 얼마나 절박했던지 정조는 모친 혜경궁 홍씨의 회갑잔치 비용 중 일부를 먼저 제주도의 진휼곡으로 보내기까지 했다(정조의 화성행궁의 행사에 대한 기록, 〈원행을묘정리의궤圓幸乙卯整理儀軌〉 중).

1796년(정조 20년) 11월 제주목사 이우현李禹鉉이 뒤늦게 만덕의 진휼을 정조에게 올렸다. 이로써 만덕의 이름이 천하에 알려지게 된다.

◈ 만덕, 내의원행수가 되어 정조의 환대를 받다

《승정원일기承政院日記》의 정조 20년 11월 24일조에는 정조가 비변사備邊司로 하여금 조치를 취하도록 명하자 승정원承政院(조선시대 국왕의 비서기관으로 왕명출납 담당) 승지가 "신은 이 일을 고告함이 황송하옵니다. 임금께서 말씀하시기를 이 일을 작게 여기지 말고 전후를 대신과 재상들에게 고하라. 그렇게 하여 안심하는 것이 가하다."라고 기록되어 있다.

정조 당대의 비변사는 군국기구를 관장하는 문무文武대신들의 합의기구로 4판서(이조, 호조, 예조, 병조판서)와 강화유수江華留守, 정3품 당상관堂上官 등이 참석하는 최고 의결기구였다. 그런 비변사에 기생에 관한 문제를 전한다는 것이 승지의 입장에서는 난처할 수밖에 없었다. 이에 대해 정조는 만덕의 일을 작게 여기지 말라고 강조함으로써 만덕에 대한 후의를 여실히 보여주었다. 그리고 뒤이어 내린 조치가 내의원의 의녀 직분이었다.

《일성록日省錄》의 정조 20년 11월 25일조에는 "비록 천민이나 열협烈俠에 부끄러움이 없으니 봄이 될 동안 양식을 지급하고 의녀로 으뜸인 내의원 차비대령差備待令으로 삼아 각별히 볼 수 있도록 했다."라는 기록이 나온다. 이 내용은 만덕의 두 번째 소원이 금강산 구경이었는데, 상경한 때가 겨울이니 그동안 한양에서 지낼 수 있도록 조처를 취한 것이다. 그런데 정조는 왜 만덕을 '내의원 차비대령'으로 삼는다고 했을까?

만덕은 당시 법적으로 관기의 신분이었다. 정조는 만덕에게 궁금한 내용이 많았을 것이다. 그래서 고심한 끝에 내린 조치가 내의원 차비대령이라는 직책이었다.

조선 후기에는 내의원에 22명의 의녀가 있었는데, 10명이 상급上級 의녀로 차비대령의녀로 불렸다. 차비대령은 언제든지 명이 떨어지면 바로 달려가야 하기 때문에 실력이 우수한 의녀가 담당했다. 그중 가장 뛰어난 의녀가 어의녀御醫女였다. 그럼에도 기생이나 의녀는 관기의 신분이라는 점에서는 다를 바 없었다.

의녀제도는 태종 6년(1406)부터 시행되었는데 대개 관청에 속한 비녀婢女 중에서 선발했기 때문에 신분은 천민이었다. 영조대《속대전續大典》에는 내의녀內醫女와 혜민서의녀惠民署醫女로 구분했다. 내의녀는 왕실의 여성을, 혜민서의녀는 일반 백성을 치료하게 했던 것이다.

의녀는 연산군대에는 기생과 함께 궁중 연희에 불려 다녔고, 이런 관례는 정조대에도 계속되었다.

《원행을묘정리의궤圓幸乙卯整理儀軌》에는 '화성행궁華城行宮 연희演戲(1795년, 혜경궁 홍씨의 회갑연이 마련되었던 연희)에 참석할 기녀가 부족하니 내의원과 혜민서의 의녀 중 약간 명을 화성부華城府로 옮기도록 분부해 달라'는 관리의 청請이 정조에게 올라오자 이를 허락했다는 내용이 기록되어 있다.

정조는 만덕에게 묻고 싶은 것이 많았을 것이다. 무엇보다도 섬에 사는 백성들의 일상생활은 어떤지, 유배지로 유명한 제주는 어떤 곳인지, 여자로서 어떻게 그 많은 재물을 모을 수 있었는지, 그리고 그렇게 의로운 일을 하게 된 까닭이 무엇인지 등…. 그래서 만덕을 언제든지 불러서 대면할 수 있는 직책이 필요했던 것이다. 정조의 절묘한 조치로 만덕은 왕비도 친견하게 되며, 신분과 관계없이 각별한 대우를 받게 되었다. 정약용은 시문집詩文集에서 '탐라의 기생 만덕이 얻은 진신대부搢紳大夫(진신은 벼슬아치라는 뜻이고 대부는 종1품 이하 종4품까지를 말한다)의 증별시권贈別詩卷에 제함'이라는 제목으로 만덕의 이야기를 소개했다. 그런데 여기서 진신대부를 얻었다는 표현은 실제로 벼슬을 받은 것이 아니라 만덕에 대한 대우가 그 정도로 높았다는 것을 강조한 것이라고 생각한다. 진신대부는 내명부의 품계로 따진다면 종4품인 숙원(왕의 후궁 품계 중 제일 낮은 것)에 해당했다. 그만큼 정조의 특별한 은혜를 입은 만덕의 이야기가 궁중에서 사대부 집안에 이르러 온 장안의 화제가 된 것은 당연했다.

◈ 번암 채제공이 〈만덕전〉을 지어 세상에 알리다

번암 채제공은 영정조대에 걸쳐 많은 업적을 남긴 재상이다. 특히 1758년 도승지로 있을 때 영조가 사도세자를 폐위하라는 명을 내리자 죽음을 무릅쓰고 건의하여 그 명을 철회시켰다. 이 일은 훗날 정조가 채제공을 신임하게 된 동기가 되었다. 그는 정조의 탕평책을 적극 지지했고 1791년 신해통공辛亥通共을 주도했다. 정치적으로는 왕권을 중심으로 한 부국강병을 하자는 입장이었고 천주교에 대해서는 온건책을 펼쳤다.

또한 수원성(화성華城) 축성에 큰 힘을 쏟았다. 정조는 채제공이 죽자 어제뇌문御製誄文(임금이 죽은 이의 명복을 신에게 비는 내용)을 내려 그를 추모할 정도로 신임했다. 채제공의 《번암집》에는 14개의 전傳이 있는데 〈만덕전〉도 그중 하나였다. 〈만덕전〉은 한문 단편소설로 만덕을 주인공으로 했다. 내용은 만덕의 진휼과 정조 임금이 의녀의 반수班首로 삼았고 상을 내린 것이 많다는 것과 만덕의 금강산 유람, 만덕의 이름이 서울 장안에 퍼져 공경대부들이 만나기를 원한다는 것이다. 그런데 전의 후반에 만덕이 서울을 떠나면서 채제공에게, "이승에선 다시금 대감의 얼굴을 뵙지 못하겠나이다."하고 슬퍼하며 눈물을 흘렸다는 대목이 나온다.

일반적으로 당시의 전傳은 현실을 바탕으로 사실적인 묘사를 했기 때문에 이 부분도 실제 있었던 일이라고 여겨진다. 만덕은 채제공과 몇 번 만났던 것 같다. 겨울에 상경해 처지가 어려울 때 채제공을 찾아가 울며 하소연하여 정조의 각별한 후대도 받게 되었으니 만덕에게 채제공은 은인이나 다름없었을 테고, 천한 백성의 처지를 살펴주는 처사에 감동도 했을 것이다.

〈만덕전〉의 내용을 보면,

채상국은 진시황과 한무제가 한라산과 금강산을 삼신산三神山 중 둘로 친 것이 아니냐며 탐라에서 자라나서 한라산에 올라 백록담의 물을 먹고, 이제 또 금강산을 두루 구경했으니⋯ 온 천하 수많은 사내 중에서 이런 복을 누린 자가 있겠는가. 그럼에도 이제 하직을 당하여 돌연히 아녀자의 가련한 태도를 짓는 것이 어찌 된 것이냐? 하고 위로해주었다.

채제공은 만덕이 금강산을 여자 혼자 유람할 정도의 배포를 가진 여장부로 보았는데 이별을 앞두고 눈물을 흘리는 것을 보고 다소 의외라고 생각했던 것이다. 이런 면에서 만덕의 성정性情을 보면 자신의 감정을 솔직하게 표현하는 다정다감한 성격의 여성이었다는 것을 알 수 있다. 반면에 자신에게 어려움이 닥치면 적극적으로 헤쳐나가려는 천성적으로 의지가 강했다는 것도 짐작할 수 있다.

만덕은 상업이 발달하고 장시와 도시가 비약적으로 발전하던 영정조대에 살았던 제주 거상巨商이자 의녀義女였다. 오늘날 화폐의 인물로 선정해야 한다는 여론이 높은 것은 지극히 당연한 일이라고 생각한다. 그녀는 강물을 거꾸로 올라가는 연어처럼 투철한 의지와 노력으로 자신을 던지며 살았던 여성이다. 그녀가 전 재산을 내어 제주 백성을 살린 행위도 대단하거니와 임금을 향해 자신의 소원을 당당히 청하는 모습이야말로 주체적 삶을 그대로 드러내고 있다. 그녀는 인생의 긴 여정에서 무엇을 향해 갈 것인가라는 질문을 끊임없이 자신에게 던졌던 여성이다. 그런 점에서 만덕의 삶은 오늘을 살고 있는 우리에게 많은 것을 시사하고 있다.

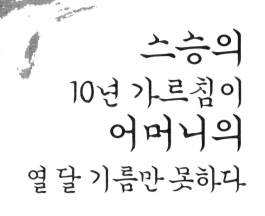

스승의
10년 가르침이
어머니의
열 달 기름만 못하다

사주당師朱堂 이씨李氏(1739~1821)

아버지의 낳음, 어머니의 기름, 스승의 가르침이 한결같다. 훌륭한 의사는 병들기 전에 치료하고, 훌륭한 교육은 태어나기 전에 가르치는 것이다. 이런 까닭에 스승의 10년 가르침이 어머니가 열 달 뱃속에서 기름만 못하고 어머니가 뱃속에서 열 달 기름이 아버지가 하루 낳음만 못하다.《태교신기 장

구대전胎敎新記 章句大全》

《태교신기》는 사주당 이씨가 지은 저술로 우리 역사상 가장 체계적이고 종합적인 태교서이다. 1801년(순조 1년) 유희에 의해 완성된 것이 성균관대학교 도서관에 소장되어 있고, 처음 간행된 석판본이 규장각에 소장되어 있다. 1908년 애국계몽운동가들은《기호흥학회월보畿湖興學會月報》에《태교신기》를 7회에 걸쳐 연재했다. 구국적救國的 여성교육론女性敎育論이 필요한 시기였기 때문이다. 그후 1932년 일본어로 번역되어 일본의 여자 중고등학교 교과서로 사용되기도 했다고 한다.

1936년 국학자이며 항일운동가인 정인보鄭寅普 선생은 〈태교신기 음의서략音義序略〉을 지어 태교胎敎라는 말이 《예기禮記》(중국 전국시대부터 전한前漢 초기까지의 예학 관련 문헌 46종을 종합한 것)에 처음 보인다고 하면서 "옛날부터 말한 태교가 여기에 이르러서야 한 권의 책을 이루게 되었으니, 이는 수

천 년을 내려오는 동안 없었던 바"라고 상찬賞讚했다.

오늘날 우생학優生學에서는 혈통의 중요성을 따지고 있으며, 가족의 병력과 개인의 질병이 밀접한 관계가 있다는 사실이 밝혀지고 있다. 우생학이 신체적 질병에 대한 예방 차원이라고 한다면, 태교는 한 생명의 기질 그 자체를 형성 단계에서 교육하는 것이다. 따라서 태교는 인간 형성의 최초 단계에서 영향력을 행사하는 특수교육이라 할 수 있다. 사주당이 "군자의 가르침은 바탕을 이루는 것(素性)보다 앞서는 것이 없다."라고 했던 것은 태교의 중요성을 지적한 것이다.

최근에 이화여대 교육대학원 과정에서 태교지도사 양성과정을 실시하게 된 배경은 전통적인 태교가 현대의학에서도 놀랄 만큼 과학적이라는 것이 입증되었기 때문이다. 또한 심신의 안정을 통해 깨달음을 추구하는 요가에서 '태교요가지도자' 과정을 개설한 것은 태교에 대한 새로운 인식의 전환이 이루어지고 있음을 보여준다. 그러므로《태교신기》는 단순히 임산부가 지켜야 할 규범이 아니라 한 생명의 탄생 이전부터 시작되는 교육철학서라고 할 수 있다. 실제로 사주당 이씨는 "내가 일찍이 시험삼아 태교를 해보았더니, 결과적으로 자식들의 형체와 기질이 크게 어긋남이 없더라."라고 하면서 스스로 태교를 실천하여 사남매를 훌륭하게 키워 뭇사람들의 모범이 되었다.

큰아들 유희柳僖(1773~1837)는 조선 후기의 실학파 유학자로《언문지諺文志》(한글을 독창적으로 분석하고 훈민정음의 자모를 분류 해설),《물명고物名攷》(7,000여 사물의 이름을 수집),《문통文通》(경학, 문학, 어학, 기술, 천문지리서를 비롯한 100권의 저서) 등 많은 저술을 남겼다. 그는 효성이 지극하여 어머니의 조언에 따라 벼슬길에 나아가지 않았을 정도였다. 또한 사주당의 세 딸도 학문을 익혀 명문가로 출가했는데, 모두 부덕婦德이 뛰어나 당시 사람들이 "이

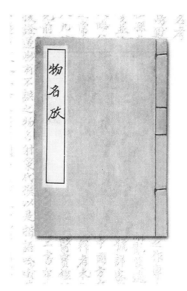

유희《물명고》.

것은 바로 태교의 증험證驗"이라고 칭송했다.

《태교신기》는 총 10장으로 되어 있는데, 이를 통해 사주당 이씨의 세계관과 인간관, 교육론, 주체적 여성의식 등을 알 수 있다. 그는 사람의 성품은 하늘로부터 받은 것이므로 그 본연지성本然之性을 보존하려면 부모로부터 받는 기질지성氣質之性에 치우치지 않아야 한다고 했다. 그러므로 교육은 태내에서부터 시작되어야 한다는 태교론을 주장했던 것이다. 사주당의 이러한 인식은 성리학의 세계관과 중국의 고대 태교론에서 비롯된 것이다. 그러나 사주당은《태교신기》에서 평등한 부부관계를 강조했던 것처럼 자신의 주체적 인식을 새롭게 펼쳤다. 여기에서 사주당의 주체적 여성의식을 엿볼 수 있는데, 이는 그가 성리학의 많은 문헌들을 섭렵하면서 남녀가 처음부터 불평등한 존재가 아니라는 것을 인지했기 때문이다.

한편《태교신기》는 한 생명의 탄생이 얼마나 중요한 의미를 갖는가를 철학적 관점과 고대 의학의 경전을 통해 강조하고 있다. 또한 교육의 목표를 도덕적 자아실현에 따른 사회 발전에 두었는데, 그것은 성리학에서 추구하는 궁극적 이념이었다.《태교신기》에서 군자에 대한 내용을 강조했던 것도 그런 이유 때문이며, 그 이면에는 성리학을 공부했음에도 당쟁을 일삼으며 가문과 자신의 명예를 좇는 사대부 남성들에 대한 준엄한 질타가 있었다. "스승의 10년 가르침이 어머니의 열 달 기름만 못하다." 는 말에는 이런 의미가 숨어 있는 것이라 생각된다. 《태교신기》에서 유희가 쓴 발문에는 "오늘날 사람들이 태교를 하지 않아서 타고나는 재질이 옛 사람들에 미치지 못하는 것이지, 세상 사람들의 기질이 변화된 것은 아니다.… 단지 양태절목養胎節目만을 취하여 반복해서 연구하고 명확하게 밝혀 세상 사람들의 의혹을 가르쳐 일깨우는 데 힘쓰라는 바람에서 '태교신기'라 명명하고, 〈소의少儀〉(《예기》에 나오는 편으로 일상의 예에 대한 것)와 〈내칙內則〉(《예기》에 나오는 편篇으로 가정 안의 예의범절)에 빠진 것을 보충했다."라는 사주당 이씨의 저술 동기를 밝혀놓고 있다.

◆ 주자를 스승으로 삼아 경사에 능통하다

묘지명墓誌銘에 의하면, 사주당 이씨는 태종의 서자인 경녕군敬寧君의 11대 손으로 작위爵位는 숙인淑人이다. 부친은 이창식李昌植이며 모친은 진주 강씨 덕언德彦의 딸이라고 되어 있다. 사주당은 '주자朱子를 스승으로 삼았다.'는 뜻이고 별도로 희현당希賢堂이라는 당호堂號도 있었는데 '어질기를 바란다'는 뜻이다. 부인은 어려서부터 단정했으며 《소학》과 《가례家禮》 및 《여사서》를 골라 거듭 외고 익혔다고 한다. 글읽기를 좋아하는 딸에게 부친은 "옛 고명한 선비들을 보면 그 어머니가 글에 뛰어나지 않은 분이 없었다."라고 하면서 딸의 학문을 장려했다. 사서삼경을 두루 섭렵하여 그 미묘한 이치를 해석했는데, 이씨 문중의 남자들도 부인을 앞서는 자가 없었다고 한다.

1753년 부인이 15세 되던 해 경사經史에 능통하고 모든 행동을 예법에 맞추어 한다는 명성이 충청도 일대에 퍼지게 되었다. 당시 목천木川(지금의 청주) 현감으로 있던 유한규柳漢奎(1718~1783)는 이미 부인을 세 번이나 잃어 다시 장가 갈 뜻이 없었으나, 숙인淑人의 소문을 듣고 이 사람은 반드시 내 어머니를 잘 모실 것이라 생각하여 청혼했다고 한다. 아마도 세 번이나 상처하고 연로한 노모를 모셔야 하는 입장에서 스물 한 살이나 어린 신부를 맞이한다는 일이 쉽지는 않았을 것이다.

주역周易과 성리학은 물론 시문과 서예, 역학曆學, 산술학算術學, 의학醫學, 궁술 등 여러 분야에 뛰어났던 그가 역리易理로 숙인 이씨와의 혼사를 검토했을 가능성이 높다. 이는 아들 유희가 15세에 역리복서易理卜筮의 이치를 꿰뚫었고, 후에는 주역의 근원까지 통달했다는 내용과 무관하지 않기 때문이다. 그런데 사주당 이씨의 집안에서는 왜 나이 차이도 많은 네 번째 후취자리에 재덕을 겸비한 이씨를 출가시켰을까?

사주당의 친정 부친과 조부가 잘 알려지지 않은 것을 보면 출사하지 않았음이 분명하고, 그렇다면 살림이 빈한할 가능성이 높다. 당대에는 혼사 문제에서도 가문의 경제력과 관직의 높고 낮음을 저울질하고 당색을 따지던 시절이라 혼처가 마땅하지 않았던 것이다.

한편 딸의 뛰어난 학문을 아끼던 아버지의 입장에서는 무엇보다도 딸의 학문적 재능을 살려줄 수 있는 혼처를 원했을 것이다. 그래서 정국공신靖國功臣 유순정柳順丁의 10대 손으로 학문과 인품을 두루 갖춘 유한규柳漢奎를 사위로 삼았던 것으로 추측된다. 그리하여 사주당은 평생 학문의 스승이자 도반道伴인 남편을 만나게 되었던 것이다.

묘지명을 쓴 신작申綽(1760~1828, 조선 후기의 학자로 양명학자 정제두의 외증손이다. 정약용과 친분이 두터웠고 당대의 대표적인 경학자로 손꼽혔다)은 "유공柳公께서도 아내를 귀중하게 여기고 아울러 도道와 의義로써 친하게 지내며, 심오한 것에 대해 토론하고 서로의 감정을 시를 읊듯 옛 벗처럼 지내셨다."라고 했다.

또한 유희의 부인 안동 권씨가 쓴 유희의 전기에는, 사주당과 남편이 바둑을 한참 동안 두느라 유희의 젖먹일 시간을 넘긴 적이 있었다는 일화를 소개하고 있다. 이러한 광경은 당대의 사대부 집안에서는 흔치 않은 일이었다.

《곤범》.

그야말로 이상적이고 평등한 부부관계를 단적으로 보여주는 장면이다. 그뿐만 아니라 사주당이 결혼 후 몇 년 만에 고금의 의서에서 임산부의 금기를 모으고 어린아이의 훈육을 위한 책을 만들었을 때, 남편 유한규는 책의 제목을 《교자집요教子輯要》라고 지어주며 《내훈內訓》과 《여범女範》에 뒤떨어지지 않는다고 높이 평가했다. 그 《교자집요》가 훗날 《태교신기》의 밑바탕이 되었다고 한다.

사주당의 학문이 대단했다는 사실은 정3품의 도정都正(종친부 일을 보는 직함) 이창현李昌顯과 정9품의 세마洗馬(동궁의 호위를 담당하는 관청의 잡직) 강필효姜必孝, 상사上舍(소과에 합격한 선비) 이면눌李勉訥과 산림山林(학식과 덕망이 높으나 벼슬을 하지 않는 선비) 이양연李亮淵 등의 학자들이 큰 절을 올리며 사주당에게 직접 가르침을 받는 것을 큰 행복으로 여겼다는 것에서 알 수 있다. 사주당 이씨는 박학한 지식으로 많은 저술을 남겼으나 임종의 자리에서 전부 태워버리도록 했는데, 《태교신기》만은 "오직 이 한 권의 책은 본받음이 마땅하니 집안에 전하여서 아녀자들로 하여금 거울로 삼게 하라."는 명에 의해 보존될 수 있었다.

《태교신기》를 통해서도 알 수 있듯이 사주당 이씨의 학문은 사서삼경을 비롯하여 중국 의학의 고전과 성리학에 두루 능통했다. 이는 조선 후기 사대부가 여성들의 독서가 《열녀전》, 《내훈》, 《계녀서》 등에 머무르지 않았음을 보여주는 한 예이다.

18세기 중후반 이후에 저술된 《곤범》(현재 한국학중앙연구원(구 한국정신문화연구원)에 소장되어 있으며, 2002년 동 연구원 학술발표회에서 발표됨)은 왕실 여성을 비롯하여 사대부가 여성들이 읽었던 것으로 알려진다. '곤壼'이란 글자는 대궐의 안길이란 뜻으로 여자를 지칭했다. 《곤범》에서 여성들이 읽어야 할 것으로 선정한 문헌은 사서삼경과 함께 《통서通書》(역통易通이라 칭함). 《심경心經》. 《근사록近思錄》(성리학 입문서). 《성리대전性理大全》 등의 송대宋代 성리학서와 조선 여성들의 전傳·지문誌文·행장行狀 등이었다. 열거된 문헌에서 보듯 《곤범》은 기존의 여훈서와는 성격이 달랐다. 성리학은 우주 만물과 인간에 대한 철학체계로 내용이 심오하고 방대했다. 이 가운데 《심경心經》은 심성 수양과 관련한 격언을 모아 진덕수眞德秀가 편집한 책으로 이황李滉(1501~1570)을 비롯한 사대부들이 중시했던 책이다.

조선 후기 사대부가 여성들의 독서생활을 엿볼 수 있는 《곤범》은 여성에게 인간적인 덕목과 함께 가정에서의 인간관계 역시 예禮를 통해 해결할 것을 요구하고 있다. 또한 여성의 역할을 수신제가修身齊家에서 치국治國에까지 확장시켰다는 점이 다른 여훈서와 차별되는 시각이다. 조선 후기의 여성 문인들(임윤지당, 사주당 이씨, 서영수각, 이빙허각, 강정일당)이 뛰어난 학식과 부덕을 겸비할 수 있었던 배경에는 고금의 많은 경전과 문헌을 읽고 자신을 끊임없이 수양하는 실천 행위가 있었다. 그리고 이런 여성 지식인들의 학문적 성장은 친정 부모나 남자 형제들이 호학好學하는 가풍을 이루었기 때문에 가능했다.

◆ 사람의 마음이 본래 양심 밖에 있는 것이 아니다(人心不在道心之外)

사주당의 묘지명에 보면 "평생 의논하심이 주자朱子를 본받음으로써 기질 본연의 성품을 벗어나지 않고, 사람의 마음이 본래 도심道心(본연의 양심) 밖에 있는 것이 아니라고 했으니, 그 근거가 확실하다."라는 대목이 나온다. 이는 사주당의 학문과 생활신조를 단적으로 드러내는 것으로 해석된다. 사람의 마음이 본래 양심 밖에 있지 않다는 인식을 행위를 통하여 실천하는 것이 예로 나타나기 때문이다. 따라서 다음과 같은 사주당의 행장行狀에서 드러나는 효행은 그 자신의 내면적 수양에서 얻어진 주체적 실천 행위였던 것이다.

사주당은 연로한 시어머니가 눈이 어둡고 자주 격노함에도 곁에서 기꺼이 받들어 모심에 순종이 있을 뿐 어김이 없었다. 이를 지켜본 시가의 친척과 모든 사람들이 말하기를 "신부는 힘든 줄도 모르고 성낼 줄도 모른다."고 했으나, 본래 타고난 성품이 엄하고 삼감을 근본으로 삼으시며, 예禮에 밝고 박식하여 사람들이 감히 얕보지 못했다. 〈사주당 이씨 부인 묘지명〉

사주당은 인간이 기질 본연의 성품을 벗어나지 않으려면 하늘로부터 성품을 받는 태내胎內에서부터 교육이 이루어져야 한다고 생각했다. 이런 까닭에《태교신기》제1장에서 '사람이 타고나는 성품과 기질'을 논했다.

사람이 태어남에 성품은 하늘을 본받고, 기질은 부모에 의해서 이루어진다. 기질이 한편으로 치우치면 습관이 되어 성품을 가리게 되는데, 부모로서 기름에 어찌 삼가지 아니하겠는가.

사주당은 주자의 말을 인용하기를 "천명이 있으면 기질이 있게 되는데 기氣가 기울면 이理도 따르지 않을 수가 없다.… 하늘은 음양오행으로써 만물을 화생하고, 기로써 형체를 이루는데, 이러한 이치 역시 하늘에서 부여받는다."고 했다.

사주당의 이러한 인식은 주자의 성리학에서 비롯되었다.

태는 성품의 근본이요, 그 형체를 이룬 다음에 가르치는 것은 말단이다.

(胎也者性之本也 一成其形而教之者末也)

사주당의 태교론은 전반적으로 유교적 세계관에 그 기초를 두고 있다. "태는 성품의 근본이요, 그 형체를 이룬 다음에 가르치는 것은 말단이다."라고 한 것은 《대학大學》의 첫머리에 "사물에는 본本과 말末, 일에는 시始와 종終이 있으니 그 먼저 할 바와 나중 할 것을 알면 도道에 가깝게 된다."라는 것과 상통한다. 그리고 이는 《역易》에서 "그 근본을 바르게 하면 만물이 다스려지고 그것을 털끝만큼이라도 잃으면 천리의 차이가 나게 된다. 그러므로 군자는 처음을 신중히 하는 것이다."라는 내용과 맥을 같이하고 있다.

사주당은 태교를 해야 하는 당위성을 성리학에서 찾았던 것이다.

◈ 군자는 태교로써 미리 가르치는 것이다

《태교신기》제3장 1절에 나오는 "군자는 태교로써 미리 가르치는 것이다."라는 구절은 사주당 이씨가 《태교신기》를 저술한 목표의 요체라고 생각한다. 그것은 《태교신기》의 전편 10장을 통해 '군자' 라는 표현이(임

산부의 태교 방법을 논한 4장과 태교의 폐해를 논한 6장, 성인의 태교 실례를 논한 9장을 제외)
거의 각 장마다 나오고 있기 때문이다.

그러면 사주당 이씨가 표현한 군자는 어떤 사람을 뜻하는 것일까?

사주당이 평생 주자를 스승으로 삼았다는 사실로 보면 그가 말한 군자
는 주자의 교육철학이 추구하는 인간상과 동일한 것이 틀림없다. 즉 조
선시대의 성리학이 구현하고자 했던 '도덕적인 인격의 완성'이 군자로
지칭되었던 것이다. 주자는 인성人性을 본연지성本然之性과 기질지성氣質之
性으로 나누어 설명했다. 본연지성은 인성의 보편적인 측면으로 누구나
동일하게 가지고 있는 것이며, 오직 이理만을 말한 것으로 지극히 선善한
것이다. 기질지성은 인성人性의 특수한 측면으로서 개개인의 기질氣質에
따라 다르게 나타나며, 이理와 기氣가 섞인 것을 가리킨다. 그리고 본연
지성이 기질에 내재되어 있기 때문에 기질을 정화하여 지극히 선善한 본
성을 회복시킨 상태의 인간을 성인으로 보았다. 따라서 성리학의 교육은
각 개인의 도덕적 인격 완성을 통해 군자로 키워내는 데 있다. 그러므로
주자는 인륜을 밝히는 것을 교육 목적으로 하여 그 실천규범을 삼강오륜
으로 규정했다.

《대학》에서 대학의 도道는 그 첫째가 밝은 덕을 밝히는 것이라 했다.
여기서 밝은 덕德은 인의예지仁義禮智를 말한다. 즉 인의예지를 밝히는 것
이 대학교육의 목적이었다("배우는 자들이 때묻지 않게 하고 늘 밝게 닦아서 원래 하
늘로부터 받은 것을 회복하는 것이다." 《대학집주大學集註》, 주희朱熹 주註)

둘째는 백성을 새롭게 한다는 것으로, 먼저 자신을 새롭게 하고 남을
새롭게 하여 밝은 덕을 다시 밝힌다는 뜻이다.

셋째는 백성으로 하여금 지극히 선善한 곳에 머무르게 한다는 것으로

도덕적 사회건설을 뜻한다. 따라서 주자는 인격수양의 방법으로 거경居敬과 궁리窮理를 논했다. '경敬'은 두려워하여 삼가고 조심한다는 뜻으로 정신을 집중하는 것인데, 이로써 마음공부를 한다는 의미를 갖고 있다. 한편 '궁리窮理'는 만물에 내재되어 있는 진리를 탐구하는 것으로 인간사회에서 당연히 실천해야 할 도리를 탐구한다는 뜻이다.

이로 본다면 사주당이 말한 군자는 본래의 성품을 밝혀 자아실현을 한 뒤에 감화로써 남을 새롭게 하여 도덕적 이상이 실현되는 사회를 만들어 나가는 사람이란 의미로 볼 수 있다.

◈ 태교의 요점은 삼감에 있다

태교를 알지 못하면 어머니로서 부족한 사람이니 반드시 마음을 바르게 해야 한다. 마음을 바르게 하는 방법이 있으니 그 보는 것과 듣는 것을 삼가며 그 앉고 서는 것을 삼가며 그 잠자고 먹는 것을 삼가되, 잡념이 없으면 가능하다. 잡념이 없는 공功이 넉넉하면 능히 마음을 바로 할 수 있는 것이니, 오직 삼감에 있을 뿐이다.《태교신기》제5장

위의 내용은 태교의 요체가 임부姙婦의 정심正心과 근신謹身에 있음을 강조하고 있다.《대학大學》전 7장 '정심수신正心修身'에는 수신이 정심에 있다고 했다. 그래서 '몸에 화나는 바가 있거나 두려워하는 바, 좋아하는 바, 걱정하는 바가 있으면 그 바름을 얻지 못한다."고 했다. 그러므로 오직 근신함으로써 '잡념'을 없애야 마음을 바르게 할 수 있다고 했다. 그리고 마음을 바르게 하는 방법으로 '경敬'을 강조한다.

자식은 혈血을 근본으로 이루어지고, 혈은 마음에 의해 움직이니, 그 마음이 바르지 못하면 자식 역시 바르게 이루어지지 않는다. 임부妊婦의 도리는 경敬으로써 마음을 보존해야 하며… 만약 잠시라도 공경하는 마음을 잊으면 이미 혈血이 잘못 흐르게 되느니라. 이것이 임부의 마음을 보존하는 방법이다. 《태교신기》 제4장

경敬은 공경하다, 경건함이라는 뜻으로 공자는 《논어》에서 "경건함을 가지고 자기를 닦는다"(수기이경修己以敬)고 했고, 주희朱熹는 《주자어류朱子語類》에서 "경敬은 꼼짝하지 않고 자리를 지키고 앉아 있는 것이 아니라 오직 두려워하고 삼가는 바가 있어 감히 방종하지 않는 것"이라고 설명했다. 이에 따르면 사주당의 '공경하는 마음' 이란 인간의 사적 욕망을 경계하고 삼감으로써 마음을 바르게 보존한다는 의미를 말한다.

◆ 태교의 도는 오로지 아버지에게 그 책임이 있다

육례를 갖춘 후에 부부가 되었으니, 언제나 공경하는 마음으로 서로 대접하고, 혹시라도 업신여겨 서로 상처를 주는 일이 없어야 한다. 처마 밑이나 잠자리에서도 함부로 말을 해서는 안 된다. 아내의 침실이 아니면 함부로 들어가 거처해서는 안 되고, 몸에 병이 있으면 함부로 침실에 들어가서는 안 된다. 음양이 조화를 이루지 못해 날씨가 정상이 아닐 때라도 편안하게 쉬어서는 안 되며, 헛된 욕심이 싹트게 해서도 안 되며, 사기邪氣가 몸에 붙지 않게 하는 것이 자식을 낳는 아버지의 도리니라. 《태교신기》 제1장 3절

동양사상에서는 아버지의 정精과 어머니의 혈血이 결합하여 자식을 얻

는다고 했다. 《태교신기胎教新記》 제2절에서 "어머니의 열 달 기름이 아버지가 하루 낳음만 못하다."고 했듯이 태교에서 아버지의 책임을 강조하고 있는 것이다. 그리고 주注를 붙여, "신수腎水가 마르지 않으면 허욕이 싹트지 않고, 심화心火가 항상 밝으면 사기邪氣가 달라붙지 않는다. 이와 같이 한 다음에는 신神이 왕성하고 정精이 충만하여 자식을 낳으면 재주가 있고 또한 장수한다."고 했다.

이 내용은 정精을 비축해야 건강한 자식을 낳는다는 동양의학에 근거하고 있다. 당唐의 명의名醫 손사막孫思邈이 쓴 《천금요방千金要方》에서는 "자식을 얻고자 한다면 남자는 마음을 깨끗이 하고 욕심을 버림으로써 정精을 기르는 것을 귀하게 여기고, 여자는 응당 마음을 안정함으로써 혈血을 길러야 한다."라고 했던 것이다.

한편 위의 내용을 꼼꼼히 읽어보면 사주당의 주체적인 여성의식을 엿볼 수 있는데, 부부간의 평등한 관계가 자녀의 교육에 중요한 영향을 미친다는 암시가 깔려 있는 것이다.

조선시대 사대부 여성들의 필수 규범서였던 《내훈》의 '부부장夫婦章'에서 강조한 내용은 조선 후기로 오면서 현실적으로 퇴색할 수밖에 없었다. 《내훈》은 성종의 모후인 소혜왕후(인수대비)가 1475년에 간행한 여성교육서로 《경국대전經國大典》이 완성되는 단계에서 성리학적 이념을 여성들에게 교육시키려는 목적을 갖고 있었다. 《내훈》 중 절반 정도가 부부장인데, 유독 아내의 도리는 순종과 공경이라고 강조하고 있다.

"남편이란 직책은 높은 것이 마땅하고 아내는 낮은 것이니, 어쩌다 남편이 때리거나 꾸짖는 일이 있어도 당연히 받들어야 할 뿐이다. 어찌 감히 말대답하거나 성을 내겠는가?" 《내훈》, 부부장

성종이 연산군의 모후母后 폐비 윤씨를 내친 이면에는 인수대비의 가부장적 가정윤리가 자리하고 있었던 것이다.

이렇게 가정과 부부의 화합을 위해 아내의 책임만을 중요시했던 남녀 차별적 인식은 자녀교육에서도 계속되고 있다. 그래서 《내훈》의 '모의장母儀章'(훌륭한 어머니의 도리)에서는 어머니의 교육이 가문 계승과 가족의 봉양을 위한 자식의 성공에 있다고 했다. 《내훈》에서 강조한 이러한 내용은 조선시대 사대부 여성들의 전범典範이 되었고, 여성들의 학문적 영역을 제한하는 도구로 작용했던 것도 사실이다.

사주당도 어려서부터 《내훈》을 공부했다. 그러나 그는 《내훈》의 내용과는 달리 부부간의 화합에 남편의 도리를 완곡한 표현으로써 강조했다. 그 이유는 무엇 때문일까? 그것은 사주당의 사상적 배경에서 찾을 수 있다.

아마도 사주당은 많은 규훈서閨訓書를 읽고 성장했을 것이다. 그런데 조선시대의 규훈서들은 대개 여성의 부덕婦德과 수신修身을 강조하면서 여성의 희생과 양보를 미덕으로 내세웠다. 《내훈》은 그 대표적인 교과서로써, 대부분의 여성들은 수동적으로 《내훈》의 내용을 외우며 남성 위주의 지배질서에 순응했던 것이다. 그러나 사주당은 주자학의 성전聖典으로 불리는 《태극도설》을 비롯한 경서經書를 숙독熟讀하면서 남녀가 본래 불평등한 존재가 아니었음을 인식하게 되었던 것으로 추측된다.

《태극도설》은 북송北宋의 주돈이朱敦頤(1017~1073)가 지은 것으로 우주의 생성 변화와 인간의 윤리도덕을 일치시켰다. 그 내용에는, "건도乾道는 남男이 되고 곤도坤道는 여女가 되어 서로 감感하여 만물은 화생化生하나 만물은 결국 음양陰陽으로, 그리고 음양은 하나의 태극太極으로 돌아간다."라고 하여 남녀를 설명하는 대목이 나온다. 《태극도설》은 주자가 따로 해석을 하여 《태극도설해太極圖說解》를 저술할 정도로 중시한 전작이다.

"부부는 서로 공경하고 업신여겨 상처 주는 일이 없어야 한다."라는 내용을 뒤집어 보면 현실에서는 아내가 상처받는 일이 허다했다는 의미의 다름이 아니고, 그 이유의 대부분은 사대부 남성의 축첩이나 시가와의 불화·갈등에 있었다. 사주당은 이런 불평등한 부부관계를 은연중에 비판하고 있는 듯 보인다. 사대부가 여성들의 이러한 인식은 그 이전부터 시작되었다.

18세기 초기의 호연재浩然齋 김씨(1681~1722)는 계녀서戒女書인 〈자경편自警篇〉(호연재가 딸에게 주는 글로, 자신의 개인적 경험과 현실인식을 담았다)에서, "근래 세상 남녀를 보면 각각 그 도리를 얻지 못했다. 비록 가장 어진 부인이 있다 해도 장부丈夫가 정이 없으면 곧 그 허물을 미친 듯이 말하기를 일삼아 내쫓기는 화禍를 면하지 못한다."라고 하면서, 남편의 사랑을 받지 못하면 현부賢婦라도 내침을 당하는 세상인심을 질타했다. 그래서 "만일 혹시라도 한쪽이 불선不善함이 있으면 각기 그 직분을 수행하여 가도家道를 이룰 수 없다."라고 하여 남편의 도리를 강조하고 있는 것이다. 그리고 부인도 "자기 스스로 덕을 닦아 오직 몸에 허물이 없게 하는 것을 위주로 하고 또 부부의 지극한 정을 두지만 혈기의 원한이 없게 하는 것이 곧 가可할 것이다."라고 당부하고 있다.

한편 "아내의 침실이 아니면 함부로 거처해서는 안 되고"라는 표현은 다중적인 의미를 포함하고 있다. 이 부분은 태교에서 아버지의 책임 가운데 하나가 첩을 함부로 두지 않아야 한다는 사실을 우회적으로 표현한 것으로 보인다. 그러면서도 사주당은 첩이 임신했을 경우에는 "그대의 마음이 하늘이라. 마음이 선하면 하늘의 명령도 선하고, 하늘의 선함이 자손에게 미치느니라."라고 하여 정실 부인에게 군자의 덕을 가지라고 훈계했다.

이와 관련하여 조선 후기의 대표적 성리학자인 한원진韓元震(1682~1751, 송시열의 학맥을 이은 권상하의 제자)은 한씨부훈韓氏婦訓, 〈남당집南塘集〉, 권26 중에서 "양陽은 하나이고 음陰은 둘인 것이니 최초의 법으로 그리한 것이다. 여러 부인이 한 남편을 섬기는 일이 인사人事의 당연한 것이다."라는 남녀차별적인 인식을 정당화했다. 이는 당대 사대부가 여성들의 현실인식과는 대립되는 부분이었다. 호연재 김씨는 〈자경편自警篇〉에서 "투기는 성인이 경계한 바인데 부인된 자로서 감히 삼가지 않겠는가?"(戒妬章)라고 하면서도 실제로는 투기의 원인이 남편의 패덕에 있음을 상세하게 묘사했다.

지아비가 근실하게 온갖 행실을 닦고 지어미가 경건하게 사덕四德(마음씨, 말씨, 몸맵씨, 일솜씨)을 닦는다면, 어찌 지아비가 창기娼妓와 즐기는 패덕이 있을 것이며 어찌 지어미가 투기하는 악행이 있겠는가.

한편 영정조 시대에는 규훈서閨訓書나 계녀서戒女書의 간행과 편찬이 활발했는데, 그 배경에는 《주자가례朱子家禮》의 보급과 가문의식家門意識의 강화로 여성의 부덕을 강요하기 위한 목적이 들어 있었다. 그리고 한편으로는 사회·경제적 변화로 인해 여성들의 자의식이 성장하면서 남존여비 중심의 전통적 이데올로기가 거센 도전을 받게 되었기 때문이다. 아내의 투기나 남편의 간통 문제가 극단적인 경우 살인사건으로까지 확대되어, 전통적 지배질서가 붕괴되는 조선 후기에는 심각한 사회문제로 대두되었던 것이다.

영정조대의 《심리록審理錄》(1775~1800년까지의 사형 판결 여부를 심리한 형사판례집)에는 전체 사건 중 16.1%가 가족과 친족 살해사건이 차지하고 있으며, 대부분의 가해자가 남성으로, 주로 치정관계가 많았던 것으로 나타났다. 정조대의 형법 자료인 《추관지秋官誌》에도 첩과 공모한 남편이 아내를 살해하거나 남편의 구타에 부인이 죽는 사건들이 잇달아 나타난다. 이렇듯 남존여비의 가정윤리는 존속살해로 치닫기까지 했다. 그럼에도 사대부 남성들의 잉첩腰妾이나 기방 출입 등은 사회적으로 용인되는 시대였다. 남성들의 풍류와 호방함을 빙자한 방탕함이 많은 사대부 여성들에게 분노와 슬픔, 삶에 대한 회한을 안겨주었지만 현실적으로 대처할 방법은 없었다. 그러므로 당대 여성 지식인들은 자기 자신을 수양하여 의연한 마음가짐을 가짐으로써 세속적인 감정의 앙금을 떨치고자 노력했으며, 그런 주체의식을 통해 학문적 소양을 키워냈던 것이다.

◆ 태교의 책임은 오로지 어머니에게 있다(胎敎之責專在於女子)

　지아비의 성씨를 받음으로써 지아비에게 그 자식을 돌려주어야 하니, 열 달 동안 몸을 함부로 해서는 안 된다.
　예가 아니면 보지 말고, 예가 아니면 듣지 말며, 예가 아니면 말하지 말고, 예가 아니면 행동하지 말며, 예가 아니면 생각하지 말며, 마음·지혜·온몸까지 모두 정도에 따라서 자식을 기르는 것이 어머니의 도리이다. 《태교신기》 제4절

임부妊婦는 모든 것을 예에 따라야 한다는 이 대목은 《논어》에 나오는 내용이다. 유교에서는 윤리도덕의 실천강령으로서 예를 중시하는데, 예는 유교사상의 기본으로 자기를 수양하여 인격적으로 완성하는 것을 우선으로 삼았다. 그러므로 감각적 본능과 욕망에 대한 절제가 필요했던

것이다. 공자가 말한 '극기복례'와 크게 다르지 않은 수양법인 셈이다. 극기克己란 개인의 욕망을 스스로 이겨낸다는 수신의 뜻이며, 복례復禮는 예를 행함으로써 인仁을 얻을 수 있다는 뜻이다.

그리고 《열녀전》(중국 한나라 유향이 저술한 책)을 인용하여 그 근거로 삼고 있다. 《열녀전》에는 주나라 문왕의 어머니인 태임이 임신했을 때 섭생과 조리에 유의하고 태교를 행하여 총명하고 지혜로운 문왕을 낳았다고 기록했다. 이후 태임은 동양에서 부덕을 갖춘 여성으로서 모범이 되었고, 조선조에서도 여성을 칭송하는 대명사가 되었다. 신사임당申師任堂은 태임을 스승으로 삼는다는 뜻이며, 임윤지당任允摯堂은 태임을 존경한다는 뜻에서 붙여진 당호堂號이다.

사주당은 태교는 유교의 실천덕목 중 하나였던 예를 통해 하늘로부터 받은 성품을 보존해야 한다는 인식을 가졌던 것이라 여겨진다. 그래서 태교를 하는 마음가짐은 유학자와 같아야 한다고 보았던 것이다.

◆ 벼슬길에 나아가지 말고 너의 천진함을 지켜라

사주당은 '어머니의 교육은 하늘로부터 받은 성품을 잘 보존하게 하여 불초한 자식을 낳지 않고 자식을 어질게 함으로써 스스로 현명한 군자가 되도록 키우는 것'을 목표로 삼았다. 자식 교육에도 남다른 철학과 혜안을 가지고 있었음을 알 수 있다. 《태교신기》에는 유희의 부인 권씨가 쓴 전기가 실려 있는데, 사주당이 세상에 변고變故가 많음을 염려하여 유희에게 과거시험을 보지 말라고 항상 권유했다는 내용이 있다.

"네가 대과大科를 요행히 급제하더라도 네 성품이 따르지 못할 것이니, 대관大官(높은 벼슬)에 뜻을 갖기 어렵고, 소과少科는 더욱 내킬 리가 없으니, 이룬 일 없이 헛되이 늙어갈 바에는 차라리 명산에 살 곳을 찾아 너의 천진天眞함을 지킴이 좋을까 하노라."

사주당이 5세에 《성리대전性理大典》을 읽고 9세에 《통감通鑑》(북송의 사마광이 쓴 역사서)을 두루 꿸 정도로 뛰어났던 큰아들에게 벼슬길에 나아가지 말라고 했던 이유에서도 그의 교육관을 읽을 수 있다. 위 내용 중 "세상의 변고가 많음을 염려했다."라는 것은 당대에 일어난 사실史實에서 유추할 수 있다.

1755년, 나주羅州의 객사客舍에 나라를 비방하는 글이 붙었다. 그리고 그 글을 쓴 이는 소론으로 나주에 귀양 가 있던 윤지尹志(1728년, 영조 4년에 소론 일부와 남인들이 일으킨 이인좌의 난에 연루되었다. 역모의 명분은 영조가 숙종의 친자가 아니며 경종의 죽음과 관계되었다는 것이었다)로 밝혀졌다. 이를 나주괘서사건羅州掛書事件이라고 했다. 이에 영조가 직접 심문하여 소론 가운데 몇 사람이 죽고 이광사李匡師(1705~1777, 조선조 4대 명필 중 한 사람으로 《연려실기술》을 지은 이긍익의 부친이다) 등이 귀양을 갔다. 이것이 을사처분乙巳處分이다.

그후 1762년(영조 38년) 영조의 명으로 사도세자가 뒤주에 갇혀 굶어 죽은 사건이 일어났다. 이를 임오화변壬午禍變이라 불렀다. 당시 조정은 남인, 노론, 소론 등의 당파로 나뉘어져 있었다. 그런데 1762년(영조 38년)에 사도세자가 뒤주에서 죽은 사건을 계기로 소론과 남인은 시파時派(사도세자를 동정하는 부류)로, 노론은 벽파僻派(영조의 처사가 옳다는 부류)로 분열되면서 당쟁이 격화되기 시작했다. 따라서 당리당략에 의해 관직이 올라가기도 하고 유배를 가는 일이 빈번했다. 이런 정치적 현실을 사주당은 당연히 비판적 시선으로 보았을 것이다. 그것은 '이상적인 도덕국가의 건설을 목표로 삼는' 성리학의 이념과 동떨어졌기 때문이다. 뿐만 아니라 유희의 성품이 학문을 좋아하고 천진天眞하기 때문에 조정에 나아간다 해도 그 뜻을 펼치지 못한 채 당쟁의 소용돌이에 휘말릴까 걱정했던 것이다. 그러나 사주당이 단지 자식의 안위만을 걱정했던 것은 아니라고 생각한다. 그보다는 하늘로부터 부여받은 성품이 훼손되어 군자의 도를 잃을까 염려했던 것이 더 컸다고 보여진다. 물론 자식의 성품이 대한 이해가 깊었기 때문인 것도 사실이다.

본래 천진天眞이란 뜻은 《황제내경黃帝內經》(중국의 가장 오래된 의학서)의 상고천진론上古天眞論에 드러나 있다.

뜻을 자제하여 적게 하고자 하며 마음을 편안히 하여 두려워하지 않고 형체가 수고로워도 권태롭지가 않아 진기眞氣가 따라서 순해져 각기 그 하고자 하는 바를 좇아도 모두 원하는 바를 얻었다. 〈황제내경黃帝內經〉, 상고천진론上古天眞論

유희의 부인 권씨가 지은 〈유희의 전기〉를 보면 사주당의 교육관을 엿볼 수 있는 대목이 나온다. 사주당은 유희가 돌이 지나도 뜻은 아나 말이 변변치 않자 글자 100개를 모아 글을 지어 가르치고, 남편 유한규는 사자四字로 글을 써주었다고 한다. 그런가 하면 젖먹이 때에도 따로 재우며 옷을 입힐 때에도 스스로 챙기게 했다는 것이다.

유희는 모친의 깊은 뜻을 헤아려 20년 동안 과거를 보지 않았고, 가솔을 이끌고 충청도 단양으로 들어가 부지런히 농사를 지어 을해년(순조 15년, 1815) 대흉년에도 식구들을 봉양했다고 한다. 유희는 10년간 단양에서 살다 48세에 고향인 경기도 용인으로 돌아왔으며, 다음해에 모친상(사주당 이씨의 죽음)을 당했다. 그때가 1821년이었다. 유희는 "상중에 수염과 머리카락이 하얗게 세고, 살이 빠져서 뼈가 보일 정도로 야위었다."라고 하니 그의 효심이 어느 정도인지 미루어 짐작할 수 있다.

유희는 출사를 포기한 대신 다양한 분야의 학문을 연구하여 많은 저술을 남길 수 있었다.

◈ 사람이 나면서 만물을 닮는 것은 그 어머니가 사물에 감응한 까닭이다

뱃속의 자식과 어머니는 혈맥이 이어져 있어서 어머니의 호흡에 따라 움직이므로 기쁘며 성내는 것이 자식의 성품이 되고, 보고 듣는 것이 자식의 기운이 되며, 마시고 먹는 것이 자식의 살이 되는데, 어머니가 어찌 삼가지 않으리오. 《태교신기》 제4장

위 내용은 《태교신기》 제8장에서 "아이가 어머니에게 있는 것은 마치 오이가 그 넝쿨에 달려 있는 것과 같다."라고 표현한 것과 같은 의미이다. 따라서 "어머니가 섭생을 못하고도 능히 태를 길러내거나 태를 길러내지 못하고서도 자식이 재주 있거나 오래 사는 경우를 보지 못했다."라는 것이다.

태교는 모체에 대한 외부의 영향이 태아에게 고스란히 전수된다는 인식에서 출발하고 있다. 이는 중국 고대 태교에서 '모자동체설母子同體說'로 설명한 것과 같다. 중국 원대元代의 명의인 주진형朱震亨은 《격치여론格致余論》의 자유론慈幼論에서 다음과 같이 주장했다.

아기가 태 안에 있을 때는 어미와 한몸이니, (모체가) 열을 얻으면 (태아도)

함께 열이 나고, 몸에 한기가 들면 함께 한기가 들며, 병을 얻으면 함께 병을 얻고, 편안하면 또한 함께 편안해진다. (그러므로) 모체의 먹고 마시고 거동하는 것이 마땅히 신중하고 철저하여야 한다. 〈격치여론格致余論〉, 자유론慈幼論

한편 "어머니의 호흡에 따라 움직이므로 기쁘고 성내는 것이 자식의 성품이 된다."라는 대목은 중국 고대 태교설의 중요 개념인 '외상내감外象內感'의 원리를 참고로 한 것이다. '외상내감'은 모체가 외부로부터 받은 인상印象이 안으로 태아의 감응感應을 불러일으키는 작용을 하게 된다는 것이다. 한대漢代의 유향劉向은《열녀전》에서 외상내감설의 이론적 기초를 제공한 것으로 알려져 있다. 그 내용은 다음과 같다.

자식을 잉태했을 때는 반드시 그 느끼는 바를 신중히 해야 한다. 선善에 감感하면 선하여지고 악惡에 감感하면 악하게 되는 것이다. 사람이 나면서 만물을 닮는 것은 모두 그 어머니가 사물에 감응한 까닭이므로, 형체와 소리가 그것을 닮는다.

임부의 신체적·정서적 감응이 기氣를 변화시키게 되고, 이러한 기의 변화가 태아의 기질을 형성하는 결정적인 요인으로 작용한다고 보는 이러한 주장은 중국의 한대 이후《천금요방千金要方》,《부인대전양방婦人大全良方》,《격치여론格致余論》,《고금의설古今醫說》등을 비롯한 많은 의서에 나타나 있다. 사주당은 아마도《의방유취醫方類聚》(세종대에 완성하여 성종대에 간행된 것으로 중국과 조선의 의학을 종합 정리한 책) 등의 의서를 통해 중국의 태교설을 주지周知했던 것이라 생각된다.

◆ 태교의 법은 가족이 임부를 먼저 보호해야 한다(胎敎之法他人待護爲先)

벗들과 더불어 오래 있어도 그들의 사람됨을 배우거늘 하물며 자식이 어머니의 칠정七情을 닮는 것은 당연하다. 이런 까닭에 임산부를 대하는 도리는 희로애락이 혹시라도 그 정도定度를 넘어서는 안 된다. 그러므로 임산부의 곁에는 항상 선한 사람이 있어 임산부의 기거起居를 돕고 그 마음을 기쁘게 하며, 모범이 될 만한 말씀이나 본받을 만한 일이 귀에서 끊이지 않게 한다. 그런 후에야 게으르고 오만하며 사악하고 치우친 마음이 저절로 생기지 않게 된다.《태교신기》제4장 2절

사주당은 임부의 신체적, 정서적 감응이 태아의 기질을 형성하는 데 중요하다고 인지했기 때문에 태교에 가족의 역할이 크다는 것을 강조했던 것이다. 칠정七情은 희로애락애오욕喜怒哀樂愛惡欲을 말하는데,《황제내경黃帝內經》에서는 "화를 내면 기氣가 거꾸로 치솟고, 기뻐하면 기가 완만해지며, 슬퍼하면 기가 소모되고, 두려워하면 기가 아래로 처지고, 놀라면 기가 문란해지고, 생각이 과도하면 기가 뭉치고 막히게 된다."라고 했다. 그러므로 사주당은 "태를 기르는 것은 임부뿐만 아니라 온 집안사람들이 항상 공경하고 조심해야 한다."라고 강조했던 것이다.

이렇듯 태교는 한 집안사람들이 임산부와 함께 행해야 할 법도임에도 당시의 풍속은 사주당이 개탄할 정도였던 것으로 나타난다.

◆ 태교의 폐해는 자기가 지은 죄로 인한 재앙이다

사주당은 한 시대의 사람들이 품격이 비슷한 것은 태아를 기를 때 보

고 들은 것이 비슷하여 태교한 것과 같은 효력이 있기 때문이라고 보았다. 그런데도 태교를 행하지 않으니 그 이유를 알 수 없다고 탄식했던 것이다.

《태교신기》 제6장에는 태교를 행하지 않았을 때의 폐해를 자기가 지은 죄로 인한 재앙으로 비유하고 있다.

태를 기름에 삼가지 않으면 어찌 자식이 재주만 없겠는가? 그 형체도 온전하지 못하고, 병도 많을 것이며, 또한 태아가 떨어질 수도 있고 출산도 어려우며, 비록 낳아도 수명이 짧으니라. 이는 모두 태를 잘못 기름에서 연유됨이 분명한데, 그러고도 감히 (내 죄가 아니니) 나는 모른다고 말할 수 있겠는가? 《서경書經》에 이르기를 "하늘이 지은 재앙은 피할 수 있으나, 자기가 지은 재앙은 도망갈 수도 없느니라."라고 했다. 《태교신기》 제6장

또한 《태교신기》 제7장에서는 "요즘 아기를 잉태한 집에서 소경이나 무당을 불러들이고 부적을 붙이고 주문을 외며 푸닥거리를 하고, 또 불사佛事를 하며 승려에게 시주를 하지만 길吉한 것이 전혀 없는데 이를 전혀 알지 못한다."라고 했다. 또한 "질투심이 많은 부인은 여러 첩이 자식이 있는 것을 꺼려하고, 혹 동서지간에 함께 임산부가 되면 서로 용납을 못한다."라는 당시의 실정을 비판하며, 선한 마음을 가져야 하늘의 선함이 자식에게 미친다고 했다.

그리고 제3장은 태교를 하지 않으면 자식이 불초하다는 내용인데, 당시의 임산부들의 생활을 엿볼 수 있는 대목이 나온다.

지금의 임산부들은 반드시 특이한 맛이 나는 음식을 좋아하고, 반드시 서

늘한 방에 거처하여 몸을 편안하게 하며, 집안이 한가하여 즐거움이 없으면 사람들로 하여금 허황된 이야기를 하게 하여 깔깔대며 웃는다. 처음에는 아이 밴 것을 속이다가, 나중에는 오래 누워 있거나 항상 잠을 자기도 한다.… 스스로는 태아의 조섭調攝을 어긋나게 하고, 또한 집안식구들이 임산부를 보호하는 일이 늦어지게 함으로써 병을 더해 해산을 어렵게 하고, 불초한 자식을 낳아 그 가문의 명예를 떨어뜨린 후에도 자기의 잘못은 깨닫지 못하고 원망을 운명에 돌리고 있다. 《태교신기》 제3장

사주당은 당시 임산부들의 나태함과 방종에 대해 스스로 구하면 얻을 수 있는 것이 태교라고 훈계했다. 그래서 "어찌 열 달의 노고를 꺼려 그 자식을 불초하게 하여 스스로 소인小人의 어머니가 되겠는가."라고 하며, "누구나 노력하면 이루어지는 것이니 빈천하고 어리석은 사람도 어려운 일이 없을 것이고 스스로 포기하면 무너지니, 지혜가 뛰어난 사람도 쉬운 일이 없다. 어머니가 될 사람은 태교에 힘쓰는 것이 옳지 않겠느냐."라고 역설했다.

위의 내용 중 "사람들로 하여금 허황된 이야기를 하게 하여 깔깔대며 웃는다."라고 한 것은 18세기에 유행했던 풍속의 한 부분으로 보인다.

당대에는 17세기 이후에 창작된 한글소설의 전성기로서, 이는 사대부가의 여성 독자층이 많았기 때문이었다. 채제공의 《여사서서》에는 18세기 초반 서울에 이미 '세책가貰冊家'가 있었다는 내용이 있다. 그런가 하면 상중喪中에 소설을 읽다가 시숙에게 책망을 들은 사대부가 여성도 있을 정도로 여성들이 소설에 탐닉했던 것으로 보인다. 이덕무의 〈사소절〉에는 "요즘 부녀자들이 서로 다투어가며 일로 삼는 것은 오직 패설稗說 읽는 것이다. … 비녀나 팔찌를 팔거나 빚을 얻어서라도 다투어 빌려와

서…"라고 하여 여성들의 소설읽기 열풍에 대해 비판했다. 또한 평생을 독서로 일을 삼았던 유만주俞晩柱(1755~1788)는 《흠영欽英》에서 한글소설이 수천 종 수만 권에 이른다고 기록했다. 그런데 사주당의 차녀次女가 쓴 발문에는 "유학儒學 외에 저속한 책은 구해보지 않으시며, 저속한 시가詩歌를 읊는 것을 더욱 좋아하지 않으시니 시속時俗의 사람들과는 크게 다름이 있으셨다."라는 대목이 있다. 여기서 말하는 저속한 책은 한글소설을 가리키는 것

《태교신기》.

이라 생각한다. 그리고 이 내용은 한글소설과 시가詩歌(영정조 시대에는 부녀자들의 시가 창작이 활발했다)짓는 것이 당시의 유행이었다는 사실을 반증하고 있다.

　　《태교신기》는 조선 후기의 여성 지식인이었던 사주당 이씨가 성리학의 철학적 바탕 위에 자신의 육아 경험과 의서醫書의 고전을 참고로 하여 저술한 태교 경전이다. 그러므로 《태교신기》는 단순한 태교법이 아니라 당대의 대학자인 사주당 이씨의 세계관과 교육론이 담긴 철학서라 할 수 있다.

　　그는 《태교신기》를 통하여 성리학적 철학사상으로 생명의 존엄성과 인성교육을 주장했다. 따라서 태교는 부모가 함께 해야 하며 나아가 주변의 가족들도 임산부를 보호해야 한다고 강조했다. 사주당의 교육철학은 도

덕적 자아를 실현한 뒤에 널리 세상을 밝게 하는 인간 양성에 있었던 것이다.

특히 태교에서 아버지의 도리를 강조함으로써 남녀평등적인 인식을 보여준다. 그리고 무엇보다도 사주당 이씨의 삶이 던져주는 큰 의미는 지식인으로서 자신의 학문을 생활 속에서 실천했다는 데 있다.

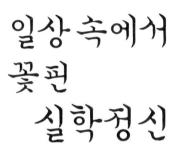

일상 속에서
꽃핀
실학정신

빙허각憑虛閣 이씨李氏(1759~1824)

◈ 총명이 무딘 글만 못한다 하니(鈍筆勝聰)

옛 글이 인생人生 일용日用에 절실한 것과 산야山野에 묻힌 모든 글을 구하여 보고 손길 닿는 대로 펼쳐보아 오직 문견聞見을 넓히고 심심풀이를 할 뿐이었다. 문득 생각하니 옛 사람이 말하기를 총명이 무딘 글만 못하다 하니 그러므로 적어두지 않으면 어찌 잊을 때를 대비하여 일에 도움이 되리오. 그래서 모든 글을 보고 그 가장 요긴한 말을 가려 적고, 혹 따로 자기의 소견을 덧붙여 유취類聚 다섯 편을 만드니… 이미 글이 이루어짐에 한데 통틀어 이름짓기를 규합총서閨閤叢書라 하니… 이 책이 비록 많으나, 그 귀결점을 구한 즉 이것들이 다 건강(養生)에 주의하는 첫 일이요, 집안을 다스리는 중요한 법이라 진실로 일용에 없지 못할 것이요, 부녀의 마땅히 연구할 바다.

1809년 빙허각憑虛閣 이씨李氏가 쓴 《규합총서》의 서문에 나오는 글이다. 규합閨閤이란 말은 여성들이 거처하는 곳 내지 여성을 의미하므로 《규합총서》는 여성의 일상에 필요한 지식들을 집대성해 놓은 가정백과사전과도 같은 것이다. 빙허각은 빈 문설주에 의지한다는 뜻으로, 본인이 직접 지은 호라고 한다.

《규합총서》는 철저한 문헌 고증을 통한 실증적인 태도로 저술했으며, 여성의 일상에 필요한 지식과 함께 가정의 중심인 여성의 역할을 강조하고 있다. 따라서 한글로 저술하여 많은 여성에게 널리 읽히도록 했고, 열녀록列女錄을 붙여 부녀자들도 인재가 될 수 있다는 여성의식을 고취시켰다.

《규합총서》는 7개의 이본異本을 가질 만큼 19세기 여성들에게 널리 읽히고 필사되었던 것으로 8권 5책으로 구성되어 있다. 《규합총서》가 본래 《빙허각전서》의 일부였다는 사실이 밝혀진 것은 1939년 1월 31일자 〈동아일보〉 기사에서였다.

모든 부문을 총괄한 의미에서 또는 실용실학實用實學을 파고 캐어 이 땅의 규수문학으로서 최고봉을 지은 이로서 빙허각 이씨를 아니 들 수 없는데, 우리의 총혜정숙聰慧貞淑한 빙허각 이씨는 숙달된 한학漢學의 소양으로서 우리의 가정생활에 좀더 법도와 양식을 바루잡아 후세가지 정할 뿐 아니라 더 나아가서는 높이는 천문지지天文地支로부터 떨어저 조수초목鳥獸草木에 이르기까지 사사물물事事物物에 긍하야 가정을 상대로 누구나 들치면 환히 알도록 순수 우리말로 옮겨 지식을 부어주는 동시 또한 생활의 지침指針이 되도록 정성스레 써 놓은 것이 총제하에 빙허각전서憑虛閣全書로….

〈동아일보〉에 '가정실학家庭實學의 웅편거장雄篇巨章'이라는 찬사를 받던 《규합총서》는 전쟁 등을 거치면서 빛을 보지 못하다가 1975년 정양완의 역주譯註로 간행되었다. 그런데 《규합총서》에 대한 연구는 대부분 음식과 조리법, 의생활 관련 부분인 '주식의酒食議'나 '봉임칙縫紝則'을 중심으로 이루어져 왔다. 따라서 《규합총서》의 배경이 되는 실학사상이나 주체적 여성의식에 대한 조명은 최근에 와서야 시작되었던 것이다.

◆ 명문가 소론의 친정과 명물학名物學 전통의 시가媤家

빙허각은 1759년(영조 35년) 부친 이창수(1710~1777)와 유씨 부인 사이에서 태어났다. 집안은 세종世宗의 열일곱째 아들인 영해군의 후손으로 소론 명문가였다. 이창수는 이조판서 · 홍문관 제학 · 판돈녕부사를 지냈고 숙부 이창의(1704~1772)는 좌의정, 오빠 이병정(1742~1804)은 이조판서를 역임했다. 또한 빙허각의 모친 유씨의 오빠 유한규(1718~1783)는 《태교신기》를 저술한 사주당 이씨의 남편이다. 그러니까 빙허각은 사주당 이씨가 외숙모였던 것이다. 그리고 《언문지》를 쓴 실학자 유희柳僖 (1773~1837)와는 내외종간이었다.

빙허각의 행장行狀에 대해서는 시동생인 서유구徐有榘(1764~1845)의 《풍석전집楓石全集》에 수록된 '수씨단인이씨묘지명嫂氏端人李氏墓誌銘'에 나타나 있다. 빙허각은 어릴 때부터 대단히 총명하여 아버지가 무릎에 앉혀놓고 《모시毛詩》나 《소학小學》을 읽어주면 그 뜻을 바로 깨쳐 아들과 같은 사랑을 받으며 자랐다고 한다. 커서도 기억력이 뛰어났으며, 공부를 게을리 하지 않고 많은 책을 섭렵했고, 시나 여러 글을 잘 지어 성년이 되기 전에 여사女士라는 칭호를 얻었다.

빙허각은 15세에 서유본徐有本(1762~1822)과 결혼했다. 남편 서유본의 집안은 명문 소론으로 이용후생利用厚生을 추구하는 실학을 가풍으로 했다.

서유본의 조부 서명응徐命膺(1716~1787)은 《보만재총서保晩齋叢書》를 저술하여 수리·천문·농학·악률 등을 집대성했는데, 농가 경제서인 《고사신서攷事新書》는 그 총서의 일부분이었다. 그는 정조가 규장각을 중심으로 전개했던 학문 정책에서 핵심 역할을 한 것으로 알려져 있다. 그리고 부친 서호수徐浩修(1736~1799)는 《해동농서海東農書》를 저술했다.

훗날 빙허각의 시동생인 서유구가 《임원경제지林園經濟志》를 완성하게 된 것도 이러한 가학家學이 배경에 있었던 것이고, 빙허각의 《규합총서》도 그 전통의 맥을 잇는 작업이었던 셈이다. 서명응은 북학파北學派의 비조鼻祖라 불릴 만큼 박학다식하고 개방적이었다. 그런 서명응이 갓 시집온 손자며느리 빙허각에게, "네가 《소학》을 즐겨 읽었다고 들었는데 어느 구절이 본받을 만하냐?"라고 묻자, "말을 행동보다는 먼저 해서는 안 된다는 구절입니다."라고 대답했다. 이에 서명응이 "참으로 겸손하면서도 재질이 있구나. 누가 이 사람을 여자라고 하겠느냐." 하며 칭찬을 아끼지 않았다. (서명응의 일화는 서씨 집안과 교유를 했던 실학자 이덕무의 학문하는 여성들을 바라보는 시선에 비해 진보적이었음을 알 수 있다.)

요즈음 부인으로서 재주가 있어 혹 이야기가 사색당파, 특정 집안의 문벌, 과거, 관직 승진이나 좌천 등에까지 미치면 일가친척들이 떠들썩하게 그 재능을 칭찬한다. 아아, 이것은 진실로 가정을 어지럽히는 근본이다. 《사소절》

18세기는 사회 각 분야에 걸쳐 많은 변화를 겪은 시대였지만 그중에서도 여성의 사회적 지위는 전기에 비해 훨씬 약화되었다. 족보편찬 방식도 부계父系를 우선적으로 기재했고, 재산도 남녀균분男女均分에서 장남 우대상속으로 바뀌었다. 또한 당쟁이 치열해짐에 따라 몇몇 문벌이 관직을 독점하게 되자 가문의 성쇠盛衰가 전적으로 남자에게 달리게 되었다. 부계에 의한 동족 집단의 결속이 강화되고 가문의식家門意識이 발달한 것도 그 때문이라 할 수 있다. 그런 까닭에 대부분의 사대부 집안에서는 여성의 독서나 뛰어난 학문을 경계했다. 반면에 임윤지당이나 사주당 이씨, 빙허각 이씨의 집안처럼 여성의 학문을 격려하는 경우도 점차 증가했다. 18세기 이후 여성이 자신의 문집을 낸 경우가 10편을 넘는 것도 이러한 시대적 변화 속에서 이루어졌다고 볼 수 있다.

◈ 양생養生에 주의하는 첫 일이요, 집안을 다스리는 법이라

《규합총서》는 모두 다섯 편으로 되어 있는데, 그 내용이 서문에 간략하게 소개되어 있다.

첫째는 주식의酒食議로 장 담그며 술 빚는 법과 밥, 떡, 과일, 온갖 밥반찬이 갖추지 않은 것이 없다. 둘째는 봉임칙縫紝則이니 심의深衣, 조복朝服을 손으로 마르고 짓는 척수尺數 겨냥 및 물들이기, 길쌈하기, 수놓기, 누에치는 법하며 그릇 때우고 등잔 켜는 모든 잡방雜方을 덧붙였다. 셋째는 산가락山家樂이니 무릇 밭일을 다스리고 꽃과 대(竹)를 심는 일로부터 그 아래로 말이나 소를 치며 닭 기르는 데 이르기까지 시골 살림살이의 대강을 갖추었다. 넷째는 청낭결青囊訣(청낭은 약주머니라는 뜻)이니 태교胎教, 아기 기르는 요령과 삼 가르기와 구급하는 방문方文이며 아울러 태살胎殺의 소재와 약물금기를 덧붙였다. 다섯째는 술수략術數略이니 집을 진압하고 있는 곳을 정히 하는

법과 음양구기陰陽拘忌하는 술術을 달아 부적과 귀신 쫓는 일체의 속방俗方에 미쳤으니, 이로써 뜻밖의 환患을 막고 무당·박수 따위에게 빠짐을 멀리 할 것이다.

《규합총서》는 중국과 우리나라의 문헌을 두루 인용했으나 《지봉유설》, 《산림경제》, 《성호사설》, 《동의보감》 등 우리 실정과 풍토에 맞는 것을 더 중요시했다. 또한 구성은 《산림경제》, 《고사신서》, 《해동농서》를 본받고 그중 부녀자의 현실에 맞는 내용을 고르고 의식주를 분류했다.

◈ 사대부 음식 먹을 때 다섯 가지를 보라

술은 사람의 마음을 변하게 하는 미친 약이니 인가人家에 숭상할 것이 못 되지만, 또한 없지 못할 것이요, 부인의 할 일이 다만 술과 밥을 의론議論하기에 있으므로 술 방문을 첫머리에 얹되, 사람에게 유익한 것만 다 기록하고 유황배법硫黃杯法을 덧붙였다.

빙허각은 《규합총서》에서 주식의를 가장 우선으로 논한 이유를 이렇게 밝혔다. 조선시대 양반가 여성들의 중요한 일은 '봉제사접빈객奉祭祀接賓客'이었다. 제사는 부모로부터 선대 4대를 지내는 것이 일반적이었고, 친족과 손님을 정중히 접대하는 것이 중요한 소임이었다. 따라서 술을 각 가정에서 빚어 사용했다. 주식의의 내용을 보면 음식의 조리법뿐 아니라 재료의 어원, 유래 등을 옛 문헌을 인용하여 밝히고 있다. 그리고 고기나 나물, 술의 독毒에 대해 주의사항을 알려주고 있다. 이는 음식을 양생의 근본으로 인식했기 때문이다. 그래서 술 빚는 법 뿐만 아니라 술을 마시고 먹어서는 안 될 것, 술이 깨고 취하지 않는 법, 술 끊는 방문方文 등 건강에 대한 방법까지 신경을 썼던 것이다. 또한 죽粥에 대해서 여러 종류를 소개하면서 환자와 노인, 어린이의 원기를 크게 보충하여 유익하다고 한 것도 그 때문이다.

한편 주식의에는 사대부 음식을 먹을 때 다섯 가지를 보라는 대목이 보인다. 빙허각은 이를 통해 농부와 여성들의 수고로움을 일깨워주려는 뜻도 있지만, 그보다는 당시 사대부 관료들의 탐욕을 우회적으로 경계하고 있다고 생각한다.

첫째는 힘듦의 다소多小를 헤아리고, 저것이 어디서 왔는가 생각하여 보라. 이 음식이 갈고 심고 거두고 찧고 까불고 지진 후에 공功이 많이 든 것이다. 하물며 산 짐승을 잡고 베어내어 맛있게 하려니 한 사람이 먹는 것이 열 사람의 애쓴 것이다. 집에서 먹어도 부조父祖의 심력으로 경영經營한 바요, 비록 비재물非財物이나 또한 여경餘慶을 이어 벼슬하여 백성의 고혈膏血을 먹는 것이니, 크게 가히 말할 것이 못 된다.

위의 내용은 가문의 음덕으로 벼슬하는 사대부들은 음식을 먹을 때마다 민생의 고달픈 삶을 생각해보라는 준엄한 질타가 담겨 있다고 본다.

둘째는 대덕大德을 헤아려 섬기기를 다할 것이다. 처음에는 어버이를 섬기고, 다음으로 임금을 섬기고, 나중은 입신立身하는 것, 이 세 가지가 온전한즉 섬기는 것이 응당하고, 만일 이 세 가지가 없다면 마땅히 부끄러운 줄 알아, 맛을 너무 따지지 말아야 할 것이다.

이 부분은 사대부로서 갖추어야 할 기본 덕목에 대한 경계라고 할 수 있다.

셋째 마음에 과^過하고 탐내는 것을 막아 법을 삼아라. 마음을 다스리고 성^性을 길러야 하니, 먼저 세 가지와 또 한 가지를 막을 것이니, 좋은 음식은 탐을 내고, 맛없는 음식은 찡그리고, 종일 먹어도 음식이 그 생겨난 바를 알지 못한즉 어리석으니, 덕 있는 선비는 배불리 먹을 타령을 하지 않아 허물이 없게 하라.

넷째 좋은 약으로 알아 형상의 괴로운 것을 고치게 하라…. 그런고로 음식으로 의약^{醫藥}을 삼아 나날이 좀 부치는 듯하게 먹어야 하니 이러므로 족^足한 줄을 아는 자는 수저를 들면 늘 약을 먹는 것같이 생각하라.

이 내용은 음식과 약은 같은 것(식약동원食藥同源)이라는 데에 근거를 두고 있으며, 소식小食으로 병을 고칠 수 있다고 여겼던 것으로 보인다.

◆ 다섯째 도업을 이루어 놓고서야 이 음식을 받아먹을 것

군자는 먹는 사이에 어진 마음을 어기는 일이 없으니, 저 군자는 한갓 아무 공덕도 없이 나라의 녹^祿을 먹지 않는다 하니, 이를 이름이다.

빙허각이 술과 음식을 논하는 부분에서 "사대부간 음식을 먹을 때 다섯 가지를 생각하라."를 따로 항목에 넣은 까닭이 어디에 있을까? 그가 살았던 영정조대와 순조 연간은 탕평책의 시행에도 노론과 소론, 벽파와

시파의 정쟁政爭으로 옥사獄事가 계속되었던 시대였다. 그의 시댁인 달성達成 서씨徐氏 집안의 몰락도 그 때문이었다. 또한 조선 후기로 오면서 관리들의 부정부패가 일상화되고, 반상班常의 법도가 무너지는 속에서 일반 백성들의 삶이 피폐해진 것이 현실이었다. 빙허각은 자신의 경험을 통해 그런 사회적 책임이 사대부의 안일과 탐욕에 있다고 보았다. 그런 까닭에 사대부가 먹는 것은 백성의 고혈을 먹는 것이라고 표현했던 것이라 생각한다.

◆ 규합 가운데 어찌 인재 없으리오

중황자 이르되, 인재가 위로 다섯이 있으니 신인神人, 진인眞人, 도인道人, 지인至人, 성인聖人이요, 다음 다섯은 덕인德人, 현인賢人, 지인智人, 선인善人, 변인이요, 가운데 다섯은 공인, 충인忠人, 시인詩人, 달인達人, 예인禮人이요, 아래로 다섯은 소인小人, 능인能人, 상인上人, 중인中人, 우인愚人이라 하니, 규합閨閤 가운데 어찌 인재人才가 없으리오. 성후聖后 현비賢妃이며, 숙녀淑女·열부烈婦와 효절예행孝節禮行과 충의忠義 지략知略이며 재색才色 선불仙佛의 대략大略을 열거하여 봉임칙繼紝則에 붙인다. 《규합총서》, 권지卷之 2, 봉임칙, 부열녀록

빙허각은 규합, 즉 여성 중에도 인재가 많다는 것을 알리기 위해 열녀록을 덧붙인다고 밝히고 있다. 물론 열거한 299명의 대부분이 중국인이고 우리나라 여성은 신사임당과 난설헌蘭雪軒, 논개論介, 옥봉玉峯 등 9명에 불과하다. 그 이유는 빙허각의 독특한 인재론에서 찾을 수 있다. 일반적으로 여성은 현모나 열녀, 효녀라는 이름 속에서만 뛰어남을 인정받을 수 있었다. 그런데 빙허각은 효부孝婦 9명, 효녀孝女 7명, 열절烈節 28명,

모교母敎 11명을 열거하고, 그외는 다양한 재능을 가진 여성들을 소개했다. 충의忠義에 20명을 넣은 것은 여성도 나라를 위한 충성심이 남성에 못지않다는 것을 강조하고자 했던 것으로 보인다. 또한 지식知識에 18명을 소개한 내용 중에는 "여회청이 재물을 흩어 백성을 보전하다."라고 하여 재물을 값있게 쓴 것도 재능이라고 보았다.

한편 의기義氣 10명 중 세 가지 경우는 겸손하여 적처嫡妻를 공경하다, 정성으로 전 자식을 감동시키다, 전 사람 딸의 죄를 대신한다고 하여 정실부인이나 전처의 자식에 대한 극진한 대우를 의로운 행위로 보았다. 빙허각이 이들을 숙덕淑德이나 예행禮行 부분이 아닌 의기義氣에 넣은 것은 숨은 뜻이 있다고 생각한다. 위에 거론한 세 경우는 여성이 지켜야 할 덕목 이전에 인간적인 유대紐帶와 정情으로 의義를 실천했다고 보았던 것이다.

처첩妻妾의 갈등은 조선시대에 끊임없이 발생했던 사회문제 중 하나였다. 이혼의 사유가 되는 칠거지악七去之惡 중 하나로 '투기가 심한 경우'를 꼽은 것도 그 때문이다. 조선 후기에 사대부 여성들의 필독서였던 〈우암선생계녀서尤庵先生戒女書〉, 《여범》, 《사소절》 등은 처와 첩에 대해 '투기하지 말고 가도家道를 화평케 할 것'을 훈계하고 있다. 그러나 이는 어디까지나 가부장적 남성 중심의 시각에서 강요하는 것에 지나지 않았다. 사회적인 대우와 권리 행사에서 처와 첩을 차별하고 그 자식들에게까지 신분이 세습되며, 재산상속에도 엄청난 차등을 두었던 것이 현실이었다. 더구나 첩의 자식인 서얼庶孼은 벼슬을 할 수도 없었다. 그런 상황에서 첩은 끊임없이 신분상승을 위해 정실과 갈등할 수밖에 없었고, 본처는 자신의 기득권을 지키기 위해 첩과 대립하게 되었던 것이다. 따라서 처첩의 갈등은 조선 후기에 널리 읽힌 가정소설의 주된 소재로 등장하게 되었다. 처첩의 갈등은 사대부 양반뿐 아니라 일반 백성들도 마찬가지였던 것으로 보인다. 조선 후기의 민중예술인 '동래야유'나 '강령탈춤' 대목 중에는 처첩 갈등을 드러내놓고 표현하고 있다.

한편 문장文章은 16명을 열거했는데 '경서經書를 제帝에게 전하다'는 내용을 소개함으로써 여성의 학문도 높은 경지에 이를 수 있다고 깨우치고 있다. 서예는 8명을 따로 언급했는데, 신사임당을 소개했다.

또한 17명을 열거한 재예才藝에는 그림을 잘 그리는 것, 음악에 능한 것, 시를 잘 짓는 것 외에도 비단을 잘 짜는 기술, 베를 능숙하게 짜는 것, 바느질을 잘 하는 것, 꽃을 잘 가꾸는 것도 넣었다. 빙허각은 가정 안에서 하는 여성들의 일도 솜씨가 뛰어나면 훌륭한 재능이 된다고 보고 여성의 자존의식을 고취시키고자 했던 것으로 이해된다.

검협劍俠 8명을 소개한 것은 여성도 남성처럼 용맹성을 발휘할 수 있다는 것을 보여주고 있다. 그외에 여불女佛, 승니僧尼 등에서 부처의 어머니 마야부인이나 불경佛經을 한문으로 번역한 구마라습의 모친 출가出家를 언급한 까닭은, 진리를 구하고 도를 행하는 데에 남녀의 구별이 없다는 것을 표현하고자 했다고 생각한다. 그리고 여장女將, 봉후여자封侯女子, 집정여자執政女子, 남자 소임所任 여자 부분은 여성도 남성의 영역인 무관武官의 일이나 역사책을 저술하고 정사政事에 참여하여 관직에 진출할 수 있는 능력이 있음을 여성들에게 자각시키고자 했던 것이다.

그런데 특이한 것은 여선女仙을 38명이나 열거하고 있다는 사실이다. 그 내용은 신선이 된 여성들의 일화인데, 주로 글과 경전을 외거나 덕을 쌓아 신선이 되어 날아다녔다는 다소 황당해 보이는 것들이다. 또한 '금단을 먹고 신선이 되다'라고 하듯 단약丹藥에 대한 언급이 일곱 군데나 된다. 도교道教의 경전인《포박자抱朴子》(4세기에 서진西晉의 갈홍葛洪이 지은 책)에는 "단사丹砂를 재료로 한 연금술을 통하여 환단금액還丹金液이라는 약이 완성되면 하늘을 날 수 있다."는 구절이 있다. 단약은 신선이 되는 약이라고 알려져 있다. 일반적으로 신선사상은 도교의 발생과 관련이 있다고 한다. 그러나 신선사상은 주로 민간신앙이나 설화, 소설 등을 통해 구전口傳하면서 명맥을 유지했다. 그러다 사회가 혼란해지고 민생이 불안정한 시대가 되면 신선사상은 새롭게 각광을 받는데, 특히 현실 정치에 염증을 느낀 재야 선비들에게 신선사상은 탁한 세상에서 자신을 깨끗이 보존하는 방편이 되었을지도 모른다. 또한 기아와 역병에 시달리는 민중들은 배고픔도 없고 죽지도 않는다는 신선에 대한 이야기로 삶의 애환을 덜었을 것이다.

빙허각이 신선에 대해 특별한 관심을 가졌던 이유는 아마도 시할아버지인 서명응의 영향 때문일 것이다. 시조부 서명응은 도가道家철학에 정통하여《노자》의 주역서를 저술하기도 했다. 빙허각은 서명응의《고사신서》를 많이 참조한 만큼 그의 저술을 거의 숙독熟讀했으리라 짐작한다.

한편 조선 후기에는 〈전우치전〉, 〈최고운전〉, 〈서화담전〉 등의 신선소설이 유행했고, 박지원과 정약용도 각각 〈김신선전金神仙傳〉과 〈조신선전曹神仙傳〉을 지었다. 물론 박지원과 정약용은 실학자의 입장에서 비판적인 관점을 내보였으나, 이는 상대적으로 신선에 대한 민중들의 관심이 높았다는 반증이기도 하다.《사기》에는 예부터 발해 동쪽에 삼신산三神山(금강산, 지리산, 한라산)이 있어 신선이 산다고 했다. 그래서 청나라 관리들도 봉래산(금강산)에 대한 관심이 많았다고 한다. 조선 후기에 사대부는 물론 일반 백성들에게까지 유행했던 금강산 유람은 이상향理想鄕에 대한 염원이 간절했기 때문이었을지도 모른다.

조선 후기의 민화나 여성들의 십장생 수繡도 신선사상의 반영이었던 것이다.

〈열녀록〉은《규합총서》에서 빙허각의 여성의식이 가장 명료하게 드러나는 부분이다. 즉 고대로부터 다양한 재능을 지닌 여성이 많았다는 사실을 열거함으로써 여성의 주체성과 자존의식을 고취시켰던 것이다. 충효는 물론 의리를 지키고 민생을 구하고 진리를 찾는 일에 남녀 구별이 있을 수 없다는 인식은 후대 여성들에게 많은 영향을 끼쳤음이 분명하다.

◈ 자연과 조화를 추구했던 여성 실학자의 생활철학

《규합총서》에서 의생활을 다룬 봉임칙은 여성 실학자로서의 면모가 두드러지게 나타나는 부분이라 할 수 있다. 그 내용은 바느질이나 길쌈, 수선繡線 , 염색, 다듬질하는 법, 세탁하는 법에 관한 것이다. 그러나 단순히 방법을 알려주는 것이 아니라 역대 문헌을 고증하여 재료의 이름과 유래를 밝히는 등 과학적인 근거를 들어 설명을 했다.

또한 자연의 이치인 천문天文과 오행五行 철학의 지식을 실생활과 접목시켰다. 이는 그 자신이 자연과의 조화를 추구하는 생활철학을 가졌기 때문일 것이다. 이 때문에 옷을 재단하는 경우도 길일을 택하여 알려주고 있다. 길일은 육십갑자六十甲子를 기준으로 하면 두 달 중 갑자일甲子日을 비롯하여 26일이 해당하고, 따로 좋은 날의 기준을 추가했다.

빙허각은 '팔괘침八卦枕'에서 팔괘八卦의 방위方位에 따라 색실을 고르게 했다.

노인은 순색純色이 좋되 젊은이의 것은 색실로 하거든 감중련坎中連은 검은빛이요, 이허중離虛中은 진홍이요, 진하련震下連은 푸른빛이요, 태상절兌上絶은 흰빛이요, 곤삼절坤三絶은 분홍색을 하여야 각각 그 방위 빛으로 격에 맞는다.

팔괘八卦는 복희씨伏羲氏가 천문지리를 관찰하여 처음 만들었다고 하며 중괘 64괘로 길흉화복을 점쳤다. 빙허각은 복희씨의 뜻을 계승한 문왕의 팔괘를 기준으로 한 것이다.

문왕의 팔괘는 봄·여름·가을·겨울을 진震(동쪽, 청색) 리離(남쪽, 진홍) 태兌(서쪽, 흰색) 감坎(북쪽, 검은색)으로 배치했다. 그리고 동남쪽을 손巽, 서북쪽을 건乾, 북동쪽을 간艮, 남서쪽을 곤坤괘로 했다. 따라서 곤삼절은 흰색과 진홍색의 가운데 방위이므로 분홍색이 되는 것이다.

봉임칙에는 다양한 염색법을 소개하고 있는데 기본사상은 오행의 상생相生(木生火·火生土·土生金·金生水·水生木)과 상극相剋(金剋木·木剋土·土克水·水剋火·火克金)을 기본으로 했다. 그리고 염색은 꽃이나 풀, 잎, 뿌리 등을 이용한 천연재료를 이용했다. 다듬이질과 세탁하는 법도 각각 옷감의 성질에 따라 달리하고, 식물이나 먹는 재료를 사용하여 옷감이 상하지 않고 변색을 막을 수 있게 설명했다.

한편 '동짓날 보선본을 뜨고 쓰는 글'에는 바느질을 하면서도 시어른에게 효도하는 마음을 가질 것을 가르치고 있다.

《수양총서》에 동지에 양기를 받으면 사람에게 유익하다 한 고로, 옛날 아낙네가 동짓날 보선을 지어 시어른께 효도하여 그 양기를 밝게 한 고로, 늘 보선본을 동짓날 떠 지으면 좋다 하고, 후위後魏 최하녀의 말명襪銘(버선에 새긴

글)이 있으니, 이르되

　양기는 땅으로부터 오르고 (陽昇於地)

　날은 하늘에 길었더라 (日永於天)

　길이 큰 복을 딛고 (長履景福)

　억만 년에 이르리로다 (至于億年)

동지는 일 년 중 가장 밤이 긴 날로 음기가 가장 왕성한 날이다. 이날 이후 해(日)가 점점 길어진다. 그러므로 동지에 양기를 받으면 유익하다는 것은 자연의 이치로 볼 수 있다.

◈ 돈은 귀신을 부리고 사치풍조는 유행하며 노비는 도망가고

　아들은 낳고 싶으니 무당과 미신이 성행하다

빙허각이 살았던 18, 19세기에는 몇몇 문벌의 관직 독점으로 대부분의 사대부는 경제력을 잃게 되었다. 관직이 있어도 지방의 목민관牧民官으로 가거나 정쟁政爭으로 유배를 가는 일이 많아 경제적인 문제는 여성의 몫이 되었다. 그러므로 양반가 여성은 가사 외에도 부업을 하여 생계를 유지하는 일이 일상화 되었다. 18, 19세기의 대표적인 야담집野談集인《계서야담》,《동야휘집》,《청구야담》에 보이는 여성 치산담治産談은 당시의 현실을 그대로 반영한 것이라 할 수 있다.

　19세기의 규방가사閨房歌詞로 유명한 〈복선화음가福善禍淫歌〉는 김씨 부인이 몰락한 양반 집에 시집을 가서 갖은 고생 끝에 재산을 모아 집안을 일으킨다는 내용이다. 19세기로 오면 여성의 덕목이 부덕이 아니라 치산治産에 있었다고 해도 과언이 아닐 정도이다. 그러나 대부분의 여성들은

입에 풀칠하기가 버거운 실정이었다.

《사소절》에는 선비의 아내가 생계를 위해 부업을 하는 것은 부녀자의 수공手工의 한 가지라 했다.

선비의 아내는 집안의 생계가 가난하고 궁핍하면 약간 살아갈 도리를 마련하여 일을 하는 것이 안 될 것도 없다. 길쌈을 하고 누에를 치는 일은 진실로 그 근본이 되는 일이요, 심지어 닭과 오리를 치고 장醬과 초와 술과 기름을 사고팔고, 대추·밤·감·귤·석류 등을 잘 간수했다가 때를 기다려 내다팔며 홍화·자조·단목·황벽·검금·남청 등은 무역하여 모으고, 도홍·분홍·송화·황유·녹초록·천청·아청·작두자·은색·옥새 등 여러 가지 물들이는 법을 배워 알면 이는 생계에 도움이 될 뿐 아니라 역시 부녀자의 수공手工의 한가지이다.

위의 내용을 보면 빙허각이 길쌈을 비롯하여 기름 짜는 법과 염색법, 누에치기, 뽕 기르기와 실과實果나무를 심고 따는 법을 상세히 적은 의미를 알 수 있다. 이는 모두 여성들의 부업에 꼭 필요한 내용이기 때문이다. 누구보다도 그 자신이 늘 곤궁한 살림살이를 했던 탓에 그 중요성을 잘 알고 있었을 것이다. 당시에는 이러한 부업으로도 생계가 어려워 급한 경우에는 돈놀이꾼이나 질옥質屋(전당포)을 이용하는 일도 많았다. 박지원의 소설 〈광문자전〉에 그런 광경이 묘사되어 있다.

돈놀이꾼들은 대체로 머리장식품(비녀 등)이나 구슬 비치옥 또는 옷가지(의관), 그릇, 집, 농장, 노비 등의 문서를 저당잡고서 밑천을 계산하여 빌려주었다.

《규합총서》에는 '전보錢譜'라는 대목이 나온다. 돈의 유래와 역사를 설명한 끝에 돈의 위력을 언급하고 있는 것이다.

돈 전자錢字를 양과쟁일금兩戈爭一金이라 하니 돈이 있으면 위태로운 것을 편안케 할 수 있고 죽을 사람도 살리는 반면, 돈이 없으면 귀貴한 사람도 천賤하게 하고 산 사람도 죽게 하니, 이런 고로 분쟁하송忿爭辨訟이 돈이 아니면 이기지 못하고, 원구혐한怨仇嫌恨이 돈 아니면 풀리지 못하는 고로 가로되 돈이 있으면 가히 귀신을 부리리라 하니, 하물며 사람이랴. 돈이란 날개 없되 날고, 발이 없으면서도 달리는 것이다.

이미 돈의 위력은 조선 후기부터 극성을 부리기 시작했던 것이다.

한편 《규방총서》에 족두리 만드는 법이 나와 있는데, 족두리는 영조의 '가체금지령'에서 사용을 권장했다. 18세기에는 여성들 사이에서 가체加髢(보통 다래라고 한다)가 유행했다. 가체는 머리 위에 동여매서 머리 모양을 내는 가발로 그 값이 수십 금에서 수백 금까지 했다. 가난한 집 부녀자들은 집과 논을 팔아 머리 모양에 쓰는 물건을 살 정도였다. 반면에 머리를 잘라 돈을 구하는 여성들도 많았다. 이에 영조 32년 정월 '가체금지령'이 내려진다.

사족士族 부녀의 가체를 금하고 속명 족두리로 이를 대신하게 한다. 요즈음 사대부가의 사치가 날로 성하여 부인의 가체에 곡식 백 금을 소비해 가면서… 서로 본받기를 되도록 높고 크게 만들려고 하므로 이를 금한다.

그러나 가체 대신 족두리를 화려하게 장식하기 시작하여, 이 역시 8년 만에 백지화되었다. 그리고 정조 12년에 '가체신금절목'이 만들어져 쪽을 짓거나 족두리로 하되 보석의 장식은 금한다고 했다.

한편 《규합총서》에는 감응경感應經이라는 대목이 나오는데 그중 특이한 것은 도망하는 사람을 찾는 법에 대한 내용이다. 그 내용의 일부를 풀이하면 다음과 같다.

　도망하는 사람이 스스로 돌아오는 법은 도망한 사람의 옷과 치마를 우물 가운데 드리워 두면 스스로 돌아오고, 도망한 사람의 머리털을 불의 위에 걸고 두르면 갈 바를 알지 못하여 돌아오고, 도망한 사람의 성명을 써 대들보에 거꾸로 붙이고 그 신을 쑥으로 석장을 떠서 뒷간에 매어둔즉 오래지 아니하여 스스로 돌아온다.

그런데 국립도서관본 《규합총서》에서는 '도망한 종(奴) 찾는 법'이라고 되어 있는 것을 보면 도망간 노비에 대한 내용임을 알 수 있다.

조선 후기에 중요한 사회문제 중 하나가 추노推奴사건이었다.

18, 19세기는 신분 변동이 가장 급격하게 이루어져 양반과 중인, 양인과 천인의 신분제가 붕괴되어갔다. 대구지방의 경우 19세기 중엽에는 전체 호의 70%가 양반 호가 되고 노비 호는 1.5%밖에 없다는 기록이 보인다. 물론 노비가 납속納粟, 군공軍功 등으로 신분상승을 한 경우도 많지만 도망을 하는 것이 대표적인 방법이었다. 지방 양반가문의 호구단자戶口單子와 분재기分財記에는 사노비 도망에 대한 기록이 끊임없이 보인다. 이러한 노비의 도망은 일차적으로 양반가문의 재산상 손실이 되었다. 반면에 도망한 노비 중에는 자신을 찾아간 주인을 살해하는 일도 발생했다. 영조

14년 우의정 송인명宋寅明이 영조에게 추노와 노비의 살주殺主에 대해 거론하는 기록이 있다.

근래 빈궁한 양반의 추노는 비리가 많습니다. 매년 재년災年을 당하면 반드시 추노를 금함은 진실로 백성으로 하여금 안업安業하게 하려는 뜻에서 나온 것이지만, 노비의 법은 이로 인하여 점차 무너져 심지어 살주殺主의 변이 일어나 강상綱常에 관계되니 이것 역시 우려됩니다. … 상인喪人 조성인趙姓人의 정상을 보니 그 집의 조, 자, 손 3세가 일시에 노속천도奴屬賤徒에게 죽음을 당했다고 합니다. 《영조실록》 권48, 영조 14년 12월

노비의 도망과 추노는 조선 후기의 야담이나 소설에도 많이 등장하고 있다. 따라서 가정경제를 전담하던 양반가 여성은 노비의 도망을 염려하지 않을 수 없었으니, 빙허각이 '도망하는 종 찾는 법'이라는 항목을 둔 것은 바로 그 때문이다.
한편 '청낭결靑囊訣'에는 해산달 이전에 여자 아이를 남자 아이로 만드는 법(末及産月轉女爲男法)'이라는 항목이 보인다.

동남쪽의 매화나무가지로 새 도끼자루를 지아비가 장일에 친히 만들어 임산부의 상 아래 칼날이 위를 향하게 하여 사람이 보지 못하게 한다.… 활시위를 허리에 띠기를 백 일을 하면 딸을 바꾸어 아들 되기 천만千萬이나 된다. … 수탉의 긴 꼬리 두 줄기를 침상 아래 몰래 두면 즉시 아들이 된다.…
대개 아기 될 때 좌우가 각각 나뉜다 하니 여태女胎가 바뀌어 남태男胎 될 리 있으리오만, 의서醫書에 정녕히 기록했고, 시속時俗에 또한 경험한 사람이 있음에 쓰긴 쓰되, 만일 담이 크지 못한즉 한밤중에 놀라 도리어 태가 흔들

리기 쉽고 또 백회에 죄인이 될까 두렵다

이러한 전녀위남법轉女爲男法은 《동의보감》 이후 전통적으로 행해졌다고
한다. 조선시대 사람들은 태아의 성별을 바꿀 수 있다고 믿었던 것이다.

빙허각이 세간에 전하는 비방秘方을 소개한 까닭은 무조건 속설俗說을
맹신하지는 말라는 경계의 뜻이 담겨 있다. 그러나 아들을 원하는 부녀
자들의 절실한 심정을 이해하는 듯 민간에 전해지는 비방을 다음과 같이
소개했다.

본초本草에 이월 정해일丁亥日 복숭아·살구꽃을 따, 그늘에 말려 무자
일戊子日 물에 섞어 조금씩 이레 동안 세 번 먹으면 아기 있어 아들 낳는다
했다.

당시에는 기자祈子 습속이 널리 유행하여 서울 인왕산의 선바위나 자
하문 밖의 기자암祈子岩에는 부녀자들의 발걸음이 끊이지 않았다고 한다.

한편 '술수략術數略'은 집의 방위方位와 길흉을 가리고 택일 등 주거와
관련된 내용을 적고 있는데, 이는 집안에 무당이나 박수를 부르는 미신
에 빠지지 않도록 하기 위함이었다.

조선 후기는 계속되는 전염병과 질병, 기아 등으로 민심이 불안하여
무속이 성행했다. 따라서 집안의 안녕을 기원하는 안택굿을 10월 상달이
나 정초에 하는 집이 많았고, 우환이 생기면 무당이나 소경을 불러 경經
을 읽게 했다. 이에 과학적이고 실증적인 것을 추구하는 빙허각은 무속
에 빠지는 것을 방지하고자 '술수략'을 지었다고 추측된다.

◆ 용의 형상으로 비를 내리게 기원하다

갑을일甲乙日에 일장一丈 팔척八尺을 만들어 중앙에 세우고 소룡小龍 일곱 길이 넉 자짜리를 만들어 동방에 동향東向하여 큰 용을 둘러 그 사이가 떨어지기 여덟 자 되게 하고, 어린애 여덟을 자계自戒 3일 후 푸른 옷을 입혀 삼시三時로 춤추게 한 후, 수탉과 돼지꼬리를 살라 북문과 저자 가운데 묻고 빈다.

《규합총서》, 청낭결, 기우방

빙허각이 기우방祈雨方이라는 내용을 병을 다스리는 '청낭결靑囊訣'에서 언급한 것은 중요한 의미가 있는데, 조선 후기에는 기근과 전염병에 관한 문제가 심각했기 때문이다. 기근은 가뭄과 관련해서 발생했고, 18세기 말엽에서 19세기 전반기에 가장 심각했다고 전해진다. 특히 《규합총서》가 완성되는 1809년에는 전국적인 기근으로 굶는 사람이 840만 명 정도라는 기록이 보이는데, 이는 당시의 총 인구를 1,600만 명으로 추정할 때 절반이 넘는다.

일찍이 조선조에서 기우제는 연중행사로 행해졌지만 조선 후기로 오면 국가적 차원뿐 아니라 각 동네와 집집마다 지내게 되었다. 그리고 그 방법도 여러 가지였다. 맹인 무당에게 독경讀經을 시키거나 용을 그리거나 용의 형상을 만드는 것, 동자童子들을 동원하여 물병에 버들가지를 막거나 물독에 도마뱀을 넣고 비를 내려달라고 물독을 두드리는 것 등이었다. 그중에서도 용이 비를 내리게 하는 동물이라 하여 용을 이용한 모습이 가장 널리 쓰였다.

정약용의 《목민심서牧民心書》에는 "지금 수령들이 가뭄을 만나서 명령하면 짚풀로 용을 만들고 주토朱土를 쌓아 아이들의 무리에게 이것을 끌고 다니게 한다."고 하여 당시의 기우제 지내는 광경을 묘사하고 있다.

한편 18, 19세기의 기근에 이어 유행했던 전염병으로 영조 연간에 23만 명이 죽고, 정조 연간에는 13만 명이 죽었다는 기록이 나온다. 가뭄이 들고 나면 뒤이어 홍수가 발생하고 다음으로 전염병이 휩쓰는 일이 몇 년마다 반복되었다는 것이다. 따라서 비변사에서 직접 전염병에 대한 대책을 마련할 정도로 심각한 사회문제로 대두되었다. 조선 후기의 학자들이 의학에 많은 관심을 갖게 된 것도 이러한 이유에서였다. 정약용이 《마과회통》에서 종두법을 소개한 것이나 이제마李濟馬(1838~1900)가 《동의수세보원》을 지은 것도 민생에 대한 문제의식에서 출발했다고 보인다.

빙허각이 '청낭결'에서 구급법과 잡다한 질병에 대한 처방, 여러 가지 독毒에 대한 해독법, 짐승에게 물렸을 때 등을 상세히 밝혀 놓은 것도 같은 맥락에서 이해할 수 있을 것이다.

'청낭결'의 내용 중 뒷간의 파리 없애는 법, 쥐 없애는 법, 바퀴 없애는 법, 우물 속의 벌레 없애는 법, 가축의 병을 고치는 법 등은 전염병 예방을 위한 위생에서 기본적인 것들이다.

◈ 단지를 하여 피를 먹이고 절명사를 짓다

한편, 빙허각은 남편 서유본徐有本(1762~1822)과 평생지기로서 경서經書를 논하고 시를 주고받으며 어려운 살림살이에도 돈독한 부부애를 갖고 살았다. 서유본은 재주가 뛰어났고 글을 잘했지만 관운官運이 따르지 않았던 것 같다. 36세(1798)에 성균관 시험에서 우수한 성적으로 큰 상을 받았으나 부친 서호수가 죽자 삼년상을 치르게 되었다. 1805년 종9품으로 첫 벼슬길에 올랐으나 1806년 숙부 서형수徐瀅修가 옥사에 연루되어 집안이 몰락한다(1801년 순조가 즉위하자 정순왕후를 중심으로 한 경주 김씨 노론 벽파는 이가환, 정약용 등의 남인 시파를 축출하려다 김달순 등이 안동 김씨의 탄핵을 받게 되었다. 서형수는 김달순 옥사사건에 연루되어 유배를 가고, 벽파는 정권에서 밀려나게 되었다). 이후 서유구는 향리로 유배되고 서유본은 거처를 삼호三湖 행정杏亭으로 옮겨 독서와 저술에만 몰두했다. 삼호는 현재어느 곳인지 이견異見이 분분하나, 이규경李圭景의 《오주연문장전산고五洲衍文長箋散稿》에서 마포를 삼호라고 부른다고 기록되어 있다. 이덕무의 손자였던 이규경은 서울에 살면서 서유본과 교유했다고 전한다. 서유본은 한가한 세월 속에서 빙허각과 학문적 동반자로, 훌륭한 외조자의 역할을 했던 것으로 보인다.

서유본의 《좌소산인문집左蘇山人文集》에는 《규합총서》를 이름 짓게 된 연유緣由가 시詩로 표현되어 있다.

산에 사는 아내는 벌레나 물고기에 대해 잘 알고,
촌가를 경영經營함에도 성글지 않네.
밝은 달빛과 갈대밭에서 함께 꿈에 들고,
'입택笠澤'을 좇아 총서를 엮었네.

이 시를 보면 서유본이 아내의 박식함과 알뜰한 살림솜씨를 자랑스럽게 생각하면서 가난함 속에서도 여유를 가졌음을 알 수 있다. 시의 주註에, "나의 아내가 여러 책에서 뽑아 모아서 각각 항목별로 나누었다. 산에 사는 일용日用의 살림살이에 요긴하지 않은 것이 없고, 더욱이 초목·새·짐승의 성미에 대해서는 아주 상세하다. 내가 그 책 이름을 명명하여 《규합총서》라고 했다." 빙허각은 시댁의 영향으로 명물학名物學에 많은 관심을 갖게 되고 각종 문헌을 통한 고증으로 《규합총서》를 완성하게 되었던 것이다.

《규합총서》를 완성하는 데 누구보다 많은 도움을 주었던 사람은 남편 서유본이었다. 그는 부친 서호수의 영향으로 기하학幾何學, 역학曆學, 상수학象數學, 율려학律呂學 등을 연구했던 대학자였다. 당대의 불우한 천재 천문학자였던 김영金泳에게 보낸 편지에는 "중국이 자기 땅을 기준으로 자기 나름의 분야가 있듯이 조선은 조선대로 한양을 중심으로 분야를 표시해야 한다."고 하여 자주적 인식을 가졌던 인물이다. 또한 박지원朴趾源 (1737~1805)이 보낸 편지의 내용을 보면 서유본의 학문 정도와 됨됨이를 엿볼 수 있다.

그러나 내 음허陰虛한 병을 앓아서
발등과 복사뼈가 아픈 지 네 해.
적막히 지내다 그대를 만나니
얌전하기 마치도 아가씨 같네.
시 이야기 잘하는 광정匡鼎이 와서
몇 밤을 등불 심지 잘라냈던고
문장을 논함은 내 생각 같아
술잔 잡은 두 눈동자 반짝였지
…
원컨대 그대여 본바탕을 지키고
원컨대 그대여 교만함을 버리라.
원컨대 그대여 젊은 날 노력해
힘쏟아 이 나라를 바로잡으라.

위 내용은 5언 92구, 460자에 달하는 장시로 되어 있는 편지 중 일부이다. 당대 최고의 문장가였던 박지원은 서유본과 25년의 나이 차이가 있었음에도 서로 교유하며 밤새 학문을 논했다. 그만큼 박지원은 젊은 서유본과의 만남을 기뻐하며 각별한 정을 나누었다는 사실을 알 수 있다. 그 정도로 서유본의 문장도 대단한 수준에 있었던 것이다. 이렇듯 문장가였던 서유본은 가난한 살림을 꾸려가던 아내를 위해 시로 위로를 해 주었다.

> 북두칠성 동쪽을 가리키니 꽃은 이슬에 젖는데
> 봄날의 푸른 대지는 벌써 아름다움을 발하는구나.
> 새벽닭은 퍼덕이며 정나라 선비를 본받는데
> 소 등의 멍석을 보고 울다가 왕장王章을 생각하며 웃는다.
> 누에를 공들여 키우며 고치 세 번 뽑을 때를 기다리는데
> 누룩술의 맛에 꽃은 무르익어 온갖 향기가 나는구나.
> 가난한 살림이라 시름겹다 말하지 마오.
> 맑은 마음으로 진실을 지니는 것이 진정한 선방仙方이니.
>
> 서유본《좌소산인문집左蘇山人文集》권1 '복첩전운시내자復疊前韻示內子'

그리고 시 밑에는 "아내는 해마다 양잠을 쳐 비단을 만들었고 온갖 꽃으로 술을 빚어 나에게 주었다."라고 주註를 달았다. 서유본과 빙허각은 가난한 생활 속에서도 서로를 이해하는 친한 벗이자 동반자로서 부부애를 나누었던 것을 알 수 있다.

1822년 서유본이 갑자기 앓아눕게 되자 빙허각은 음식을 끊고 손가락을 잘라 피를 먹이기도 했다. 그리고 남편이 죽자 〈절명사絶命詞〉를 짓고 곡식도 입에 대지 않고 폐인처럼 지내기를 일 년 반이 되었다. 1824년 정초에 빙허각은 갑자기 주위 사람들에게 "남편이 나를 기다리고 있다." 말하고 한 달 후 66세의 나이로 세상을 떠났다.

〈절명사〉는 그렇듯 자신의 재능을 알아주고 학문을 격려해주던 남편에 대한 고마움과 애절함을 자신의 목숨을 버려서라도 갚겠다는 의리를 표현하고 있다.

사는 것은 취한 것이요 죽는 것 또한 꿈이리니, 생사는 본래 참이 아니라네. 몸을 부모님께 받았거늘, 무슨 이유로 티끌처럼 여기는가?

태산과 홍해는, 의義를 따라 변하는 것이라네.

내 혼인할 적 마음 생각하니, 세속의 인연만은 아니었네.

아름다운 우리 짝 금란지교金蘭之交 겸한 지, 이미 50년을 가꾸었네.

나를 좋아해주는 이를 위해 단장함은 모르나, 지기知己의 은혜는 보답할 수 있으리.

이제 죽을 자리를 얻었으니, 오롯한 마음으로 신에게 물을 수 있네.

목숨을 버려 지우知遇에게 사례하리니, 어찌 내 몸을 온전히 하리오.

서유구《풍석전집楓石全集》중〈절명사絶命詞〉

위의 내용으로 보면 빙허각과 남편 서유본은 평등하면서도 애틋한 정을 나누었다는 사실을 알 수 있다. 금란지교金蘭之交는《역경易經》에 나오는 말로 "두 사람의 마음이 같으니 그 예리함이 금석을 자를 수 있고, 같은 마음에서 나오는 말은 그 향기가 난蘭과 같다."는 뜻이다.

빙허각은 집안의 몰락 후 직접 차밭을 경영하고 양잠을 하면서도 항상 전당포에서 받은 전당표를 지니고 있을 정도로 궁핍한 생활을 했으나 남편을 믿고 따랐다고 한다. 평생을 경제력 없이 지낸 남편이지만 빙허각에게는 가장 가깝고 소중한 인연이었던 것이다. 3남 8녀를 두었지만 총명했던 둘째 아들이 11세에 죽고, 몇 년 후 결혼한 장남이 후사 없이 요절한 뒤 6명의 딸도 죽었다. 그리고 두 딸은 출가했다.

이런 고통의 세월을 같이 겪었던 남편마저 죽자 그의 절망은 극에 달했을 것이다. 그는 서씨 집안의 선산이 있는 경기도 장단군長湍郡에 남편과 같이 합장되어 있다. 장단의 옛 이름은 좌소左蘇로 서유본의 호이기도 하다.

빙허각 이씨는 《규합총서》를 통해 여성 실학자로서의 학문적 성취를 생활 속에서 실천했던 여성이다. 그가 살던 시대에는 여성으로서 학문을 하는 것이 결코 쉬운 일이 아니었지만 평생을 학문에 정진했던 것은 무엇보다 빙허각 자신의 강건한 성품과 의지와 열정이 있었기에 가능했다. 그가 후대에 이름을 남길 만한 점은 자신의 학식과 경험을 담아 많은 여성들의 실생활에 현실적인 도움이 되도록 노력했다는 사실에 있다.

그는 평생을 가난한 살림살이를 운영하면서도 가정을 다스리고 차밭을 직접 경작할 만큼 진취적이고 생활력이 강했다. 누구보다도 여성에 대한 이해가 깊었기 때문에 여성으로서 주체의식을 강조했다. 그 때문에 《규합총서》는 단순한 가정백과 이전에 18, 19세기 사회, 특히 여성들의 핍진한 삶을 이해하는 데 훌륭한 길잡이가 된다고 생각한다.

자신이 공부한 학문을 민생의 삶을 위해 유용하게 써야 한다는 사상이 실학자들의 공통된 인식이었다. 여성 실학자 빙허각의 삶은, 오늘을 살고 있는 우리 여성들이 지향해야 할 것이 무엇인가에 대한 또 하나의 지표가 되리라 본다.

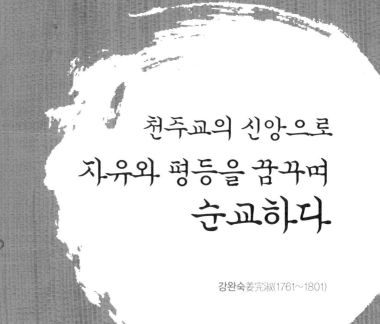

천주교의 신앙으로
자유와 평등을 꿈꾸며
순교하다

강완숙姜完淑(1761~1801)

◆ 우리는 옷을 입은 채로 죽기를 청한다고 상관에게 알리시오

18, 19세기의 사회적 변동 속에 유포된 천주교 신앙은 전근대적 지배질 서를 위협함과 동시에 새로운 인간관을 정립시키는 사상적 토대가 되기도 했다.

천주교는 이승훈李承薰이 북경에서 영세領洗를 받은 지 10년이 지난 1794년경에는 신도가 4,000여 명이나 되었고, 1795년 주문모周文謨 신부가 서울에 도착하고 몇 년 후에는 1만여 명에 이르렀다고 한다. 황사영黃嗣永은 '백서帛書'에서 그중 부녀자가 3분의 2나 된다고 했다. 신도수는 정부의 공식적인 금압조치에도 "금禁하면 금할수록 널리 퍼져나가며, 씨앗이 떨어져 또 다른 씨앗을 내듯"(《승정원일기》, 순조 1년 2월 9일조) 한결같이 늘어가기만 했던 것이다.

1801년(순조 1년) 정월 10일 천주교를 반역죄로 다스리라는 사학邪學 엄금교서가 내려져 신유박해辛酉迫害가 시작되었다. 300여 명 이상 목숨을 잃은 이 사건은 이가환과 권철신의 옥사, 이승훈·최필공·홍낙민·홍교만 등의 참수, 은언군(정조의 이복동생이자 철종의 아버지)의 부인 송씨와 며

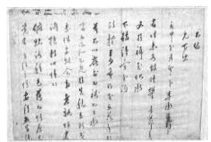

이승훈의 간찰.

강완숙 초상화.

느리 신씨의 죽음을 가져왔다. 그리고 많은 순교자 맨 앞에 강완숙이 있었다.

달레(Dallet)의 《한국천주교회사》에는 강완숙의 순교에 대해 다음과 같은 내용이 기록되어 있다.

5월 23일 순교자 9명이 서소문 밖으로 끌려 나가 참수되었고 이중 5명이 양반집 부인들로서… 주문모에 대해 심문을 하고 여섯 차례나 무서운 주리를 틀어도 강완숙은 입을 열지 않아 형리들이 자기들끼리 "저건 여자가 아니라 귀신"이다 하고 말할 지경이었다. 그리고 천주교가 하느님에게서 오는 것임을 끊임없이 주장하며 노자를 비롯한 유명한 철학자들의 글에서 증거를 끌어내어, 자기 말을 뒷받침했다. 관리들도 감탄하여 "유식한 여인네, 비길 데 없는 여인네"라고 표현하고 기가 막힌다고 말했는데… 5월 23일

서소문 밖.

서소문 공원.

강완숙(골롬바)과 동료 4명이 수레를 타고 형장으로 끌려갔다. 길을 가는 동안 그들은 기도하고 서로 격려하며 하느님의 찬미를 노래하기를 그치지 않았다. 군중은 그들의 얼굴에 거룩한 기쁨이 빛나는 것을 보고 놀랐다. 형장에 이르러 골롬바는 사형을 주재하던 관리에게로 몸을 돌려 말했다. "법에는 사형을 받아야 하는 자들의 옷을 벗기라고 명해졌으나, 여자들은 그렇게 다루는 것이 온당치 않을 것이니, 옷을 입은 채로 죽기를 청한다고 상관에게 알리시오." 그 허락이 내려져 예수 그리스도의 거룩한 배필들은 크게 만족했다. 그때 골롬바는 십자호를 긋고 맨 먼저 머리를 형리에게 내밀었다. 그의 나이 41세였다.

달레는 이 시기에 천주교가 이룩한 진전의 대부분을 강완숙에게 돌리는 것이 마땅하다고 했고, 황사영도 '백서帛書'에서 4,000명의 신도가 1만 명으로 성장한 데에는 "당시 조선 교회의 남녀를 통틀어 그를 따를 공로자는 다시 없다."고 강완숙을 평가했다.

이렇듯 조선 후기 천주교회사에서 뛰어난 여성 지도자로 부각된 강완숙이지만 정작 그 자신이 남긴 기록은 현재까지 찾을 수 없다.

강완숙은 세례명이 골롬바로, 실록이나 공초에서는 거능파巨能巴나 갈륭파葛隆巴로 기록되어 있다. 그는 중국인 신부 주문모에게 영세를 받았고 그를 6년간 숨겨주면서 뛰어난 능력을 인정받아 천주교회사상 최초의 여회장이 되었다. 그리하여 그는 천주교의 신앙을 통해 기존의 봉건적 가치관에서 탈피하여 남녀와 신분의 벽을 넘어 전교활동을 했다.

친정과 시가 사람들 뿐 아니라 왕족이었던 은언군의 부인과 며느리, 궁녀, 비복, 사대부 여성 등 신분의 고하를 막론하고 입교시켰다. 또한 정약종, 황사영 등 남자 교인들과 연계하여 활동함으로써 교회 내 여성의 위상을 높였다. 뿐만 아니라 여신도의 신앙공동체를 통해 여성의 교육과 조직체계를 마련했다.

그는 천주교의 신앙 속에서 자유와 기쁨을 느꼈기 때문에 온갖 위험에 맞서 자신을 내던질 수 있었고, 죽음을 눈앞에 두고도 형리에게 자신의 요구를 당당하게 내세웠던 것이라 여겨진다.

◈ 천주란 하늘과 땅의 주인이라, 교의 이름이 바르니 도리도 틀림없을 것이다

강완숙의 생애는 '황사영백서黃嗣永帛書'와 달레의 《한국천주교회사》에 나타나 있다. 강완숙은 1861년 충청도 내포에서 양반가의 서녀庶女로 출생했다. 황사영백서에는 그의 출신과 입교 과정을 다음과 같이 기록했다.

《사학징의邪學懲義》.

그는 재치 있게 말을 잘하고 강직하고 용감했으며, 뜻과 취미가 고상하여 어려서 방 안에 있을 때부터 이미 성녀聖女가 될 꿈을 품고 있었으나 그 나아갈 길을 몰라 다른 사람들을 따라 염불을 읊었습니다. 10여 세가 되어 지식이 약간 열리자, 불교가 허황하여 믿을 것이 못 됨을 알고 다시는 따르지 않았습니다. 자라서 덕산 홍지영洪芝榮의 후처로 들어갔는데, 남편이 옹졸하고 마음에 맞지 않아서 늘 우울하고 답답했고, 언제나 속세를 떠나고 싶은 생각을 했습니다. 충청도에 처음 성교聖敎가 들어갔을 때 골롬바는 천주교라는 세 글자를 듣고 스스로 짐작하기를 "천주란 하늘과 땅의 주인이라, 교의 이름이 바르니 도리도 틀림없을 것이다."라고 하여 책을 구해 한번 읽어보고는 마음이 기울어져 믿고 따랐습니다.

강완숙의 입교入敎에 대해서는 여러 설이 있으나(황사영은 책을 구해 읽은 것이라 했고 달레는 남편의 친척 바오로라는 사람에게 천주교에 관한 이야기를 듣고 책을 읽은 것이라 했다. 그리고 《사학징의》의 포도청 진술에서 강완숙은 10여 년 전에 예산에 사는 과부 공씨에게서 처음으로 천주교 서적에 대해 배웠다고 했다) 여러 가지 정황으로 보면 남편의 친척을 통해 천주교를 알게 되었음이 분명하다. 그 이유는 강완숙의 시가인 홍지영의 집안과 정약용의 집안은 인척과 학연으로 얽혀져 천주교를 신봉했기 때문이다. 그 가계도를 정리하면 다음과 같다.

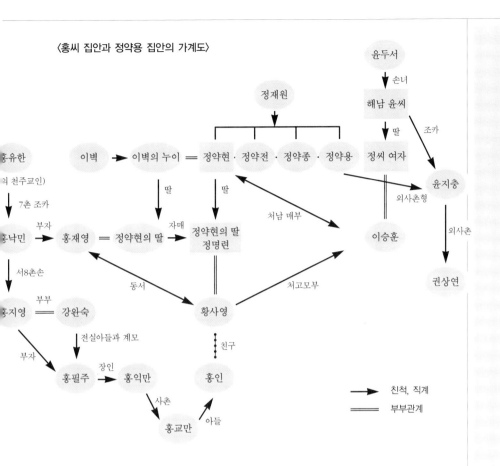

〈홍씨 집안과 정약용 집안의 가계도〉

윤두서
↓ 손녀
해남 윤씨
↓ 딸
정재원

정약현·정약전·정약종·정약용   정씨 여자
이벽 → 이벽의 누이 =

홍유한
(의 천주교인)
↓ 7촌 조카
홍낙민
↓ 부자
홍재영 = 정약현의 딸 → 정약현의 딸
        자매   정명련
↓ 서8촌손
홍지영 = 강완숙
        부부
↓ 부자
홍필주 → 홍익만
        장인
        ↓ 사촌
        홍교만 → 홍인
                아들

황사영
동서
처고모부
처남 매부
외사촌형
이승훈
윤지충
외사촌
↓
권상연

홍인
친구

→ 친척, 직계
═ 부부관계

홍유한洪儒漢(1726~1785)은 이익의 제자로 최초로 천주교 신앙을 실천한 교인이다. 그는 금욕적 생활과 주일기도를 하며 불쌍한 사람들에게 즐겨 자선을 베풀었다고 전해진다. 그의 7촌 조카인 홍낙민洪樂敏(1750~1801)은 신유박해 때 순교했는데, 그의 서8촌손庶八寸孫이 강완숙의 남편 홍지영이다. 또한 홍낙민의 아들 홍재영은 정약현의 딸(이벽의 누이와 정약현 사이에서 낳은)과 혼인하여 정약용에게는 조카사위가 되는 것이다. 또한 정약현의 딸 중 한 명은 황사영과 혼인했으니 황사영과 홍재영은 동서지간이 되었다. 그리고 이벽李蘗(1754~1786)과는 처외삼촌이 되는 것이다. 한편 정약용의 모친은 윤두서의 손녀이고 조카가 윤지충이니 정약용과는 외사촌이 된다. 또 이승훈의 아내는 정약용의 누이로 이승훈과 정약용은 처남 매부 사이가 된다.

황사영은 강완숙의 시가 쪽 친척인 홍재영과 동서지간이어서, 같은 교인으로서 강완숙과 긴밀한 연계를 맺을 수 있었던 것으로 보인다. 황사영은 1801년 신유박해가 일어나자 신앙의 자유를 강구하기 위해 비단 위에 청원서請願書를 써서 북경 주교에게 보내려고 했으나 관에 압수되어 능지처참을 당했다. 그 내용은 당시 교회의 박해 상황과 국내 정치 상황, 신유박해로 주문모 신부가 참수되고 많은 순교자가 발생한 연유와 함께 군함을 동원해서라도 박해를 금해달라는 것이었다. 이른바 황사영백서 사건이다. 이를 계기로 천주교에 대한 탄압은 더욱 극심해지게 되었다.

◆ 축첩을 반대하고 동정童貞과 순교를 강조한 천주교

강완숙이 비록 양반가의 서녀로 출생하여 다시 서족庶族인 홍지영의 후처로 시집을 갔다 해도 경제적으로 풍족했고 시집 식구들과도 잘 지냈다고 한다. 그런데 그는 왜 남편과의 결혼생활을 버리고 또 가진 재물을 아낌없이 쓰면서까지 위험을 무릅쓰고 천주교 신앙에 매달렸던 것일까? 그리고 많은 여성이 가족관계를 끊으면서까지 천주교 신앙을 신봉했던 이유는 어디에 있을까? 신유박해 때 강완숙과 그의 교우들이 보여준 행위는 마치 고대 로마시대의 순교자의 모습과 흡사한 것이었다. 무엇이 그 여성들로 하여금 생명을 던지면서까지 천주교 신앙을 지키게 만들었을까?

강완숙은 어려서부터 총명하고 학문적 지식을 갖추고 있었기 때문에 자신이 서출로 태어나 서족의 후처로 가는 현실에 대해 깊은 절망감을 느꼈을 것이다. 또한 가부장적 질서 속에서 남녀차별에 대한 반발도 강했던 것으로 보인다. 〈동국교우상교황서東國敎友上敎皇書〉에 그 부분이 언급되어 있다.

어려서부터 성품이 총명하고 지혜로우며 빼어났고 고매했다. 일반 사람들과 달리 성품이 강직했고 정직했으며, 도리가 아닌 일에 물들지 않았다… 강완숙은 세태가 즐거움이 없음을 보았고, 또 여자의 몸은 할 일이 없음을 보고서 세상을 버리고자 하여 남자 옷을 짓기도 했다. 강완숙이(남장 여인) 비록 실천하지는 않았지만, 그 본성을 알 만하다.

위의 내용을 통해서 강완숙이 천주교를 신봉하면서 투철한 신앙심으로 남다르게 전교활동에 몰두한 일면을 알 수 있다. 그는 천주교의 남녀평등적 가치관을 통해 자신의 역할을 찾았으며, 남자 교인들과의 교회활동을 통해 사회적 존재로서의 충분한 보상감을 가졌으리라 짐작된다. 물론 천주교를 구세救世의 종교로 받아들였기 때문에 어떤 위험도 감수했던 것은 사실이다. 그래서 체포되어 심문을 받았을 때도 "천주학을 배워 스스로 믿었으니 형벌을 받아 죽더라도 조금도 후회가 없습니다."라고 당당하게 진술했던 것이다.

한편 가장 먼저 천주교 신앙을 받아들인 여성들은 남인 집안 출신들이었다. 한국 천주교 성립의 선구자로 알려진 이벽李蘗(1754~1786)의 첫 부인이었던 유한당柳閑堂 권씨(권철신의 조카딸)가 《천주실의天主實義》, 《칠극七克》 등을 한글로 번역했다는 사실은 천주교가 학문의 대상에서 신앙적

차원으로 발전하고 있음을 보여주는 대목이다.

그런데 《천주실의》와 《칠극》에는 여성들의 현실적 문제인 결혼관과 축첩제, 신앙과 효도에 대한 새로운 윤리관이 나타나 있다. 인간에 대한 존중과 남녀평등이라는 천주교의 사상은 전통적 가치관 아래 신음하던 많은 여성들에게 새로운 세상을 펼쳐주었다. 여성 교인은 영세를 받고 세례명을 받음으로써 비로소 자신의 이름을 얻게 되었는데, 이는 곧 자신의 존재에 대한 자각으로 이어졌다. 개인으로서 여성으로서, 주체성을 찾기 시작한 것이다.

《천주실의》는 마테오리치가 중국에 천주교 신앙을 전하고자 저술한 책으로 1603년 북경에서 처음 간행되었는데, 하느님이 만물의 창조주이며 만물을 다스리는 인격적 존재라고 되어 있다. 또한 인간이 가지고 있는 영혼의 고귀함을 말하고 있다. 그리고 인간의 존엄성과 평등성을 주장했고, 또한 인간에게 부여된 자유의지의 목적이 천주와 이웃에 대한 사랑에 있음을 밝혀주었다. 한편 후사後嗣를 핑계로 축첩하는 것에 대해 비판하면서, 후사의 유무가 부모에 대한 효가 아님을 주장했다.

> 필부匹夫가 있어 스스로 무사無嗣함이 불효됨을 알고 여러 첩을 취하여 늙도록 자식 많이 낳고 다른 선善은 칭할 것이 없어도 가히 효자되라.《천주실의》

한편 당시 교인들이 널리 읽었던 《칠극》은 판타호(서반아 출신의 예수회 신부)가 지은 책으로 인간의 죄를 분석하고 죄를 극복하는 데 목적을 두었다.

조선시대 여성들에게 가장 고통을 준 문제가 축첩제도였다. 남존여비 사상 속에서 남성들은 후사를 얻는다는 핑계로 첩을 두는 것을 당연시했다. 그러나 첩의 자식들은 남성의 경우 관직에 진출할 수 없었고, 여성은 서출 집안의 남성과 결혼하거나 후실이 될 수밖에 없었다. 천주교는 남녀평등과 함께 일부일처제를 주장하여 결혼의 신성함을 강조했다.

천주는 처음에 천지를 만들 때 일남과 일녀를 만들어 만인의 시조始祖로 했다. 《칠극》, 인수분노이극질투仁愛忿怒以克嫉妬 제2론인애지덕第二論仁愛之德

천주가 육신을 만들 때 생명을 전하는 능력을 줌과 동시에 영혼을 주어 절제할 수 있는 규범을 주었다. 수절守節은 선善을 행하는 것이고 과절過節은 악惡을 행하는 것이다. 일부일처는 자연 정도正道이다. 외행外行은 사음邪淫으로 부부의 심중에 악사樂思가 있으면 수족手足이 불결하여 대죄大罪를 면하기 어렵다. 《칠극》, 정결이극사음貞潔以克邪淫 제4

따라서 천주교인은 첩을 둘 수 없고 또 첩도 될 수 없다는 주장이었다. 달레의 기록에 의하면 원야교보라는 교인이 주문모 신부를 만나러 가서 성사를 받고자 했다. 그런데 주문모 신부가 "집에 돌아가면 꼭 첩을 쫓아 보내겠는가. 그대가 분명한 약속을 하면 그대에게 성사聖事를 줄 수 있을 것이고 그렇지 않으면 다시는 나를 보지도 못하리라."라고 하여 그는 집에 돌아가 첩을 내보냈다는 것이다. 천주교에서 축첩을 반대한 사실은 많은 여성들에게 어두운 바다의 등불처럼 느껴졌을 것이다. 천주교가 새로운 윤리관을 제시한 것이다.

그리고 《천주실의》에서 유교와 불교를 비판함으로써 미신이나 기복불교祈福佛教에 빠졌던 여성들을 천주교로 인도하는 길잡이가 되었다.

한편 당시 천주교인들의 평등한 부부관을 보여주는 기록으로 《유한당언행실록儒閑堂言行實錄》의 서문을 들 수 있다. 유한당 권씨의 숙부이며 이익의 제자였던 권철신權哲身(1736~1801)은 다음과 같이 서술하고 있다.

부부는 천지에 비길 수 있는 짝이 될 만한 것이다. 천주가 천지를 만드시고, 천지가 생겨난 후에 비로소 만물이 거기서 났듯이, 부부가 있은 연후에야 거기서부터 오륜이 생겨났다. 즉 부자, 군신, 붕우의 관계가 모두 부부의 인연이 된 후에 생겨나고, 일가친척과 어른, 아이가 다 부부로부터 생겨나고, 만세 자손까지 다 (부부로) 말미암아 생겨났으니 (부부는) 인류의 으뜸이라.

오륜 중에서 부부의 인연을 으뜸으로 인식한다는 것은 기존의 전통적 인간관계, 특히 남존여비의 차별적이고 수직적인 관계를 탈피했다는 의미이다. 그 배경에는 모든 인간의 존엄성과 평등성을 주장한 천주교의 교리와 사상이 숨어 있었다.

천주교는 결혼을 하는 데 가장 중요한 것은 본인의 의사를 존중하는 것이라고 강조했다. 이른바 자유결혼을 주장한 것이다. 이는 가문 간의 결속을 위한 가부장적 결혼 관습을 부정하는 것으로, 전통적 지배질서를 위협하는 요인이 될 수밖에 없었다.

달레의 기록에는 최초의 동정 부부인 유요한(권중철)과 이누갈다(이순이) 부부의 결혼 과정이 자세히 서술되어 있다.

(권중철) 요한의 집은 비록 양반이고 매우 부유했으나 그래도 (이순이) 누갈다의 집안에 비하면 훨씬 낮았다. 게다가 전라도 전주 부근 초남, 즉 서울에서 멀리 떨어져 있어, 큰 양반들이 별로 자리잡지 않은 지방에 살고 있었다.

그래서 주문모 신부는 혼배婚配라는 외관外觀 속에 이 두 마음을 결합시켜 그들 서로의 뜻대로 남매로 지내는 것을 허락할 수 있도록 일을 마무리하는 데 성공했다. 과부인 누갈다의 어머니가 기꺼이 동의하여 혼인은 결정되었다. 이런 일을 알게 되자 집안의 외교인外敎人 친척들은 크게 노했다.

왕손王孫의 집안인 이순이 가문과 지방의 토호인 권중철의 집안은 그 지체가 달라서 혼인을 할 수 없던 시대였다. 그런데 집안의 반대에도 불구하고 결혼을 할 수 있었던 것은 이순이의 모친 권씨도 독실한 천주교인이었기 때문이다. 천주교가 자유결혼에 대한 입장을 공식적으로 밝힌 것은 1857년(철종 8년) 제4대 교구장이었던 베르뇌 주교가 쓴 〈장주교윤시제우서張主敎輪示諸友書〉에서였다.

성교회법聖敎會法에 자식을 강박하거나 모르게 정혼을 못하느니, 부모가 그 뜻을 통한즉 착한 자식이 자연히 따를 것이다. 혹, 별고가 있거든 부모께 고하여 한가지로 의논하여 할 것이니라.

이러한 자유결혼사상이 당시 여성들에게는 또 하나의 복음福音이었으나, 집권층이나 사대부 남성들에게는 사회의 근간을 뿌리째 흔드는 사학邪學으로 간주될 수밖에 없었던 것이다.

한편 《칠극》에서는 칠죄七罪와 칠덕七德에 대해 다음과 같이 언급하고 있다.

탐재貪財는 굳게 잡음과 같으므로 은혜로써 풀고, 오만은 사자의 날뜀과 같음으로 겸양으로 엎드리게 하며, 탐식貪食은 구렁에 빠짐과 같으므로 절제節制로써 막고, 음란淫亂은 물이 넘침과 같으므로 정덕貞德으로 막고, 나태懶怠는 피로함과 같으므로 근勤으로써 책려策勵하고, 질투는 이는 물결과 같으므로 용서로써 평정하고, 노怒는 불이 일어남과 같으므로 인仁으로써 끈다.

이러한 칠죄 중에서 가장 어려운 것을 음욕淫慾의 문제로 보고 이러한 음죄淫罪를 극복하는 것을 정덕貞德이라 했다. 그중에서도 가장 으뜸이 동정童貞을 지키는 것이요, 다음이 과부나 홀아비가 지키는 수절守節이요, 마지막으로 부부 사이에 절도節度를 지키는 것이었다.《칠극》에서 동정을 지키며 독신으로 사는 것을 최우선으로 삼는다는 내용은 전통적인 가족관과는 배치될 수밖에 없었다. 이는 여성 천주교인들 중에 많은 이들이 동정녀로 살면서 신앙공동체를 형성하게 된 사상적 배경이 되었으리라 짐작된다.

한편 정약종이 쓴 교리서〈주교요지主教要旨〉도 언문으로 되어 있어 교인들이 많이 읽었다고 한다.

《주교요지》의 내용 중 3분의 1은 천주의 존재와 천지창조에 대해 설명하고 있으며, 예수의 탄생과 십자가상의 죽음, 그리고 예수의 부활과 승천에 이르는 신구약 성서의 기본 내용을 정리하고 있다. 그리고 마지막으로 천주의 가르침을 열심히 배워 실천하라는 당부를 기록했다. 한편 '천당 지옥에 대하여'에서 다음과 같이 서술했다.

그러므로 이 세상의 착한 이가 간혹 괴로움을 당하고, 몹쓸 놈도 간혹 즐거움을 얻는 것은 그 죽은 뒤를 기다려 상과 벌을 결단하시려 함이니라. (제28과. 천주는 반드시 착한 이를 상주시고 악한 이를 벌주시니라.)

또한 최후의 심판에 대하여도 언급했다.

이때에 이르러서는 그 위엄과 영광이 천지에 진동하여 당신의 지극히 공번되시고 지극히 의로우심을 혁혁히 나타내어 보이시니라. (제39과. 세상이 끝날 때에 천주 예수께서 다시 내려오시어 천하 고금 사람들을 다 심판하시느니라.)

천주는 인간을 평등하게 창조했으며, 현세의 삶이 전부가 아니라는 것. 예수 그리스도는 모든 고통받는 사람들을 위해 십자가에 못박혀 죽었으며 그 부활로 밝은 세상이 온다는 내용은 교인들에게 희망의 횃불이나 다름이 없었다. 또한 《주교요지》에서 강조한 순교사상은 많은 교인들이 모진 악형을 받으면서도 만 번 죽어도 목숨이 아깝지 않다고 하면서 신앙을 지킨 배경이 되었다.

◈ 시어머니와 아들을 천주교인으로 만들고 이웃에게 전교하다

홍지영에게 후처로 시집 간 강완숙의 결혼생활은 그다지 행복하지 않았던 것 같다. 이에 대해 달레는 "그 사람은 극도로 순박하고 조금도 총명한 데가 없어 강완숙은 그와 화합하여 살기가 힘들었고 많은 근심을 겪게 되었다."고 기록했다. 황사영의 '백서帛書'에는 강완숙이 천주교를 깊이 신봉하여 온 집안을 교화시키고 이웃 동리까지 전했는데 홍지영은 아내의 말에 동조하다가도 악한 무리가 헐뜯으면 그들의 말을 믿는 등 주관이 없었다고 전했다. 아마도 강완숙은 믿음이 없는 남편에게 몹시 실망하고 남편을 떠날 생각을 했던 것으로 보인다. 그러나 가족관계에서는 남다른 인내심으로 까다로운 성격을 가진 시어머니를 봉양하고 전실

자식인 홍필주洪弼周(1773~1801)에게도 잘했던 듯하다. 강완숙의 시어머니와 홍필주가 강완숙을 믿고 천주교에 입교했기 때문이다. 홍필주(아명 홍문갑)는 체포되어 심문을 받으면서 "저의 어머니를 따라 사학邪學을 위해 같이 죽겠다."라고 할 정도로 강완숙에 대한 신뢰가 강했던 것이다. 강완숙의 시어머니도 아들인 홍지영보다 며느리인 그를 더 따르고 의지하여, 함께 서울로 이사하여 신앙생활을 하게 되었다.

강완숙이 전교활동을 하던 내포內浦(지금의 홍성) 지방은 충청도의 사도라 불리던 이존창李存昌(1759~1801)이 교세를 확장시킨 곳이다. 홍필주도 포도청 진술에서 이존창에게 사학邪學을 배웠다고 진술했다.

내포 지방은 홍주洪州, 덕산德山, 천안天安 등지에서 양인良人 신도들이 중심이 되어 신앙공동체가 형성된 곳이라 한다. 아마도 홍주와 덕산은 해운海運의 이利를 누렸던 만큼 상업경제가 발달했고 새로운 사상과 종교를 수용하는데도 진취적 경향을 가졌던 곳으로 보인다.

강완숙은 친정 부모와 친구, 친척을 막론하고 가까운 이웃에게 적극적인 전교활동을 펼쳤다. 그것은 그의 뛰어난 언변과 학식뿐 아니라 따뜻한 인간애와 신앙에 대한 열성이 사람들을 감화시켰기 때문이다.

◆ 양반이 천주교를 믿으니 신주를 태우고 제사를 폐하다

1791년(정조 15년) 전라도 진산珍山에서 윤지충尹持忠(1759~1791)이 신주神主를 태우는 일이 발생했다. 그는 정약용의 외사촌으로 1783년 서울 명례방明禮坊(지금의 명동) 김범우의 집에서 정약용의 가르침으로 천주교에 입교했다. 그리고 1789년 북경에 가서 견진성사堅振聖事를 받고 귀국하여 독실한 신앙생활을 하고 있었다. 그런데 모친상을 당하여 위패位牌를 폐

하고 제사를 지내지 않은 것이 관가에 알려져 전주감영에 체포되었다. 당시 국법에는 부모의 신주를 훼손한 자는 시신을 훼손한 자를 처벌하는 법에 따라 참수斬首하도록 되어 있었다. 이때 윤지충의 외사촌인 권상연 權尙然(1750~1791)도 그를 따라 제사를 지내지 않고 있었다. 이 사건은 온 나라를 떠들썩하게 하여 결국 윤지충과 권상연은 처형되고, 이와 관련하여 천주교 교주로 지목받던 권일신은 유배되었다. 그나마 천주교에 대해 정조가 온건한 태도를 취했기 때문에 사건이 더 이상 확대되지 않고 마무리된 것이다. 사건은 신해박해 혹은 진산사건으로 기록되었는데, 그들이 우리나라 최초의 순교자들이다.

신해박해는 강완숙의 일생에 큰 전환점이 되었다. 《사학징의》에 보면 강완숙의 다음과 같은 진술기록이 나타나 있다.

1791(신해)년에 윤지충이 전라감영에 체포되었을 때, 저의 이름자가 죄수의 진술에서 나와서 사서邪書를 수색하여 가져가고, 저의 남편을 잡아다가 집안을 잘 다스리지 못한 죄로 추궁하니, 저의 남편이 저를 쫓아내어 다시 상면上面하지 못했다.

윤지충과 정약용·정약종 형제는 외사촌이었고, 강완숙의 시가인 홍씨 집안의 홍재영(1801년에 순교한 홍낙민의 아들)은 정약용의 조카사위였기 때문에 강완숙과 윤지충은 연계가 있었다. 강완숙은 신해박해 때 홍주洪州목사 앞에 붙잡혀 갔으나 이내 석방되었다고 한다. 그런데 강완숙의 진술대로 그 남편이 일방적으로 쫓아낸 것은 아니었을 것이라 추측된다. 그것은 시어머니와 아들이 강완숙을 따라 서울로 이사를 했고, 별거 후에도 강완숙이 경제적으로 넉넉했다는 사실에서 짐작할 수 있다. 물론 강완숙의 남편이 주관이 없고 총명하지 않은 사람이라 관청에 끌려갔다 왔으니 놀라기도 하고 두려움을 느꼈을 것이다. 그래서 그는 아마도 강완숙과 의논을 하고 별거하기로 합의를 보았던 것은 아닐까? 강완숙은 진술에서 다시는 남편을 보지 못했다고 했으나 이는 사실과 달랐다. 강완숙의 아들 홍필주가 신유박해(1801) 때 진술한 바로는 "지난해 11월에 저의 아버지가 올라왔다가 15일에 내려갔다. 그래서 주가周哥 놈이 그때 나갔는데 거처는 알지 못한다…"라고 했던 것이다. 강완숙은 서울로 이사한 후 주문모 신부를 집에서 6년간 숨겨주면서 교회활동을 했는데, 남편이 서울 집으로 왔기 때문에 주문모 신부를 다른 곳으로 피신시켰던 것이다.

〈동국교우상교황서東國敎友上敎皇書〉에는 강완숙의 별거와 서울 이사에 대한 기록이 나타나 있다.

강완숙은 마음으로 (기혼자로서) 정덕貞德을 지키기를 사모했지만, 남편이 외교인外敎人이어서 바라는 대로 되지 못했다. 후에는 바른 말로 끊어 배척하니 (남편이) 감히 가까이 하지 못했고, 남편은 마침내 첩과 별도로 살았다. 서울에서는 교리가 더욱 밝다는 말을 듣고, 지방에 거주해서는 구령救靈하는 데에 어려움을 생각하고서는 친정집을 찾아뵙겠다고 청탁하면서 행장을 꾸려 다시는 고향에 돌아가지 않았지만, 부모를 권면勸勉하여 변화시켜 모두 선종善終하게 되었다.

◆ 주문모 신부의 입국과 최초의 천주교 여회장 강완숙

강완숙은 시어머니와 아들 홍필주와 같이 1791년 서울로 올라와 처음에는 창동倉洞에서 살다 계동桂洞, 전동典洞(지금의 조계사 근처), 사동寺洞(지금의 인사동), 안국동으로 옮겨 살았다. 그리고 1795년 주문모 신부가 몰래 입국하여 활동한 6년 동안 그를 집에 숨겨주고 교회활동을 조직적으로 펼쳐 나갔다.

초기 교회의 지도자들은 1796년 가성직제도假聖職制度를 만들어 10명의 신도가 신부로 추대되어 미사와 고해성사 등을 집전했다. 그러다 천주교 교리에 대한 연구가 계속되면서 그들은 가성직제도에 관해 북경의 주교에게 문의했다. 그에 대한 답변은 가성직제도가 잘못되었다는 것과 선교사를 파견하겠다는 약속이었는데, 그리하여 1794년 주문모 신부가 국내로 들어오게 된 것이다. 압록강에서 그를 맞은 사람은 지황池璜(1767~1795)으로, 그는 다음해인 1795년 그 사실이 탄로나서 체포된 뒤 윤유일, 최인길과 함께 매를 맞고 옥사했다(을묘박해乙卯迫害).

한편 지황의 아내 김염이는 포도청 진술에서, 주문모 신부의 영입 비용을 강완숙이 전담하여 마련했다고 말했다. 강완숙은 서울로 와서 전교활동을 열심히 하면서 교회 안에서 중요한 역할을 하고 있었던 것이다. 그렇기 때문에 극비리에 추진된 주문모의 밀입국 계획을 알게 되었고, 자신이 적극적으로 나설 수 있었을 것이다.

1795년 주문모 신부는 최인길이 마련한 집에 머물면서 세례와 고해성사를 해주며 전교활동을 했다. 그리고 이를 알게 된 조정에서는 주문모에 대한 체포령을 내렸다. 6월 배교자의 밀고로 관원들이 최인길의 집으로 들이닥쳤다. 역관이었던 최인길이 주문모 행세를 하며 시간을 끄는 동안 강완숙은 주문모 신부를 자기 집 창고 안에 숨겨 주었다. 그는 시어머니와 아들도 모르게 몇 달 동안 주문모 신부에게 음식을 대주었다. 그러나 언제까지 식구들을 속이기는 어려웠을 것이다. 마침내 그는 시어머니의 허락을 얻고자 묘책을 내었던 것으로 보인다. 달레의 기록에는 강완숙이 밤낮으로 울부짖으며 음식을 끊고 잠을 자지 않으며 꼭 죽을 듯이 괴로워하므로 시어머니가 그 까닭을 묻자, 신부가 생명의 위험을 무릅쓰고 왔는데 피신할 곳도 없어 몹시 괴롭고, 자신은 남장을 하고 서라도 다니며 신부를 찾겠다고 하자 시어머니가 강완숙의 뜻대로 하라고 대답했다는 것이다. 이렇듯 강완숙은 위기상황에 대한 순발력과 기지가 뛰어났다. 또한 자신의 목표에 대한 강한 의지력의 소유자였다. 주문모 신부를 안채에 기거하도록 하면서 강완숙은 주문모 신부와 함께 전교활동을 조직적이고 체계적으로 펼칠 수 있었다. 강완숙이 영세를 받고 골롬바라는 세례명을 갖게 된 것도 이때였다. 그리고 주문모 신부는 강완숙을 최초의 천주교 여회장으로 임명했다.

◆ 남녀 유별과 신분제의 관습을 벗어나 자신의 집을 교당으로 만들다

주문모 신부는 강완숙이 보여준 열렬한 신앙심과 적극적인 전교활동, 위기에 대처하는 능력, 깊은 한학漢學 지식 등을 충분히 고려하여 그를 여회장직으로 임명했다고 생각된다. 당대의 사회적 상황으로 미루어 양반가 여성이 자신의 집에 외간남자를 들인다는 것은 상상조차 하기 어려웠던 시대였다. 강완숙은 주문모 신부가 자신에게 중요한 직책을 맡긴 것에 깊은 감동을 받았을 것이며, 따라서 천주의 딸로서 강한 소명의식을 느꼈던 것으로 보인다. 그는 주문모 신부가 상주常住하는 것을 계기로 체계적인 전교활동을 계획했다. 주문모 신부가 행한 중요한 임무는 첨례瞻禮를 올리는 것이었다. 첨례는 미사와 성사聖事, 기도를 포함한 것이라 할 수 있다. 성체성사聖體聖事와 고백성사를 정식으로 할 수 있게 됨으로

써 교인들은 더욱 공고한 신앙생활을 하게 되었다.

《사학징의》의 윤점혜尹占惠 공초供招진술에 의하면, 강완숙의 집에서는 매월 6차에서 10여 차까지 첨례가 있었으며, 이때 각처에서 온 남녀 신도가 모여서 강학講學을 했다고 한다. 윤점혜는 강완숙의 집에서 10년을 살며 동정녀로 신앙을 지키다 신유박해 때 순교했다.

한편 윤점혜의 제부弟夫였던 정광수鄭光受는 당시의 모임에 대해 자세히 진술하고 있다. 그 내용은 홍문갑(홍필주의 아명), 최해두, 이용겸, 김백심, 홍익만, 강완숙, 윤점혜, 홍문갑의 비녀婢女 소명·정임 등이 사흘 밤낮에 걸쳐 첨례와 강학을 했다는 것이다. 또한 겨울에는 주문모 신부를 자신의 집에 맞아들여 이 사람들과 수일 동안 첨례와 강학을 했고, 최해두·조이수 등과는 세 집의 담을 터놓고 지내면서 한집이 되어 주야로 같이 학습했다고 한다. 또 홍문갑의 집에 가끔 가서 주문모 신부에게 수학했다는 이야기도 털어놓았다(《사학징의》, 정광수 공초).

정광수의 진술은 당시 남녀 교인들이 한자리에서 첨례와 교리공부를 함께 했다는 사실과 함께, 초기 천주교인들의 신앙심을 엿볼 수 있는 대목이다. 그들에게는 천주의 같은 자매·형제라는 의식이 먼저였고, 천주교에 대한 박해는 이들의 공동체 의식을 더욱 강화시켰던 것으로 여겨진다. 따라서 남녀칠세부동석이라는 인습은 깨어질 수밖에 없었다. 여기에 큰 역할을 한 사람이 강완숙이었다. 그는 정기적인 첨례 외에 교회 업무를 위해 사대부가의 남성들과 회의를 하고 내왕했는데, 그들은 최필공·최필제·최창현·이용겸·김백심·황사영·최인철·김계완 등 교회의 핵심 인물들이었다. 또한 강완숙은 공초에서 정약종·정약용·권철신 등과도 수시로 편지를 주고 받았다고 진술했다. 강완숙의 남성 사대부들과의 교유는 교회활동에서 남녀의 구별이 없음을 실천적으로 보여주는 행위였다. 그는 또 남녀 교인 간의 연계고리 역할을 했던 것으로 보인다. 이러한 강완숙의 활동은 교회 안에서 남녀 간 업무 분담을 효율적으로 함으로써 교세를 확장시키는 요인이 되었다고 보인다. 주문모 신부와 역관 최창현崔昌顯 등이 교리서 등을 번역하면 강완숙, 한신애, 윤점혜 등 양반가 여신도들이 서적에 대한 비용을 부담하고 제작된 책들은 정광수의 집에서 판매했다. 그리하여 그 수익금을 교회경비에 보탰다.

한편 강완숙은 남녀를 막론하고 교인 개개인의 생활을 잘 파악하여 남녀 교인 간에 도움이 필요할 때 능히 중개 역할을 했다. 궁중 나인으로 있던 문영인이 집에서 쫓겨 나왔을 때 강완숙은 정약종의 집을 두 달 동안 빌려 쓰도록 주선했고, 황사영이 피신처를 부탁했을 때는 김연이의 집에 숨을 수 있게 해주었다. 강완숙은 교회 내에서 여회장으로서뿐만 아니라 남성 교인들에게도 믿음직한 지도자로 신망을 얻었던 것이다.

◆ 위험을 무릅쓰고 폐궁의 왕족 여성들을 입교시키다

주문모 신부의 주도로 명도회明道會가 창설되면서 천주교의 교세는 날로 확장되었다. 명도회는 최초의 평신도 단체로서 초대회장은 정약종이었으며, 입회 규정이 엄격했다고 한다. 주문모 신부는 명도회의 장소로 여섯 곳을 지정했는데 이를 육회六會라 했다. 육회는 홍문갑·홍익만·김매행·현계흠·황사영 등의 집이 이용되었고, 회원은 3, 4명에서 5, 6명 정도로 남녀별 모임을 열었다. 명도회의 회장 정약종은 신자들을 위한 교리서 《주교요지主敎要旨》를 저술하여 교리 교육에 도움을 주었다. 명도회 활동은 모두 교인의 증가를 불러왔는데, 그중 3분의 2는 여성이고 3분의 1은 천민이었다. 이는 강완숙의 열성적인 전교가 큰 역할을 했다고 한다. 강완숙은 친인척뿐 아니라 자신의 비녀婢女, 이웃의 여성들에게 적극적인 전교를 펼쳤다. 그의 전교에 대한 남다른 사명감과 적극성은 왕족 여성들을 입교시킨 사실에서도 잘 드러나 있다.

당시 폐궁 경희궁에는 정조의 이복동생인 은언군恩彦君의 부인인 송씨와 며느리 신씨가 유폐되어 있었다. 은언군이 역모 혐의에 연루되어 강화도에 유배된 처지였기 때문이다. 강완숙은 송씨와 신씨를 전교하기로 결심했다. 교인들은 그들의 입교가 노론 벽파에게 정치적 빌미를 줄까 봐 반대했으나 강완숙은 주문모 신부를 모시고 궁으로 가서 송씨와 신씨에게 영세를 주도록 했다. 왕족 여성들의 입교 소식은 궁중 나인들과 사대부가 여성들의 전교에 큰 영향을 주었다. 한편 법적으로 양반 여성들은 역모 이외에는 크게 죄를 따지지 않았던 점도 양반 여성들의 입교를 활발하게 했다.

◈ 함께 모여 살며 신앙과 전교활동을 펼치는 여성 교인들

강완숙의 활동 중 가장 독보적인 것은 여성들을 중심으로 한 신앙공동체이자 생활공동체를 운영했다는 사실이다. 강완숙을 비롯한 여러 여성들은 함께 생활하면서 신앙적으로 결속되었고, 이는 전교활동의 발전을 가져왔다. 또한 여성들은 교리 공부를 통하여 교육을 받음으로써 지식을 획득함과 동시에 자신의 삶을 주체적으로 꾸리게 되었다. 그러한 주체의식이 인습적인 여성관에서 벗어나게 했고, 신앙을 위해 목숨을 던지는 순교행위에 이르도록 했다.

당시 강완숙은 의지할 데 없는 여성들을 자신의 집에 머무르게 하면서

주문모 신부 초상화(1752~1801). 세례명은 야
고보. 최초로 조선에서 선교활동을 하다 신유
사옥 때 순교했다.

교리를 가르치는 한편 교회의 일을 돕
도록 했다.

《사학징의》에 나타난 복점福占 혹은
복금福金이라 불렸던 강완숙의 비녀가
진술한 바에 의하면, 여성들의 교육을
담당하며 주문모 신부를 보필했던 윤
점혜가 10년간 기거했고, 부모와 남편
이 죽어 의지할 데 없던 김흥년은 5년
간 머물면서 강완숙을 도왔다. 과부인
김순이도 의복을 만들면서 함께 지냈
고, 김월임은 6년간 바느질하는 일을
도우며 지냈다. 정광수의 누이 정순매도 같이 기거하면서 교회일을 했다.

한편 여성 교인들은 신앙생활과 경제적인 협력을 위하여 여러 곳에서
공동체 생활을 했다. 김희인金喜仁과 김경애金景愛는 공동으로 집을 구입
하여 7, 8명이 함께 살았는데, 이들은 시가나 친정으로부터 재산을 상속
받았을 것이라 추측한다.

또한 당시 여성 교인들 중에는 상업에 종사하는 경우도 있었는데, 《사
학징의》에 따르면 실장수, 김치장수, 주막집 운영, 침선, 유모, 물장수
등 다양한 직업을 가졌다. 그 외 궁중 나인인 강경복姜景福, 문영인文榮仁,
손경의孫景儀 등도 매월 일정한 봉급을 받았던 직업여성이었다. 이는 당
시 여성들의 경제활동이 점차 늘어가는 현실을 반영하는 것이기도 하지
만, 다른 면에서 보면 여성이 경제력을 가졌다는 현실이 신앙을 주체적
으로 선택할 수 있었던 배경이 되었을 것이라 보여진다.

◆ 결혼을 거부하는 동정녀들에게 교리공부를 시키다

강완숙의 집에 거주하거나 왕래하며 교리를 배운 여성 교인 중에는 과부 뿐만 아니라 동정녀들이 많았다. 《사학징의》에 나타난 이들이 받은 죄목은 거의가 같았는데 총체적인 표현으로는 상풍패속傷風敗俗이라 하여 단죄斷罪했다. 풍속을 손상하고 망친다는 뜻이다. 그 구체적인 내용 중 몇 가지를 거론하면 다음과 같다.

여성이 가출하여 서울로 상경하는 것, 천주학에 깊이 빠지는 것, 결혼하지 않은 것, 결혼하지 않은 처녀가 과부를 사칭하는 것, 남녀가 안방에 모여 동석하는 집회를 가진 것, 거리를 돌아다니며 이집 저집 떠돌아다니는 것, 세례를 받고 본명을 가지는 것, 주문모 신부에게 영세를 받은 것, 천주학을 강론하며 미친 짓으로 유혹하는 것 등이다.

이러한 죄목들은 동정녀들이 남성 중심의 유교사상을 위협하는 동시에 가부장적 가족질서를 파괴하는 존재로 간주되었다는 것을 말한다. 그 중에서도 가장 큰 죄로 취급된 것이 무혼無婚 행위였다.

조선시대에 여성은 후손을 두고 제사를 받들어야 하는 의무가 있고, 그것은 효를 실천해야 여성의 도리였다. 그러므로 여성이 결혼을 거부한다는 것은 가족윤리 뿐만 아니라 국가 지배질서에 정면으로 도전하는 범죄행위였다. 게다가 동정녀들끼리 모여 공동으로 생활했다는 사실은 천주교를 '사학지도邪學之道', '고혹사도蠱惑邪道' (악한 기운으로 유혹하는 간사한 도) 라는 죄명을 씌우기에 충분했던 것이다. 당시 동정녀들에 관한 기록이 《사학징의》에 나타나 있는데, 대표적인 인물이 윤점혜 · 문영인 · 정순

약현성당. 사적 제252호로 가장 오래된 성당이며 중림동 성당이라 불림. 1801년부터 서소문 밖 네거리에서 순교한 순교자를 기리기 위해 세워졌다.

매·이아가다·김경애 등이다.

윤점혜를 심문한 내용에는 동정녀에 대한 당시 관리들의 인식을 엿볼 수 있다.

너는 비록 고향에서 스스로 떠나 떠돌았지만, 그 근본을 돌아보면 분명히 양반의 서족이다. 어떤 마음보로 몸은 처녀이면서 너의 동생인 윤운혜와 공공연히 집을 떠나 길거리를 바삐 돌아다녔는가?… 당초 다른 사람에게 시집을 가지 않고 과부라고 칭하는 것은 사학하는 여자의 상투적인 예이다.… 남녀의 혼인은 인간의 대륜大倫이다. 겨우 묘년의 젊은 일개 여자가 이러한 미풍과 양속을 해치는 행동을 한 것은 틀림없이 결혼하지 않고도 결혼한 것처럼 행세했다. 이 어찌 천지간에서 용납될 수 있겠는가?《사학징의》

윤점혜는 신유박해 때 순교한 동정녀 중에서도 강완숙과 비교될 정도로 활약이 뛰어났던 여성이다. 그는 1795년에 순교한 윤유일尹有一의 사촌누이로 정광수의 처형이기도 하다. 집을 떠나 신앙생활을 위하여 강완숙을 찾아갈 만큼 천주교에 대한 믿음이 강했고, 강완숙과

《추안급국안》 조선시대 의금부에서 중죄인을 심문한 공초 기록.

함께 기거하면서 주문모 신부에게 영세를 받았다. 그는 강완숙과 함께 동정녀를 교육시키는 데 큰 역할을 했다고 알려져 있다.

한편 궁중 나인이었던 문영인은 동정녀로서 최초의 순교자가 되었는데, 그녀의 나이 26세 때였다. 모친의 권유로 입교했고 강완숙의 청으로 정약종의 집을 두 달간 빌려 쓰도록 해주는 등 교회활동에 적극적이었다. 그는 온갖 회유에도 굴복하지 않아 혹독한 형벌을 받고 강완숙과 함께 참수되었다.

정순매는 정광수의 누이로 스스로를 허가許哥의 아내로 행세하며 강완숙의 집에서 함께 살았다. 그는 체포되었던 죄인 중 가장 혹독한 형벌을 받았으나 끝까지 신앙을 지키다 25세의 나이로 순교했다.

이아가다는 양근楊根(지금의 양평) 지방에서 부모님을 모시고 살다 동정을 지키고자 고향을 떠나 서울 윤점혜의 집에 머무르게 되었다. 윤점혜와는 같은 양근 사람이었기 때문이다. 이후 그는 자유롭게 신앙생활을 하며 전교활동을 하게 되었다.

김경애는 동정녀이면서 허가와 결혼했다가 과부가 되었다고 행세했다. 그리고 김희인과 돈을 합쳐 집을 사고 과부들과 공동생활을 했다. 김

경애의 가장 큰 죄목은 동정을 지켜 처녀로 살았다는 것이고, 이로써 신유박해 때 처형되었다.

황사영은 '백서'에서 강완숙이 "처녀들을 많이 모아 가르쳤고, 그것이 끝나면 그들에게 집집마다 찾아다니며 사람들에게 천주님을 믿으라고 권고하도록 했고 자신도 역시 두루 다니며 전교하기에 밤낮을 가리지 않으니 편히 잠자는 시간이 없었다."라고 기록했다.

당대 여성 교인들의 활발한 전교활동은 주문모 신부의 강론을 듣고 교리서를 통해 공부함으로써 사회와 자아에 대한 새로운 발견을 하게 되면서 비롯되었다고 볼 수 있다. 그 뒤에는 강완숙이라는 여성 지도자의 눈부신 활약이 있었다.

◈ 옥에 갇혀서도 전교를 하며 아들의 배교를 막다

1801년 2월 24일 강완숙, 윤점혜를 시작으로 여성 교인들도 체포되었다. 26일에는 이승훈 등이 서소문 밖에서 참수를 당하면서 천주교 박해는 가속화되었다. 3월에 폐궁에 숨어 있던 주문모 신부가 자수를 하고 은언군의 부인 송씨와 며느리 신씨에게는 사약이 내려졌다. 강완숙은 괴수로 지목되면서 온갖 악형을 받았으나 주문모 신부의 행방을 밝히지 않았으며 오히려 형리들에게 천주교의 교리를 설명하며 전교활동을 멈추지 않았다. 또한 감옥 안에서 신앙이 흔들리는 아들 홍필주에게 영원한 천당복天堂福을 생각하라고 격려하여 그의 배교背教를 막았다. 강완숙은 옥에서 주문모 신부가 죽었다는 소식을 듣고 자신의 치마폭을 찢어 주문모 신부의 행적을 기록했으나 여교인의 소홀로 없어졌다고 한다. 강완숙과 교인들은 옥에서도 기도를 하며 평온하게 죽음을 준비했다.

《순조실록》에는 강완숙을 지극히 간악하고 요사스럽다거나 여류들의 괴수, 혹은 하늘이 낸 요녀라고 기록하고 있다. 이는 조선왕조의 위정자爲政者의 입장에서 본 시각이다. 그와 반대로 천주교회의 역사 속에서 강완숙은 위대한 여성 순교자였다. 그런데 중요한 사실은 강완숙의 전교활동이 많은 여성들에게 남녀평등의 가치관을 지향하며 신분 차별을 넘어서는 데 큰 영향을 미쳤다는 점이다. 그는 또 신앙을 위해 독신을 고수하는 여성들에게 교리공부를 시킴으로써 여성에게 교육의 기회를 제공했으며, 여성들의 신앙과 경제적 자립을 위해 공동체생활을 주도하여 여성의 주체의식을 확장시키는 역할도 담당했다.

강완숙은 자신이 선택한 신앙을 위해 일생을 불꽃처럼 살다간 인물이다. 그러면서 남성 중심의 신분제 사회 속에서 신음하던 많은 여성들의 어둠을 밝혀주던 또 다른 등불이었다.

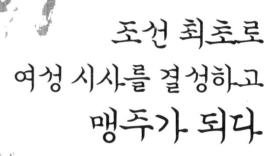

조선 최초로
여성 시사를 결성하고
맹주가 되다

김금원金錦園(1817~?)

◈ 여성 시사의 맹주 김금원

19세기에 최초로 여성 시사詩社를 만들고 맹주 노릇을 했던 김금원金錦
園은 고전문학사에서 여성문학의 위상을 새롭게 한 인물로 조명받고 있
다. 그는 스스로 호를 금원錦園이라 지을 만큼 자의식이 강했고, 병치레
를 자주 하던 병약한 몸으로 14세에 남장을 하고 금강산까지 갔다 올 정
도로 의지와 실천력을 지닌 여성이었다.

김금원의 정확한 생몰연대는 알 수 없으나 그가 남긴《호동서락기湖東
西洛記》에 유람을 떠난 나이가 14세였다는 사실로 미루어 1817년(순조 17)
에 출생했음을 알 수 있다.《호동서락기》는 호서湖西의 4군에서 시작하여
관동 팔경과 금강산을 거쳐 한양까지 유람한 내용과 김덕희金德喜의 소실
로 의주에서 보낸 2년, 용산 삼호정시사三湖亭詩社의 모임을 열고 시작詩作
활동을 한 내용을 기록한 저술이다. 1850년에 간행된《호동서락기》에는
김금원의 인생관과 여성의식, 민족의식과 함께 시작詩作 활동에 대한 뚜
렷한 작가의식이 분명하게 드러나 있다. 이를 통하여 우리는 학식과 재
능이 뛰어났던 한 여성이 남녀차별적인 신분제 사회의 질곡 속에서 어떻
게 자신의 삶을 주체적으로 꾸려갔는가를 엿볼 수 있다.

원주에서 출생한 김금원은 자신을 한미寒微한 집안의 딸이라고 밝히고, 한때 원주 기생 금앵錦櫻이었다가 이후 규당학사奎堂學士 김덕희의 소실이 되었다고 썼다. 서녀庶女였으리라 짐작되는데, 그의 아우 경춘瓊春이 소실인 것도 그 때문이었을 것이다. 그러나 경제적으로는 유복한 편이었던 것으로 보인다. 몇 달 동안 유람을 하려면 그 경비가 만만찮을 터이고, 처음에 수레를 타고 출발했다는 내용이 서술되어 있기 때문이다.

◈ 규방閨房에 깊이 지내어 그 총명과 식견을 넓히지 못한 채 끝내 사라져버린
   다면 어찌 슬프지 않으리오.

김금원은 《호동서락기》에서 "부모님이 부녀자의 일을 힘쓰게 하지 않고 글자를 가르쳐 주어 깨우치게 했고 몇 년 안 되어 경서와 사서를 약간이나마 통달했다."라고 밝히고 있다. 실제로 《호동서락기》를 보면 김금원의 학식과 빼어난 문장력이 물 흐르듯 하다는 것을 느낄 수 있다. 그렇듯 타고난 재능을 지녔던 김금원이 평생의 한으로 느꼈던 것은 남자로 태어나지 못했다는 사실이었다. 그래서 남장을 하면서까지 남자들도 하기 어려운 명승지 유람을 떠났고, 금강산과 한양까지 돌아보게 되었다.
《호동서락기》에는 자신이 여자의 몸으로 유람을 하게 된 이유를 조목조목 밝히고 있다.

만약 여자라면 규문閨門 밖으로 나가지 않고 오직 술과 음식을 만드는 일을 의논하는 것이 옳다고 했으나, 옛날 문왕과 공자·맹자의 어머니에게는 성덕聖德이 있고 또 성자를 낳아 이름이 만세에 드러났다. 이와 같이 혁혁赫赫하게 일컬을 수 있는 사람은 전혀 없거나 어쩌다 있을 뿐이지만 어찌 여자

《소학대전》.

가운데 무리 중 뛰어난 자가 유독 없을 수 있겠는가. 다만 규방에 깊이 지내는 탓에 그 총명과 식견을 넓히지 못한 채 끝내 사라져버리는 것이니 어찌 슬프지 않으리오.《호동서락기》

　　김금원의 이 글은 조선시대 사대부들의 필독서였던《소학小學》의 내용을 정면으로 반박하고 있다.《소학》에서는 "궁실을 짓되 남자는 밖에 거처하고 여자는 안에 거처하여, 집안 깊숙이 문을 굳게 닫아 문지기가 지켜서, 남자는 안에 들어가지 않고 여자는 밖에 나오지 않는다."라고 했기 때문이다. 금원은 여성이 이름을 떨치지 못한 것은 예부터 여성이 집 밖에 나서는 것을 금하여 남성들처럼 능력을 개발할 기회가 없었기 때문이라고 생각했던 것이다.

　　한편 그는 사람으로 태어나고 우리나라와 같은 문명국에 태어난 것은 다행이라 하면서도 여자로 태어난 것과 한미寒微(보잘것없다는 뜻)한 가문에 태어난 것은 불행한 일이라고 밝히고 있다. 하지만 그렇다고 해서 주어진 현실에 순종하며 살지는 않겠다는 뜻을 공자의 일화를 빌어 강하게 표현하고 있다.

　　하늘이 기왕에 총명한 재주를 주셨으니 문명한 나라에서 일을 성취할 수 없단 말인가. 기왕 여자로 태어났으니 집안 깊숙이 문을 닫아걸고 경법經法을 삼가 지키는 것이 옳은 것인가. 기왕 한미한 집안에 태어났으니 형편을 좋아 분수껏 살다가 이름조차 없이 사라지는 것이 옳은가… 아직 결혼하지 않은 이 나이에 강산의 좋은 경치를 돌아다녀보며 '증점曾點의 일'을 본받고

자 한다면 공자께서도 또한 마땅히 허락하실 일이다. 《호동서락기》

위 글은 금원 자신이 남자로 태어나지 못해 세상에 나아가 인재로 등용될 수 없다는 현실에 좌절하는 한편 수동적으로 규중에 갇혀 사는 여성의 삶에 대해 깊은 회의를 느끼고 있음을 드러내고 있다. 그래서 어진 이는 산을 좋아하고 지혜로운 이는 물을 좋아하듯 공자의 제자 증점이 '기수沂水에서 목욕하고 무우舞雩에서 바람이나 쏘이고 글을 읊으면서 돌아오는 일'과 같이 자신도 명승지 유람을 하겠다는 의지를 나타내고 있다. 금원이 공자의 제자인 증점의 고사故事까지 언급한 그 이면에는 자신도 사대부 남성처럼 이치를 통달하고 견식을 넓히고자 하는 의지가 담겨 있는 것이다.

눈으로 산하山河의 넓음을 보지 않고 마음으로 여러 가지 사물을 경험하지 못하면 그 변화를 통해 이치를 통달할 수 없어 국량局量이 협소하고 견식이 넓지 못하다. 《호동서락기》

금원은 부모님께 여러 번 간청하여 허락을 받는데, 그때의 기쁜 감정을 "매가 새장에서 나와 바로 하늘 높이 올라가는 기세가 있었고, 천리마가 말 재갈에서 벗어나 곧 천리를 치닫는 뜻이 있었다."라고 표현했다. 그래서 다음날로 남자 옷으로 갈아입고 짐을 꾸렸다. 여성이 그것도 14세의 나이에 오랫동안 혼자 낯선 곳으로 여행했다는 것은 금원의 담대하면서도 과감하고 진취적인 성격을 그대로 보여주는 대목이라 할 수 있다. 그러나 달리 생각해보면 그의 유람은 단순한 관광觀光 차원이 아니라 여성으로서의 주체적 자각과 남성 중심의 사회에 대한 무언의 저항의식에서 비롯된 것으로 여겨진다. 또한 이러한 의식은 훗날 그로 하여금 여성들만의 시사詩社를 결성하는 중요한 계기가 되었으리라 짐작된다.

◆ 14세에 남장男裝으로 금강산과 관동 팔경을 유람하다

17, 18세기로 들어오면서 조선사회에 열풍처럼 번진 것이 사대부의 금강산 유람이었다. 금강산에 대한 관심이 그만큼 컸다는 반증인데, 이러한 유행은 일반 백성들에게도 전해져 금강산 유람을 평생 소원으로 꼽는 사람들이 늘어나게 되었다.

금강산의 명성은 일찍이 송대의 유명한 시인 소동파蘇東坡가 "원컨대 고려국에 태어나서 한 번만이라도 금강산을 보았으면…"이라고 글을 지었을 정도로 널리 알려져 있었다. 또한《고려사》에는 원나라의 황제가 고려에 사신을 보낼 때 금강산에 들러 불공을 드리도록 명하여 사신들의 발길이 끊이지 않았다는 내용도 있다.

한편 숭유억불정책을 펴던 조선시대에도 세조와 숙종대에는 금강산의 사찰에서 정기적으로 왕실의 안녕을 위한 재齋를 지내게 했다.《신증동국여지승람新增東國輿地勝覽》(1530년에 편찬된 종합 인문지리서)에는 금강산에 108개의 사찰이 있었다고 기록되어 있다. 따라서 금강산은 승려에게는 수행처로, 선비에게는 꼭 한 번 가서 시 한 수 남겨야 할 곳으로 손꼽혔음을 짐작할 수 있다.

금원은《호동서락기》에 금강산 지장암에 사흘을 머무르며 "진기한 그릇들이 매우 많아 속칭 재화財貨가 산사山寺에 많이 쌓여 있다고 한 말이 모두 빈말이 아니다."라고 기록하고 있다. 이는 왕실에서 금강산 사찰에 대해서는 특별히 여러 혜택을 주었기 때문에 절 살림이 풍족한 것을 언

급한 것이다. 그는 금강산을 유람하면서 절에서 며칠씩 머무르다 시를 지었는데 그 내용이 범상치 않음을 알 수 있다.

> 낭떠러지 하늘가 암자 하나 (懸崖天畔一禪庵)
> 산 북쪽 맑은 종이 남쪽에서 울리네. (山北淸鐘響在南)
> 흰구름 치고 일어나 골짜기 밖을 나오니 (打起白雲開出洞)
> 불러 온 밝은 달은 고요히 못 속에 잠겼구나. (招來明月靜沈潭)
> 활연히 깨달으니 뜬 인생이 꿈이요 (惺惺頓覺浮生夢)
> 고요한 것이 옛 부처 이야기 듣는 것 같네. (寂寂如聞古佛談)
> 오십삼존 부처의 청정한 세계 (五十三尊淸淨界)
> 영겁으로 이어지는 지혜의 등불. (靈通百劫慧燈參)

내용 중 '활연히 깨달으니'(惺惺)와 '고요하기가'(寂寂)는 고대의 고승 보조국사 지눌知訥의 《수심결修心決》에 나오는 불교의 수행법을 설명한 것이다. 마음을 고요히 함으로써 번민을 벗어버리면 의식이 또렷해져 지혜가 열린다는 뜻이다. 《수심결》은 스님들이 가장 많이 읽던 수행 지침서였다. 금원은 경서經書와 사서史書를 두루 익혀 지적 소양이 쌓이자 점차 현실 인식에 눈을 뜨게 되었으며, 그런 까닭에 자신의 처지와 이루지 못할 꿈에 대한 번민이 많았던 것 같다. 금원의 금강산 유람 부분을 보면 그가 불교에 대해서도 상당한 학식이 있었음을 알 수 있다.

금원의 글 곳곳에는 '뜬 인생'이란 표현이 자주 보인다. 누구보다도 자신에 대한 자부심과 세상에 대한 포부가 컸지만 현실적으로는 여자이며 신분도 미천했기에 좌절과 통분을 간직할 수밖에 없었을 것이다. 그가 금강산의 여러 사찰을 둘러보며 인생의 무상함을 느낀 것도 그러한 연유 때문이 아니었을까?

관동 팔경을 유람하며 바다를 볼 때도 마찬가지였다. 관동 팔경은 동해안에서 가장 경치가 좋은 여덟 곳으로 통천의 총석정, 고성의 삼일포, 간성의 청간정, 양양의 낙산사, 강릉의 경포대, 울진의 망양정, 평해의 월송정, 삼척의 죽서루를 일컫는다. 금원은 가는 곳마다 시를 지었는데 《호동서락기》에는 26수가 나타나 있다. 관동 팔경은 모두 해안가에 있어 동해 바다가 눈앞에 보인다. 그는 바다를 볼 때도 천지의 웅대함과 함께 인생이 부평초 같음을 느꼈다.

창해를 내려다보니 운무가 걷혀 그 가를 헤아릴 수 없었다. 이로써 더욱 천지간 만물이 크다는 것을 깨닫고, 스스로 뜬 인생이 큰 바다의 작은 한 곡식알 같음을 탄식했다. 〈간성의 청간정〉

평해로 향하다가 월송정에 올랐다. 바람이 고요하고 물결이 잠잠하고 날씨가 청명하여, 섬들을 바라보니 있는 듯 없는 듯 바다색이 하늘에 닿아서 구름 끝을 볼 수 없었고, 단지 차가운 이슬 기운이 사람으로 하여금 뜬 인생이 몹시 가련하다는 느낌을 일으키게 한다. 〈평해의 월송정에서〉

◈ 다른 본분으로 돌아가 여공에 종사하는 것이 옳지 않겠는가

여아의 남장은 일상적인 일이 아니며, 하물며 인간의 정情은 무궁할 뿐이다. 군자란 충족한 것을 알면 능히 멈출 수 있으므로, 절제하고 지나치지 않는다. 소인小人은 감정대로 바로 행하기 때문에 흘러가 돌아갈 줄 모른다. 나는 유람으로 숙원을 이루었으니 이제 가히 멈출 만하다. 다른 본분으로 돌

아가서 여공女工에 종사하는 것이 옳지 않겠는가.《호동서락기》

위 글은 금원이 남장을 벗으면서 홀연히 처연함을 느껴 마음속으로 한 말이었다고 한다. 14세의 나이로 여자 아이가 남장을 하고 사대부 남자도 능히 하기 어려운 금강산 유람과 한양까지 다녀왔으니, 가슴 한편으로 뿌듯함과 만족함이 있었을 것이다. 그러나 남장을 한 것은 일시적인 것이고 그 앞에 주어진 현실은 여성으로서의 삶일 뿐이었다. "여공에 종사하는 것이 옳지 않겠는가."라고 한 것은 결혼을 염두에 두고 한 표현으로 여겨진다. 당시 여자 나이가 14세 정도면 혼인을 하는 것이 일반적인 관례였기 때문이다. 그러나 금원의 마음은 아직도 갈등을 겪고 있었던 듯싶다. 자신의 소원대로 산과 바다를 구경하고 식견도 넓어지니 오히려 집 안에 갇혀 지내는 여성의 삶을 살기가 죽기보다 싫었을지도 모른다. 게다가 한양의 번창한 모습과 다양한 인간들의 삶은 원주같이 좁은 시골에서는 볼 수 없었던 새로운 충격이었으리라 짐작된다. 그런데 《호동서락기》에서 금원은 29세 때가 규당학사인 김덕희의 소실이 된 지 몇 해라고 밝히고 있다. 그러면서 결혼하기 전 10여 년의 세월에 대해서는 아무런 언급을 하지 않았다. 그 이유는 무엇일까? 그동안 그는 어디에서 무엇을 하며 살았던 것일까?

이에 대한 의문은 당대의 유명한 문인으로 꼽히는 홍우건洪祐建과 홍한주洪翰周의 문집에서 찾아볼 수 있다. 금원에 대한 것으로는 부친 홍한주의 글이 더 자세하다.

원주 기생 금앵은 시로 이름이 높았다. 학사 송영로宋英老가 일찍이 그녀와 더불어 매화시를 짓고는 돌아와 그 운韻을 약約하여 여러 벗들과 같이 시

를 지은 다음 곧 금원에게 주었다. 홍우건《거사시문집居士詩文集》

　원주의 영기營妓 금앵錦鶯은 호를 금원錦園이라 하는데, 나이는 22세로 재모才貌가 있고 노래와 시를 잘하여 동주東州에 이름이 높았다. 내 친구 석경(宋啓獻)이 같이 청화請和하여 매화에 대한 시를 짓고는 돌아와 자랑했다. 우리 시사詩社 동료들이 그 운韻에 화답하여 부채에 써서 금원에게 주었다. 홍한주《해옹시고초海翁詩藁鈔》

　이 글로 미루어 금원은 원주 감영監營의 기생으로 있었고, 당대의 문인들과 같이 시를 주고받았을 정도로 시재詩才가 있었음을 짐작할 수 있다.

　한편 당대의 문장가로 〈금계필담錦溪筆談〉을 비롯하여 여러 작품을 남긴 서유영徐有英(1801~1874, 서유구와는 삼종형이 되는 사이)은 〈관동죽지사關東竹枝詞〉 11수를 금원에게 주었다고 하는데, 그중 다음의 시는 금원이 재주가 뛰어난 기생이었음을 말해주고 있다.

　　두곡杜曲의 풍류는 금앵을 일컬으니 (杜曲風流錦鶯)

　　교방敎坊의 가무歌舞로 이름이 알려졌네. (敎坊歌舞早知命)

　　봄 앞의 채필彩筆은 수놓은 듯 보이니 (春前彩華看如繡)

　　담박한 그림과 신시新詩에 모두 명성 있네. (澹畵新詩摠有聲) (7首)

　여기서 두곡이나 교방은 기방과 기생을 가르치던 곳을 의미한다. 금원이 언제부터 원주 감영의 기생이 되었는지는 알 수 없지만 한때 기생으로 이름을 날렸던 것만은 분명하다. 그런데 원주 감영의 기생이라면 관비官婢 신분이다.

그렇다면 그는 왜 천한 기생의 길을 선택하게 되었을까? 금원은 방 안 화병에 잠긴 꽃같이 사느니 비바람을 맞아도 조금 더 넓은 곳에서 천지의 기운을 흠뻑 마시는 야생화野生花로 사는 길을 택했던 것이 아닐까?

1845년, 금원의 나이 29세가 되던 해 남편 김덕희(1800~?)가 의주부윤으로 명을 받자 금원은 먼저 길을 떠나게 되었다. 그런데 금원이 갑자기 사대부의 소실이 된 까닭은 어디에 있을까?

금원이 기생이 된 연유는 확실히 알 수 없으나 결혼은 그의 또 다른 선택이었다는 생각이 든다. 비록 소실 자리라도 결혼을 결심했던 것은 여러 이유 때문이었을 것이다. 우선 김덕희의 학식과 인품이 마음에 들었을 것이고, 다음은 아무리 재주가 뛰어나도 기생은 해어화解語花에 지나지 않음을 절절이 느꼈을 것이다. 또한 늙고 병들면 생계마저 위협받는 기생의 현실에 대해 모를 금원이 아니었다. 당시 기생은 천인 신분으로 공노비와 같은 신세였다. 따라서 양반의 소실이 된다면 천인 신분에서 벗어날 수는 있으나 그 대신 재물로 대가를 지불해야만 했다. 기생이 사대부의 소실이 되면 신분이 상승하고 경제적인 안정을 보장받는 것이 현실이었으나, 그런 까닭에 사대부의 소실은 자칫 돈에 팔려가는 신부新婦처럼 보일 수도 있었다. 금원이 자신과 김덕희의 결혼에 대해 고사故事를 인용하면서까지 의미를 부여한 것도 그 때문이었으리라 여겨진다.

왕자진의 피리는 능히 선학仙鶴을 불러왔고, 사마상여의 거문고는 스스로 상서로운 봉황을 불러온 듯, 규당 김학사와 소성지연小星之緣을 맺은 지 어느덧 몇 해가 되었다. 《호동서락기》

위 내용은 선학, 곧 두루미가 그 소리에 반해 찾아들 정도로 피리 솜씨가 뛰어났다는 주나라의 태자 왕자진과 거문고를 잘 타서 탁문군을 아내로 맞이한 한무제 때 문인 사마상여의 고사를 인용하여 자신의 경우도 사랑과 예악禮樂으로 만난 인연임을 강조한 것이다. 사마상여는 몹시 가난했지만 〈봉황을 이제야 만났다〉는 곡曲의 거문고를 타면서 탁문군에게 은근히 사람을 전했고, 탁문군은 이에 응하여 부친 몰래 야반도주하여 결국은 혼인을 감행했다고 전해진다.

금원의 남편 김덕희는 부친이 병조판서를 지냈고, 1835년(헌종)에 문과로 급제하여 규당학사까지 지냈다. 금원은 그런 남편과 대등하게 만났다는 것을 강조하기 위해 첩이나 소실이란 표현 대신 소성지연小星之緣이라 했다(《시경》에 "지아비는 해고 지아미는 달이다"라는 주석이 있지만 원래는 처를 의미하는 것이었다).

◆ 국경에서 민족과 역사의식이 고취된 2년을 지내다

1845년 남편의 부임지인 용만부龍灣府(지금의 의주)로 향하는 여정에서도 금원은 지나는 곳마다 역사적 유래를 상기하곤 했다. 개성을 지나 청석관 앞에서는 병자호란 때의 일화를 언급하며 "만약 당시 기백 명의 군사로 이곳을 지키게 했다면 청나라 군사가 감히 넘지 못했을 것으로 마땅하구나."라고 했다. 이렇듯 금원은 여성으로는 보기 드물게 각 지역의 지형이나 산세山勢는 물론 물산物産과 일반 생활에 대한 지대한 관심과 지식이 많았다. 본래 인문지리人文地理는 국가와 민생을 통치하기 위한 기본 자료로 활용하기 위한 지식이었다. 특히 전쟁 때 가장 중요한 것이 지형을 기록한 지도였다. 금원은 용만부가 국경지역이기 때문에 군사적으로 얼마나 중요한 요지인가를 잘 알고 있었다. 그런 연유로 "수레 타고 당도하니 임금님 은혜 무겁구나"라는 시구를 지었는데, 이는 용만이 압록강을 사이에 두고 청나라와 마주 보는 지역이었기 때문이다. 그는 관서 지방의 팔경으로 꼽히는 통군정에 올라 시를 한 수 지었다.

> 관하의 경치로는 이 누각이 으뜸이라. (關下形勝最斯樓)
> 마이馬耳와 청래靑來가 압록강 입구를 누르네. (馬耳靑來鎭鴨頭)
> 육도六島는 별처럼 벌려져 포구의 끝으로 통하고 (六島星羅通極浦)
> 온 산은 바둑알처럼 배치되어 서주西州를 품었구나. (萬山碁置擁西州) (중략)
>
> 《호동서락기》

마이와 청래 같은 큰 산이 압록강과 여섯 개의 섬을 내려다볼 정도에 서 있으니 중국의 유비, 조조, 여포가 결전을 벌이던 서주 땅을 품은 듯 자신의 생각도 커진다는 의미이다. 그런 한편으로는 국경을 가르는 압록 강을 보면서 민족과 국가에 대한 책임의식을 느꼈으리라 짐작된다. 금원이 용만부에서 주어진 자신의 역할을 충실하고도 철두철미하게 지켜나가는 모습은 지방 수령의 내자內子라기보다는 행정에 능한 비장裨將에 가깝게 보여진다.

관부官府의 정령政令은 내실에서 간섭할 일이 아니나, 만약 스스로 부탁한 것을 삼가 단속하지 않으면 그 추한 비방의 끼침이 쌓일 것이니 유의하지 않을 수 없다. 그래서 노비들을 엄히 단속하여 외부 사람과 통하지 못하게 했다. 또 관아의 노비가 각 창고의 기용器用과 물건들을 마음대로 출납하면 그 잘못이 본보기가 되어 폐해가 생기게 되니 각 창고의 담당자들을 내실 문 밖으로 불러 엄히 단속하고 아무리 사소한 물건이라 하더라도 첩지가 아니면 감히 출납하지 못하게 했다. 그런 까닭으로 관아가 깨끗하게 되었다.

《호동서락기》

조선 후기에는 신분제의 붕괴로 관청의 노비를 다스리며 지방 아전들의 부정부패를 단속하는 일이 쉽지 않았다. 그리고 무엇보다 당시에는 심각한 사회문제가 될 정도로 공노비들의 도망이 심했으며, 지방 아전들은 새로 부임하는 수령을 지나가는 과객처럼 여겼다. 더욱이 기질이 사나운 지방의 아전들을 통솔하는 일은 수령조차도 버거워했던 것이 사실이다. 특히 용만부 같은 지역의 경우에는 중국과 국경을 이루고 있어 개시開市무역(중국과의 조공무역)이 발달하여 재화가 풍부했다. 그런데 실제로는 공식적인 개시무역 외에 몰래 이루어지는 사무역私貿易이 성행했고, 이는 용만 상인과 역관譯官·아전 등이 결탁하여 비밀리에 이루어졌다. 금원은 이런 실정에 밝았기 때문에 단속을 할 수 있었을 것이다. 국경지대의 관청이 부패해지면 군사상으로도 심각한 위협이 될 수 있기 때문이다. 그는 시문을 짓는 데도 능했지만 관청의 업무를 처리하는 능력과 통솔력도 갖추고 있었다는 것을 알 수 있다.

한편《호동서락기》에서 금원은 금강산과 관동 팔경을 유람하며 우리 강산의 경치가 중국과 견주어도 손색이 없다는 표현을 하는데, 이는 국토애와 민족의식을 당당히 드러내고 있는 부분이다. 그가 금강산 내산재內山岾를 넘으며 "그 옆에 은하수 같은 한 줄기 길이 아래로 흩어져 마치 천 갈래 실이 흰 비단처럼 걸려 있는 것 같다. 만약 이태백이 이것을 보았다면 중국의 절승지絶勝地인 여산廬山이 이보다 낫다고 말하지는 못했을 것이다."라고 표현한 것에서도 여실히 느낄 수 있다.

또한 "옛 기록에 금강산의 만 이천 봉우리가 중국의 선승禪僧 담무갈이

설법을 하던 제자가 변한 것이고 가장 큰 바위는 부처가 된 담무갈의 화신化身이라고 하니 이 어찌 허망하고도 거짓된 말이 아니겠냐."라고 한 대목에서는 금원의 민족의식이 드러난다. 그리고 관동 팔경에 대해서도 "관동에 들어오지 않고는 천지의 온전한 공工을 볼 수가 없을 것이다."라고 할 정도로 우리 국토에 대한 자부심을 갖고 있었다. 그러므로 한양 땅을 밟은 금원은 제왕의 도읍지로 그 형체와 기세가 웅장하고 기상이 엄숙하며 하늘이 내리신 곳이니 군사상으로 요새라는 의미를 두면서 자국의 도읍지에 대한 자부심을 표현했다.

◈ 역사 속의 불우했던 인생들이 남의 일 같지 않기에

김금원의 《호동서락기》에는 역사 속에서 때를 잘못 만나 뜻을 펴지 못하고 불우하게 인생을 마친 인물들에 대한 일화가 곳곳에 나타나 있다. 그의 글에는 조선시대의 다른 여성 작가들과는 달리 역사에 대한 관심과 민족의식이 투철하게 나타나 있는데, 이는 자신이 살고 있던 시대에 대한 현실 자각에서 비롯되었다. 금원은 27세에 이미 문명을 떨쳐, 세상에서는 그를 '규수閨秀 사마자장司馬子長'이라 불렀다고 한다. 사마자장은 중국 한대의 역사가인 사마천司馬遷을 말하는 것이니, 금원의 문장력과 역사에 대한 학식이 매우 뛰어났음을 짐작할 수 있다. 《호동서락기》

세상에 점 잘 치던 첨윤詹尹의 거북이 없어 굴원屈原의 점을 본받기 어려우나, 첨윤이 말하기를 책략에는 단점도 있고 지혜에는 장점도 있어 굴원으로 하여금 그 뜻을 행하게 한다고 했으니 내 뜻은 결정되었다.

중국 전국시대 초나라의 관료였던 굴원이 중상모략으로 쫓겨난 지 3년이 되어 답답한 마음에 점을 치러 갔던 일화에 빗대어 유람을 떠나겠다는 자신의 뜻을 분명히 하고 있다. 굴원은 자신의 고결한 충심을 세상이 알아주지 못함을 한탄하여 〈어부사漁父辭〉를 짓고 멱라수에 빠져 죽었다고 전한다.

금원은 〈귀거래사歸去來辭〉로 유명한 중국 송대의 시인 도연명陶淵明에 대해 다음과 같이 말하고 있다.

도연명의 〈도화원기陶花園記〉는 심오하여 세상과 서로 통하지 않음을 극진히 말하여, 오늘에 이르러서도 사람들은 모두 진실로 죽지 않은 신선이 있어 도원에 숨어 있다고 여긴다. 《호동서락기》

도연명도 관운이 그리 좋지 않았고 스스로도 밝혔듯이 시끄러운 세상과 뜻이 맞지 않아 전원생활을 하며 글로써 시름을 덜었던 인물이다. 금원은 도연명을 언급함으로써 우회적으로 자신의 심중을 드러내고 있는 것이다. 이는 금강산의 장안사 뒤 지옥문을 보며 신라의 마지막 왕자 마의태자의 비운悲運과 절개를 애도하는 것과 일치한다. 그리고 유점사에 들렀을 때는 광해군이 인목대비를 서궁西宮에 유폐하고 영창대군을 죽인 일을 상기하며 극락왕생을 축원 기도했다.

또한 금원은 삼국지의 관우關羽 장군에 대해서는 흠모하며 탄식한다고 했다. 그래서 그는 관동 팔경을 다 둘러본 후 한양에 들어선 뒤 동대문 밖 관왕묘關王廟(지금의 동묘東廟)에 들어가 느낀 소감에 대해서는 마치 카메라를 들이댄 듯 자세하게 묘사하고 있다. 금원은 동묘를 세우게 된 유래와 건물 내부의 모습, 관우 장군의 영정에 대한 감회와 함께 술과 과일을

보물 제142호, 〈동묘정전〉.
서울시 종로구 숭인동 소재.

국보 제217호, 〈금강전도〉. 리움 미술관 소장.
정선이 1734년에 내금강의 모습을 그린 것.

바치고 참배를 한 내용을 다음과 같이 적고 있다.

아아! 관왕이 하늘을 받드는 의리와 해를 뚫는 충성에도 불행히 오나라 도적에게 빠진 바 되었으나, 그 분한憤恨과 억울한 기운이 천지간에 엉켜 왕왕 운무 중에 신병을 크게 통솔하여 천하에 흘러다니다가 무릇 싸우는 진터에서 의리 있는 자를 돕고 도적들을 꺾는다. 이로 인해 천하 사람들이 대소 물론하고 그를 공경하여 제사하지 않음이 없다.《호동서락기》

중국 삼국시대 촉나라의 영웅 관우 장군이 조조의 회유에도 굴하지 않고 유비와의 의리를 지키다가 오나라 손권과 조조의 협공으로 사로잡혀 죽음을 당한 일을 애석해 하는 것이다. 동묘는 임진왜란 때 관우 장군의 영혼이 나타나 왜병을 물리치는 데 도움을 주었다고 하여 제사를 지내기 위해 세운 곳이다. 이후 지금까지도 중국과 우리나라 민간신앙에서 관우 장군을 모시는 무당이 많은 것은 그와 같은 신이神異한 행적에 관한 이야기가 많아서일 것이다.

금원은 또한 남편의 임지任地인 의주로 가다가 지나게 된 개성의 선죽교 앞에서 "선죽교 옛터는 오히려 혈흔이 있어 천하의 천고千古 열사들의 눈물을 떨어뜨리기에 충분했다."라고 언급한다. 고려의 충신 정몽주의 비운悲運을 상기하면서 자신의 깊은 심중을 에둘러 표현하고 있는 것이다.

> 가산에 이르러 효성령을 넘었다. 산세가 험악하고 돌들이 모두 흑색으로 거친 기운이 있어 홍경래의 난이 있었음이 당연해 보인다. 정주를 지나 서장대를 바라보니 바로 임신년 난을 겪은 곳으로 당시의 어지러움을 눈으로 친히 본 듯하다.《호동서락기》

1811년(순조 11) 평안도에서 일어난 홍경래의 난은 조선 후기의 대표적인 민중봉기였다. 홍경래의 고향인 가산이 그 중심지로 4개월 만에 정주성이 관군에게 함락되면서 홍경래는 전사하고 난亂은 진압되었다. 그러나 이후 오랫동안 홍경래는 민중의 영웅으로 구전口傳되어 설화의 주인공 자리를 차지하게 되었다. 홍경래의 난은 서북인西北人(황해도, 함경도, 평안도민)들에 대한 차별이 주된 원인이었다. 조선 개국 이후 서북 출신들은 관리 임용에 제한을 받고 높은 벼슬을 할 수 없었다. 금원은 차마 드러내놓고 역적이었던 홍경래를 두둔할 수는 없었지만 그가 품었던 포부와 응

어리진 한에 대해 충분한 공감을 느꼈을 것이다.

이처럼 금원이 역사 속의 불운했던 인물들에게 각별한 관심을 보였던 것은 자신의 삶도 포한抱恨이 크다는 점에서 그들과 동류의식을 느꼈기 때문이다. 금원이 자신에게 11수의 시를 준 서유영徐有英과 친교를 나눴던 것도 남녀 간의 애정보다는 뜻을 펼치지 못하는 현실에 대한 좌절감과 통분을 나눌 수 있었기 때문이라 생각한다.

◇ 만약 문장을 써서 그것을 전하지 않는다면, 누가 오늘의 금원이 있었음을 알겠는가

금원은 제천 의림지를 비롯하여 호서 사군을 돌아본 후 금강산 · 관동 팔경 · 설악산을 거쳐 한양까지 유람하고 용만에서의 생활과 용산 삼호 정 시사의 일을 기록하여 1850년 《호동서락기》라 이름 지었다. 조선시대에 여성이, 그것도 생전에 자신의 문집을 자신의 손으로 직접 내는 일은 거의 드문 일이었다. 그만큼 금원은 자의식이 강하고 자신의 문장에 대한 자부심이 남달랐다.

돌이켜 평생의 맑은 놀이를 생각하면 산수 간에 발자취를 부쳐, 기괴한 경치를 찾아 명승지를 두루 다니며, 남자들이 하기 어려운 일을 능히 할 수 있었으니 분수가 족하고 소원도 이룬 것이다. 슬프다. 천지강산의 큼이여. 한 모퉁이 작은 나라에서 태어났으니 크게 볼 만한 것이 충분하지 않구나… 생각건대 지난 일 경관은 바로 눈 깜짝하는 한순간의 꿈일 뿐이니, 만약 문장을 써서 그것을 전하지 않는다면, 누가 오늘의 금원이 있었음을 알겠는가. 《호동서락기》

18세기 이후 잇달아 여성들의 문집이 나오기는 했으나 금원처럼 자신의 글을 후대에 남기고자 하는 의지가 이렇듯 강하게 표출된 경우는 없었다. 대부분의 사대부 집안 여성들이 자신들의 저술행위에 대해 무척 조심스럽고 우회적으로 표현했던 것과는 달리, 금원은 당당하게 자신의 심회心懷를 드러내고 있다. 18세기에 살았던 임윤지당은 자신의 글이 장독대를 덮는 데 쓰이지 않았으면 하는 바람이 있었고, 사주당 이씨나 빙허각 이씨는 집안의 아녀자들에게만 전해지기를 원했다. 물론 금원은 사대부 집안의 여성이 아니었기 때문에 자신의 의견을 거침없이 표현할 수 있었던 측면도 있었을 것이다. 하지만 금원의 이러한 인식은 당시의 현실 속에서 글쓰기라는 작업을 통해 자신의 주체적 존재에 대해 확인하려는 절실한 작가의식이 있었기 때문이다. 금원의 자의식은 금강산 만폭동을 돌아보던 중 바위에 자신의 이름을 새기고 시를 읊는 것에서 단적으로 드러난다. 금원은 만폭동의 못가 큰 돌 위에 '봉래풍악원화동천蓬萊楓岳元化洞天'이라고 회양군수 양봉래가 쓴 것을 평評했다. 그리고 그 위 작은 병풍 돌에 김곡운이 '천하제일명산'이라고 쓴 글씨 옆에 자신의 이름을 새겼다고 했다. 어린 여자 아이의 행위라고 하기에는 믿기지 않을 만큼 당돌하면서도 담대한 성격의 일면을 보여준다.

　　《호동서락기》는 14세에 유람을 하고 29세에 의주로 가서 살다 한양의 용산에 거처한 20여 년의 세월을 기록하고 있다. 그의 나이 34세 때였다. 그런데 《호동서락기》의 내용을 보면 유람의 내용이 문장력도 뛰어나지만 산천에 대한 묘사와 감흥이 그 어떤 기행문보다도 자세하고 치밀하다. 그것은 그가 유람을 시작할 때부터 훗날 기록으로 남기고 싶은 열망을 품고 있었던 것은 아닐까?

◆ 과거시험장 아닌 시 읊는 모임에 들어가니 뜬 인생이 꿈과 같음을 알겠노라

한편 금원은 자연의 경치를 즐기며 시를 짓고 시적 재능에 대한 자부심을 가졌지만 가슴 속 깊이 배어 있는 회한은 씻을 수 없었던 듯싶다. 금원이 삼호정 시절에 지은 시들은 예전의 호방한 기상과는 달리 서정적이며 관조적인 경향을 띠고 있기 때문이다.

> 봄이 되니 내 시름도 바다만큼 깊어졌네. (量我春愁似海沈)
> 성긴 주렴珠簾 사이로 바람 들어오니 제비 그림자 흔들리고 (疎箔風過搖燕影)
> 작은 뜰에 비 흠뻑 내리니 꽃심에도 물기 가득 젖었구나. (小園雨足潤花心)
>
> 《호동서락기》

이 시절 금원의 시에는 수심愁心이라는 표현이 자주 보인다. 그런 금원의 심정을 헤아렸던 운초는 "노란 빛발 속에서 꿈 못 이룰까 두렵다네."라는 시구를 전했다. 운초 역시 명기로서 가무와 시문에 뛰어났다. 운초는 김이양金履陽의 사랑을 받아 1831년(순조 31)에 기생생활을 청산하고 김이양의 소실이 되었다. 우아한 천품과 재예를 지니고 있어 당시 명사들과 교유, 수창酬唱했는데, 특히 김이양과 동거하면서 그와 수창한 많은 시를 남겼다. 삼호정시단(三湖亭詩壇)의 동인으로서 같은 동인인 경산瓊山과 많은 시를 주고받았다.

운초는 《호동서락기》의 발문에서, "금원은 여중호걸女中豪傑이다. 문장은 단지 그 나머지 일이니 오히려 월등한 재주와 세상을 뛰어넘는 지식을 알 수 있다."라고 한 뒤 금원과 경춘景春을 중국의 반고班固와 반소班昭에 비유하여 "아깝기는 그들이 남자가 아니어서 세상에서 그 재주를 펼

수 없다."라고 탄식했다. 또한 금원이 자신의 아우 경춘을 가리켜 "아까운 것은 그가 규중의 여자로 태어나 세상에서 쓰일 수가 없었다는 것이다."라고 한 표현이나 금원이 《죽서시집竹西詩集》 발문에서 "다음 생애에 남자로 태어난다면 형제나 벗이 되어 시를 주고 받자."라고 한 내용들은 당대에 재능 있는 여성들이 공통으로 느꼈던 좌절과 울분의 표현이었다.

이는 금원의 아우 경춘이 《호동서락기》를 읽고 쓴 비평문에서도 엿볼 수 있다.

> 그러나 여자로 태어났으니 주옥 같은 재주를 갖고서도 밖에 쓰이는 바가 없어 시문·서화로 산업을 삼고, 산수·풍월·연운·화조로 집을 삼아 날마다 그 가운데 눕고 우러러보며 시를 읊조리면서 애오라지 가슴 속 불만스럽고 적적한 기운을 썻었다. 《호동서락기》

이 글에서 '가슴 속 불만스럽고 적적한 기운'은 바로 남자로 태어나지 못해 자신의 재능을 쓸 수 없는 현실에 대한 금원의 좌절감을 대변하는 것이다. 한편 《호동서락기》의 발문을 쓴 죽서竹西도 금원에 대한 심정이 운초와 같았음을 알 수 있다.

> 특히 그 지기志氣가 높고 넓어 세상을 뛰어넘고 속세를 벗어난 기상이 있어 태산 화산도 높고 험한 산이 되기에 부족하고, 강수 한수漢水도 길고 넓은 물이 되기에 부족하다. 시詩와 문文은 그 목소리와 말씀의 나머지인즉 어찌 금원을 알기에 충분하리오. 《호동서락기》

죽서는 금원과 같은 고향인 원주 태생으로 박종언의 서녀였고 부사府使

서기보徐箕輔의 소실이었으며 《죽서집竹西集》을 남겼다. 30대 초반에 세상을 떠났다고 전한다. 당대의 문장가 서유영徐有英이 죽서와 자신을 '여성 시인과 서울 신선'이라 표현한 것으로 미루어 죽서의 시를 높이 평가했던 것으로 보인다. 그러나 호號를 반아당半啞堂이라 한 것에서 알 수 있듯이, 죽서는 자신이 반벙어리와 같이 품은 뜻을 온전히 펼칠 수 없다는 데 대해 좌절감을 갖고 있었다. 그러한 연유로 죽서 역시 금원과 같이 남자로 태어나지 못함을 한스러워하며 시를 지어 심중을 드러냈다.

세상에서 몇 사람이 삼절三絶을 갖추었나 (海內幾人三絶兼)
문장文章만 해도 예부터 세상 사람 시기가 많은데 (文章從古世多嫌)
훌륭한 시상과 글솜씨는 재주를 맞서기 어렵고 (錦心繡口才難敵)
학슬 봉요의 시작법에 풍격까지 갖추어야 하는데 (鶴膝蜂腰格又添)
눈 속에 뜬 달처럼 맑은 정신 화첩에 펼쳐야 하고 (雪月精神開畵帖)
산천의 기운을 시구詩句에 그대로 드러내야 하는데 (山川氣色發詩籤)
깊은 규방 아낙네라 공부 못했다 비웃지 마소 (深閨失學君休笑)
어찌 방안의 등화가 우로의 은혜를 받을 수 있겠는가. (豈有燈花雨露霑)

《죽서집》

세상에는 시서화詩書畵를 겸비한 사람이 드문데, 이는 학슬 봉요라는 시 작법에 풍격을 갖추고, 그림은 설월雪月을, 시는 산천山川의 기운을 담아야 하기 때문이다. 그렇듯 시를 짓는 것도 어려운데 자신은 시를 짓고 그림도 그리는 것은 그만한 재능이 있었기 때문이라는 자신감을 은유적으로 표현하고 있다. 하지만 여성이라 마음껏 공부할 수 없었던 까닭에 임금의 은혜를 받아 세상에 뜻을 펼칠 수가 있겠는가라고 탄식하는 내용이다. 이렇듯 금원과 죽서는 미천한 서녀의 신분에서 오는 갈등보다는 어엿한 사대부가의 남자로 태어나지 못함을 보다 한스럽게 여겼다.

> 봄바람 다 보냈는데 나그네는 돌아오지 않고 (送盡東風客未還)
> 봄 내내 병이 많아 더욱 한가롭구나 (一春多病更多閒)
> 과거시험장이 아닌 시 읊조리는 모임에 들어가니 (艦吟共許名場外)
> 뜬 인생이 꿈꾸고 깨어나는 것과 같음을 꿰뚫듯 알았네. (透得浮生夢覺關)
>
> 《호동서락기》

금원은 꿈에서라도 남자가 되어 과장科場에 들어가고 싶었을 것이다. 조선시대에는 출세를 하려면 과거시험에 합격해야 하는데 당시에 회시會試(소과에 합격하면 보는 시험으로 예조가 주관한다)와 전시殿試(대과에 합격한 후 임금 앞에서 치르는 시험)는 매년 봄 한양에서 실시되었다. 봄이 되어 과거시험이 행해진다는 소식을 들을 때마다 금원은 심화心火가 일었고, 그래서 병이 많다고 토로했다. 그러나 마음의 근심을 털어내고 삼호정시사를 열어 뜻 있고 재주 많은 벗들과 시를 지으니 뜬 인생 자체가 꿈과도 같다는 것을 꿰뚫듯이 알게 되었다고 표현했다.

◈ 최초로 여성 시인 중심의 삼호정시사를 만들다

금원이 살았던 19세기의 한양은 상업경제의 중심지일 뿐 아니라 문화적으로도 타 지역과는 뚜렷이 구별되는 경향을 보였다. 특히 순조대 이후의 세도가와 경화사족京華士族은 관직을 독점하면서 막대한 재력으로 청나라의 서적이나 서화 골동품을 수집하는 데 몰두했다. 이들은 청나라의 고증학考證學을 적극 수용한 계층이기도 했다.

당대의 손꼽히는 성리학자 홍석주洪奭周(1774~1842)는 장서가藏書家로도
유명했다. 삼호정시사와 교유하던 홍한주洪翰周(1798~1868)는 홍석주, 홍
길주 형제와 6촌간이었다. 또한 당대 시서화의 삼절三絶로 불리던 신위申
緯(1769~1847)는 그 명성이 중국에까지 알려져서 직접 중국에 다녀오기도
했다. 그는 김정희, 이학규, 초의선사뿐 아니라 정약용 · 정학연 부자를
비롯한 문사, 학자들과도 폭넓게 교유했다. 신위가 삼호정시사와 교유하
게 된 것은 운초의 남편 김이양金履陽(1755~1845)이 말년에 신위와 가까웠
기 때문이다. 신위의 시집《경수당전고警修堂全藁》에는 김이양에게 준 시
가 네 편이 있고, 김이양의 87세 생일잔치에 삼호정 동인들과 함께 시를
주고받았던 기록이 전해지고 있다.

한편 금원에게 11수의 시를 보낸 서유영徐有英(1801~1874)은 서유구와는
삼종형이 되니 그의 집안도 세도가에 속했다. 서유영은 홍한주와는 친구
사이이며 석주 형제와는 사돈 관계에 있었다. 홍석주 형제의 모친인 서
영수합徐 令壽閤(1753~1823, 한시작가이며 수학자)이 서유영에게는 종숙從叔 서형
수의 딸이었기 때문이다. 서유영은 정약용과 그의 두 아들 정학유 · 학연
형제와 가까웠고, 박지원의 손자 박규수와 교유했다. 이들은 대부분 시
사詩社를 결성하여 모임을 열었다. 삼호정시사는 주로 홍한주와 서유영
이 참가했던 남사南社,낙사洛社와 교유했다. 남사에는 박죽서의 남편 서기
보徐箕輔도 동인으로 참가했다.

이외에도 당시 한양에는 많은 시사들이 있었는데 사대부의 모임으로
는 박지원, 이덕무, 박제가 등의 백탑시사白塔詩社와 정약용, 채이숙蔡邇叔
등의 죽란시사竹蘭詩社를 비롯하여 여러 곳이 있었다. 그런데 무엇보다도
활발한 활동을 펼친 사람들은 중인층이었다. 그들은 경제력을 바탕으로

시사활동과 창작을 통하여 위항인委巷人들의 위상을 높이고자 노력했다. 대표적인 예로 1793년 천수경千壽慶이 중심이 된 옥계시사玉溪詩社는 1737년《소대풍요昭代風謠》를 발간하여 위항 시인들의 작품을 수록했다. 당시 옥계시사에는 몇 백 명이 참가할 정도로 위항인들의 호응이 높았다고 전해진다.

이외에 직하시사稷下詩社에서는 조희룡趙熙龍(1789~1866)이《호산외사壺山外史》를, 유재건劉在建(1793~1880)이《이향견문록里鄕見聞錄》을 저술하여 위항문학의 주체성을 찾고자 노력했다. 금원이 여성 시인들끼리 시사를 만든 것은 이러한 위항인들의 시사 결성에 영향을 받았던 때문으로 보인다. 비연시사斐然詩社를 이끌었던 장지완張之琬(1806~1858)의 문집에 금원과 뱃놀이를 했고, 교분이 두터웠음을 알려주는 기록이 이를 뒷받침한다. 그러나 위항인들이 사대부들에게 작품을 보이고 인정을 받으려고 한 반면 삼호정시사의 동인들은 자신들을 연꽃이나 신선에 비유하며 서로를 격려하는 가운데 연대의식을 고취해나갔다. 금원은 그 중심에서 맹주 역할을 했다.

1847년 의주에서 임기를 마치고 돌아온 김덕희는 벼슬길을 사양한 뒤 관직에서 물러나 삼호정三湖亭(지금의 용산)에서 금원과 같이 거처하게 된다.

관직을 쉬고 물러나 은거함이 옛날에도 어려웠거늘, 학사는 능히 관복을 벗어 나의蘿依로 바꾸고, 정원의 대나무를 꺾어 물고기 낚시대를 만들면서, 작록爵祿을 버리기 마치 신발 버리듯이 하고, 부귀를 뜬구름처럼 여기니, 그 넓고 큰 생각을 어찌 나 같은 얕은 견식으로 능히 엿보고 헤아릴 수 있으리오.《호동서락기》

이 글로 미루어 보면 김덕희는 학식뿐 아니라 선비로서 고매한 성품의 소유자였다는 것을 짐작할 수 있다. 금원은 김덕희가 세속적 명리를 좇지 않은 점을 높이 평가했던 것이다. 그래서 그때의 심정을 "마음이 한가해져서 시원하게 속세의 티끌을 벗고 마치 이슬을 마시고 사는 것 같다."라고 표현했다.

금원이 삼호정에 정착하면서 주변에 시와 문장이 뛰어난 여성들이 모이게 되었다. 그리하여 운초雲楚, 경산瓊山, 죽서竹西와 금원의 아우 경춘鏡春. 이 네 사람과 금원이 함께 어울리며 시사를 열었던 것이다. 금원이 평하기를 운초는 재화才華가 무리에서 뛰어나고 시로 이름을 크게 날렸다고 하고, 경산은 다문박식하고 음영을 잘했고, 죽서는 재기가 영특하고 지혜로우며 하나를 들으면 열을 알았고 시 또한 기이하고 예스러웠다고 했다. 마지막으로 아우 경춘은 총혜聰慧 단일하고 경사에 능통했으며 시사 또한 여러 사람 못지 않았다고 했다.

삼호정시사에 모인 다섯 명의 여성은 모두 사대부 관료의 소실이었고 자식이 없었던 것으로 추측된다. 조선시대에는 기생 출신의 소실이 아들을 낳으면 노비가 되고 딸을 낳으면 기생이 되는 까닭에 거의 대부분은 자식을 소원하지 않은 듯하다.

한편 금원은 삼호정 동인들이 각자 다른 개성을 가졌지만 자연을 즐기는 가운데 천기天機가 발동하여 시를 짓는 것이라고 작가의식에 대해 분명히 밝히고 있다.

다섯 사람이 서로 마음을 잘 알아서 더욱 친하고, 또 경치 좋고 한가한 곳을 차지하니 화조운연花鳥雲煙과 풍우설월風雨雪月이 아름답지 않은 때가 없고 즐겁지 않은 때가 없었다. 혹 함께 거문고 타면서 음악을 즐겨 맑은 흥취 끌어내고, 웃고 이야기하는 사이에 천기天機가 움직이면 그것이 발發해져서 시가 되니 맑은 것, 우아한 것, 건장한 것, 예스러운 것, 담박淡泊 광대廣大한 것, 슬피 한탄하는 것도 있어서 비록 누가 더 나은지는 가릴 수 없으나 성정性情을 그대로 그려내어서 한가하게 노닐며 제 뜻에 만족하기는 모두 한가지였다. 《호동서락기》

"천기가 발하여 시를 짓는다"는 조선 후기의 문학관으로, 금원은 자신들의 시작활동詩作活動을 시인으로서의 주체적 행위임을 은유적으로 표현했던 것이다. 금원이 중심이 된 삼호정 동인들은 서로의 만남을 소중히 여기며 즐거워했다.

서호의 좋은 경치 이 누각 앞에 펼쳐지고 (西湖形勝在斯樓)
마음대로 올라가서 흥겹게 노는구나. (隨意登臨作遊遊)
서쪽 기슭은 비단 물결 봄풀과 어울리고 (一江金碧夕陽流)
구름 끝 작은 마을 돛단배 하나 보일 듯 (雲垂短巷孤帆隱)
꽃 지는 한가한 낚시터 먼 젓대 소리 구슬프다. (花落閒磯遠篴愁)
끝없는 바람안개 모두 다 걷히고 (無限風烟收拾盡)
단청한 난간에 시주머니만 제 빛을 발하는구나. (錦囊生色畵欄頭)

《호동서락기》

그런가 하면 운초는 경산에게 보낸 시에서 자신들을 연꽃에 비유하며 시사라고 표현했다. 이는 자신들의 시모임도 당대 문인들의 시사처럼 일정한 수준에 도달했다는 자부심을 드러낸 것으로 보인다.

달빛 아래 이슬 내린 연꽃 진흙에 물들지 않으니 (月露荷香不染泥)

해선海仙이 신선궁神仙宮 서쪽에서 왔네. (海仙來自玉蘭西)

오강루, 일벽정에 시사가 끊이지 않으니 (五江一碧聯詩社)

봄날 기다렸다 날마다 함께 가자. (且待春光日共携)

《운초시집雲楚詩集》

삼호정 동인 중 죽서竹西는 금원에게 삼호정에서 노닐다 헤어져 떠나온 후의 심정을 시로 전하고 있다.

슬피 울며 떼지어 날아가는 기러기 저물녘에 많으니 (一陣哀鴻向晚多)

강 구름 고개 나무숲도 애 끊는 걸 어쩌겠나? (江雲嶺樹斷腸何)

그리움에 흐르는 이 눈물을 동류수東流水에 뿌린다면 (相思淚灑東流水)

삼호정에서 이별한 후 그 강 물결 되겠네. (去作三湖別後波)

《죽서시집竹西詩集》

또한 일벽정 근처에 살았던 경산瓊山은 《호동서락기》의 서序에서 삼호정에 모이는 사람들은 모두 뜻을 같이하는 시인들이라고 밝히고 있다.

내 일찍이 금원의 명성을 듣고 그를 사모했다. 마침 강가에 이웃이 되어 뜻을 함께 한 이들이 모였으니 모두 다섯 사람으로 마음의 생각이 화평하고 넓으며 풍운이 질탕했다…. 문장들이 아름답고 뛰어나서 재자才子의 붓끝에서 춤추는 듯하고, 붉은 꽃 푸른 풀은 시인의 입에서 모두 향기를 뿜는 듯했다. 《호동서락기》

삼호정시사가 몇 년이나 지속되었는지, 또 금원과 다른 이들의 행적에 대해서도 알 길이 없다. 그러나 조선시대에 최초로 여성 중심의 시사를 결성하고 시를 창작함으로써 작가의식 속에서 자신의 주체성을 찾고자 했던 삼호정 여성 시인들의 정신은 오늘날까지도 이어지고 있다. 그들이 꿈꾸었던 세상 속에 우리 여성들이 살아가고 있기 때문이다.

금원은 주어진 현실에 굴종하지 않고 끊임없이 삶에 도전하며 자신을 새롭게 발전시키고자 노력한 여성이었다.《호동서락기》는 금원의 삶에 대한 열정과 좌절과 관조의 기록으로, 우리는 이를 통해 한 인간으로서 여성으로서 자신의 삶을 어떻게 꾸려나갈 것인가라는 명제를 만나게 된다.

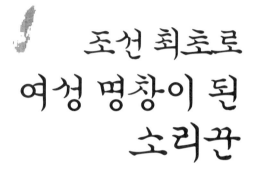

조선 최초로
여성 명창이 된
소리꾼

진채선陳彩仙(1847~?)

1865년(고종 2년), 흥선대원군의 영향으로 경복궁 중건사업이 시작되었다. 임진왜란 때 불타버린 경복궁을 새로 지으려는 것은 무엇보다도 왕실의 위엄을 세우고자 했기 때문이다. 그러나 3년 동안의 긴 역사役事는 국가 재정의 궁핍을 가져왔다. 먼 곳에서 나무와 돌을 운반하게 되니 물자는 탕진되고 백성의 노역은 심해질 수밖에 없었다. 게다가 경복궁 중건重建의 재원을 마련하기 위하여 원납전願納錢(관리와 백성들에게 받은 기부금)

경복궁에 있는 경회루.

214

을 받고 벼슬을 파는가 하면, 당백전當百錢(조선시대에는 명목가치와 실질가치가 같았다. 당시 상평통보 한 닢은 주조하는 데 드는 구리만큼 가치가 있었으나 당백전은 상평통보의 5.6배인데 100배로 통용시키므로 물가가 1~2년 사이에 6배까지 폭등했다)을 발행하여 민심의 원망이 날로 높아만 갔다.

1867년 경복궁의 경회루가 낙성이 되자 대원군은 전국의 재인들과 소리꾼을 불러들여 대대적으로 잔치를 벌였다. 백성들의 노고를 위로하여 민심을 안정시키려는 뜻도 있었다. 그 연회에 초청을 받은 사람들은 이미 각 분야에서 명성을 떨치고 있었는데, 소리꾼으로 홍일점이 있었으니 그가 바로 진채선이었다.

◈ 만록총중 홍일점으로 명성이 일세를 경동驚動케 하다

천금만금 내왕하고 오곡백곡 출입하며 잡귀잡신 모진 액을 천리 밖에 소멸하던 울지경덕 놀으시고 중문의 순경장군 진숙보(중국 진나라의 진후주. 대문에 그려 악귀를 쫓는 그림)가 놀으소서 나무를 달으니 목신님이 놀으시고 흙을 달으니 토신님이 놀으시고 돌을 달으니 석신님이 놀으시고 물을 달으니 사해용왕님이 놀으시고 낡은 재목 떨어내고 새 재목 들여오니 성조 대도감아 뉘도 탈도 보지 말고 에망둘리 주옵시고 설셜리 놀읍소서 간간이 채인 곳간 되야들고 되야낸다 이리저리 둘러보니 복덕방(복과 덕이 넘쳐 나는 방위)이 분명하니 이집 짓던 당돌애비 눈썰미도 잇던 배라 대활연(시원스럽고 환하게)으로 놀으소서

위의 사설은《신재효 판소리 사설집》에 나오는〈성조가成造歌〉중 마지

막 대목이다. 진채선은 경회루 낙성연에서 〈춘향가〉와 〈성조가〉, 〈방아타령〉을 불렀다. 〈성조가〉는 집터를 맡아본다는 성조신과 성조부인을 읊은 단가短歌인데, 경회루의 낙성식을 기념하고 왕실의 안녕을 축원하는 뜻에서 불렀던 것이다. 정노식의 《조선창극사》에는 진채선을 '여류 광대의 비조鼻祖'라 하여 최초의 여성 명창으로 소개하고 있다.

> 성음의 웅장한 것과 기량의 다단多端한 것은 당시 명창 광대로 하여금 안색顔色이 없게 되었었다. 경복궁 경회루 낙성연에 불려 올라가서 만록총중萬綠叢中 홍일점으로 명성이 일세一世를 경동케 했더라. 정노식《조선창극사》

진채선은 21세의 나이로 남장을 하고 많은 대신들과 백성들 앞에서 여성도 판소리의 기량이 남성 못지않음을 보여주었다. 진채선의 소리를 들은 사람들은 그의 우렁찬 소리와 기량에 놀랐고 여성이라는 사실에 더 깜짝 놀랐다. 그의 소리 실력에 명창들도 놀라기는 마찬가지였다. 그 후로 진채선의 이름이 세상에 널리 알려지게 되었다. 그런 진채선의 소리에 반한 대원군은 그를 불러 대령기생으로 삼았다. 당시 대원군은 미모와 재주가 있는 기생을 여럿 뽑아 운현궁에 머무르게 했는데, 그 때문에 진채선은 6년간 운현궁에서 살 수밖에 없었다.

그후 1873년 대원군이 실각하여 경기도 양주로 은퇴한 후 진채선의 삶에 대해서는 정확한 자료가 현존하지 않는다. 다만 진채선의 이질녀인 김막례의 증언에 의하면, 진채선은 대원군의 실각 이전에 고향인 고창으로 낙향했다고 한다. 그는 운현궁에 머무르면서도 큰 연회가 있는 공식석상에 소리를 하러 다녔으며 명창으로서의 성가聲價를 높였다. 그러나 진채선의 생애와 활동에 대한 기록이 거의 없음에도 그는 판소리

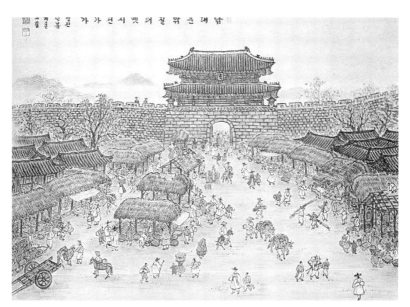

남대문 밖 칠패.

역사상 큰 변모를 가져오는 역할을 했다. 진채선 이후 허금파 · 강소춘을 비롯한 여성 명창들이 줄지어 배출되었고 판소리의 사설과 음악적인 면에서 많은 변화가 생겼기 때문이다. 여성 소리꾼들이 등장하면서 사설辭說에서는 음란과 비속성이 사라지게 되고 계면 성음이 발달했다. 판소리에서 여성적 성향이 강해진 것이다. 그러면 진채선은 어떤 연고로 경회루 낙성연에 참석할 수 있었을까?

진채선의 소리와 삶은 신재효申在孝(1812~1884)와 얽혀져 있다. 진채선은 신재효를 만나면서 본격적으로 소리수업을 받았고, 두 사람은 사제 지간을 넘어서 연인이었던 것으로 알려져 있다. 진채선을 경회루 낙성연에 보낸 사람도 신재효였다. 신재효는 판소리 열두 마당 중 여섯 마당

동리 신재효.　　　　　신재효의 고택. 중요민속자료 제39호. 고창군 고창읍 읍내리 453-2.

을 집대성하고 사설을 개작했을 뿐 아니라 판소리 창자들을 체계적으로 교육하여 많은 명창들을 길러냈다. 판소리가 서민 예술에서 출발하여 많은 양반층에게 호응을 얻게 된 것도 그의 판소리에 대한 후원 때문이었다.

◆ 무당의 딸로 태어나 기생이 되어 소리를 배우다

진채선의 생애는 뚜렷하고 정확하게 드러난 것이 없다. 《조선창극사》에 짧게 언급되었고, 1996년 〈진채선 생가조사 및 검당마을 염정지 지표 조사 결과보고서〉가 나와 그나마 몇 가지를 확인할 수 있을 뿐이다. 또한 진채선의 이질녀인 김막례의 증언이 있는 정도이다. 그의 증언에 의하면 진채선의 조부가 무장에서 검당포로 건너와 과부였던 김단골과 함께 살았다고 한다. 진채선의 모친은 무당으로 주로 소리를 배우러 다녔다는 것이다. 《전주대사습사》에는 진채선이 관기 출신으로 얼굴이 아름답고 가무에도 출중했다고 한다. 진채선의 가계와 출신으로 보면 그가

소리를 배운 것은 모친의 영향도 있
지만 그 자신이 절실하게 희망했으리
라 짐작된다. 본래 기생은 시조나 가
사歌詞와 같은 성악과 가야금을 연주
하거나 춤을 배웠을 뿐 잡가나 판소
리는 부르지 않았기 때문이다.

진채선.

　만일에 기생으로서 잡가와 창극조
를 입 밖에 내인다면 기생의 신분은
아주 파멸이다. 사처소四處所 오입쟁이
입에서 한 번 그년이라는 말이 나오
게 되면 이것이 곧 파문破門이다. 그리하여 조선에서 창극조가 발생한 이래
수백 년간 여류계의 창극가는 싹터 본 일이 없었다.《조선창극사》

그러나 실제로 19세기 중반에는 잡가와 민속악이 기생에게 학습되었
는데, 이는 양반과 중인, 돈 많은 서민들이 즐겼기 때문이라고 한다.
　19세기의 가객歌客인 안민영(1818~?)의 《금옥총부金玉叢部》에는 금향선
이라는 기생이 판소리를 잘 불렀다고 기록되어 있다.

　내가 향려鄕閭에 있을 때 이천 이오위장 기풍이 통소 신방곡의 명창 김군
식으로 하여금 한 가아歌娥를 뽑아 들이게 했다. 그 이름을 물으니 금향선이
라 했는데, 외양이 못생겨서 상대하고 싶지 않았다.… 또 잡가(판소리)를 부
르니 모흥갑과 송홍록 등 명창과 견주어 조격이 신묘함을 꿰뚫지 않은 것이
없으니 진실로 절세의 명인이라 할 만하다.

위 내용으로 보면 모흥갑과 송흥록은 19세기 전기 8명창이라 불리던 인물들이니, 이미 이때에 기생이 판소리를 불렀다는 것을 알 수 있다. 그런데 아무리 노래를 잘하는 기생이라 할지라도 판소리를 배운다는 것이 쉬운 일은 아니며, 또한 여성으로서 명창 소리를 듣기까지는 피 나는 수련이 뒤따랐을 것이다. 그런데도 당시 기생들이 소리를 배우려고 한 것은 기생과 소리꾼에 대한 사회적 인식이 현격히 달랐기 때문이라 생각된다. 기생은 사대부의 첩이 되지 않으면 생계도 불투명하고, 기생으로 명기 소리를 들으려면 시와 문장을 짓고 악기를 탈 줄 아는 소양과 재능을 갖춰야만 했다. 진채선이 판소리를 배운 것은 그러한 현실 인식에서 시작되었다고 보여진다. 그의 성장 배경으로 보면 시문 짓기는 힘에 부치는 일이었을 테니, 힘든 소리꾼의 길을 택한 것이라 추측한다.

◆ 만인을 울리고 웃기는 소리광대의 출현과 판소리의 발전

조선 숙종 때부터 전해지는 판소리는 창자唱子, 고수鼓手, 청중의 일체화로 이루어지는 전통 예술로 그 독특성을 세계적으로도 인정받아 2003년 유네스코 세계무형유산으로 지정받았다.

판소리의 창자는 사설을 이야기하는 '아니리'와 노래로 하는 '창唱'을 번갈아가면서 공연한다. 이 때문에 창자는 다양한 예술적 재능을 두루 갖춰야만 했다. 이 판소리 창자의 전통적인 명칭이 '광대'이다. 원래 광대는 소리광대뿐 아니라 민속 연희를 하는 예능인을 포함한 의미를 지녔다. 그래서 국가적 행사로 매년 잡귀를 몰아내는 연희였던 궁중 나례儺禮에서 공연하는 예인들은 모두 광대로 불렸다. 그런데 17세기 이후

판소리 공연.

나례도감과 산대도감山臺都監이 폐지되면서 광대들은 노역에서 풀려나 각자 민간에서 유랑하며 공연을 벌이고 생계를 꾸려가게 되었다. 그러다 보니 그들은 주로 장시가 열리는 곳이나 포구 등 사람들이 모여드는 곳을 중심으로 판을 벌였다.

1754년 유진한柳振漢(1711~1791)이 호남지방을 여행하던 중 판소리를 듣고 장편의 한시로 엮은 〈가사춘향가歌詞春香歌 200구〉를 그의 문집《만화집晩華集》에 기록했다. 그런데 그가 이 일로 당시 선비들로부터 헐뜯음을 당했다고 하니 판소리에 대한 당시 양반들의 인식이 어떠했는지 알 수 있다. 그런데 18세기 후반, 유득공柳得恭(1749~?)의《경도잡지京都雜志》에는 과거 급제자들이 3일 동안 거리를 돌며 잔치를 하던 풍속과 광대·재인才人·창우倡優 등을 언급하고 있는데, 광대를 '창우'라 하면서 재인과 구별했다. 이는 판소리의 창자인 소리광대가 연희의 일부가 아닌 독자적인 영역을 갖게 되었음을 시사示唆한다. 이후 19세기에 오면 소리광대가 명창으로 자리매김하면서 경제적으로도 유복했다는 사실을 알 수 있다.

1810년경 송만재宋晚載(1769~1847)가 쓴 '관우희觀優戱'에는 그의 아들이 진사시進士試에 등과하여 삼일유가三日遊街를 베풀어주어야 하지만 형편이 어려워 영산(가곡), 타령(판소리), 줄타기, 땅재주 등을 불러 대신한다는 내용이 나타나 있다. 그런데 그 내용 가운데는 판소리 열두 마당의 소개와 함께 우춘대禹春大와 권삼득權三得(1771~1841), 모홍갑牟興甲 등 명창들을 언급하고 있다.

> 장안에 이름 높기는 우춘대이니
> 당대에 누가 능히 그 소리를 잇겠는가
> 술자리에서 한 곡 빼면 천 필의 비단
> 권삼득과 모홍갑은 젊은이였지.

위의 기록은 판소리의 창자가 소리광대에서 양반들도 인정해주는 예인藝人으로 위상이 높아지면서 그에 따른 대우가 현격히 달라졌음을 보여주고 있다. 권삼득과 모홍갑은 19세기에 전기前記 8명창(송흥록, 염계달, 권삼득, 모홍갑, 고수관, 김제철, 신만엽, 주덕기)에 들었던 인물들이다. 특히 권삼득은 쟁쟁한 양반 출신으로 문중에서 죽이려다 그의 소리를 듣고 감탄하여 목숨만은 살려주었다는 일화가 전해지고 있다. 이처럼 양반 출신의 광대가 등장하면서 이들은 '비가비'로 불렸다. 이제 판소리는 단순한 유희나 여흥의 수단에서 벗어나 예술로서 인정받게 되었던 것이다.

◆ 대원군과 양반들의 판소리 애호로 전성기를 맞이하는 명창들

19세기는 정치적으로 순조, 헌종, 철종을 거치는 60년 동안 안동 김씨와 풍양 조씨의 세도정치가 이어지면서 상당수 사대부들의 몰락을 불러왔다. 반면에 행정의 실무를 담당하던 중인층은 경제력의 향상과 문학적 소양을 쌓으면서 자신들의 위상을 높였다. 또한 상공업의 발달은 도시의 발전을 가져와 서울의 경아전京衙前과 서민 부호들은 시사를 열고 산대놀이를 주관하는 등 대중문화의 향유층으로 부각되었다. 그런 가운데 판소리는 서민뿐 아니라 양반층의 애호 속에서 전성기를 맞이하게 된다. 특히 신재효는 고창에서 전문적인 가창자들을 체계적으로 교육시키는 한편 판소리의 사설을 개작하여 정리하는 작업을 계속하고 있었다.

판소리 열두 마당(〈춘향가〉, 〈심청가〉, 〈적벽가〉, 〈토별가〉, 〈흥보가〉, 〈장끼타령〉, 〈변강쇠타령〉, 〈무숙이타령〉, 〈배비장타령〉, 〈강릉매화타령〉, 〈숙영낭자전〉, 〈옹고집타령〉)은 원래 그 사설에 비속한 내용이 많았는데, 그중 〈춘향가〉, 〈심청가〉, 〈흥보가〉, 〈토별가〉, 〈적벽가〉, 〈변강쇠 타령〉을 골라 판소리 여섯 마당으로 정리하여 양반층의 호응을 얻었던 것이다.

한편 1863년 고종이 왕위에 오르면서 집권하게 된 흥선대원군은 판소리 명창들에 대한 대우를 극진히 하여 판소리에 대한 인식이 높아지게 되었다.

1864년 대원군은 단오절 판소리 경창대회를 '전주통인청대사습全州通引廳大私習'으로 승격시킴으로써 명창들의 등장무대로 삼게 했다.

대사습은 영조를 전후한 시기에 지방 관아의 통인通引(각 관청의 관장 밑에서 심부름을 하는 사람)들이 광대를 초청하여 판소리를 듣고 놀던 잔치였다. 그런데 대사습이 관청에서 공식 행사로 행해지자 각처의 소리꾼들이 몰

余年六十一司甲後
□□□□夏日龍
□□孫□書呈
□

홍선대원군 초상화.

려들어 각자의 기량을 펼쳤다. 그리하여 대사습이 개최될 때면 각 고을 수령과 부호들이 몇백 냥씩 찬조금을 내었고 일반 민중은 무료로 입장했다. 야외에서 진행된 대사습에는 수천 명의 관중이 구름같이 모였으며 박수갈채로 장원을 결정했다. 여기에서 장원한 창자는 '국창國唱'의 호칭을 들었으며 벼슬도 제수받았다.

이곳에 당대의 명창 김세종 · 정창업 · 송만갑 · 이날치 · 박만순 · 모흥갑 등이 참석했으며, 오늘날 활동하는 명창들도 전주대사습을 통해 이름이 알려지게 되었다.

한편 당대의 문장가이며 시서화詩書畵의 삼절三絶로 유명한 신위申緯는 판소리를 즐겨 들으며 당대의 명창들과 교유하여 〈관극절구觀劇絶句〉 12수를 남겼다.

고송염모는 호남의 소문난 명창
나를 홀려 시를 짓게 하니
우렁차다 비분강개 김용운 솜씨
형차기 연회로야 당할 자 없지. 〈관극절구〉 제5수

신위가 고수관, 송흥록, 염계달, 모흥갑, 김용운 등 명창들의 소리를 듣고 지은 시다. 그는 특히 명창 고수관을 좋아하여 한 달 동안 계속해서 소리를 하는 등 80세까지 특별한 친교를 맺었다고 한다. 이렇듯 명창이 되면 당대의 세도가나 대문장가에게 예술인으로 대접을 받았을 뿐만 아니라 일반 사대부는 명창을 초청하기 위해 많은 돈을 지불했다고 한다. 더욱이 송흥록은 철종의 어전에서 소리를 하여 통정대부의 벼슬을 받았으며 수만 금을 벌었다고 한다. 그리고 염계달도 헌종 앞에서 소리를 하여 동지同知라는 벼슬을 제수받았다. 19세기는 판소리의 전성기라 할 만큼 전국에 90여 명의 명창이 있었다고 한다. 그 전성기의 토대를 마련한 인물이 신재효였다.

◆ 판소리의 대가 신재효를 만나 체계적인 소리공부를 하다

신재효는 1812년 전북 고창에서 신광흡의 외아들로 태어났다. 아버지 신광흡은 중인 출신으로 많은 재산을 모았는데, 그것이 신재효가 치산治産을 하는 배경이 되었다. 신재효는 이미 40대 전후에 곡식 천 석을 추수할 정도의 부호로 고창의 이방吏房을 지냈고 훗날 호장戶長까지 올랐다가 은퇴했다. 그는 대흉년이 들 때는 재해민을 돕는 데 재산을 쓰고, 자신이 근무하던 형방청의 건물을 중수하는 데 기부하는가 하면 경복궁 복원사업에도 원납전 500냥을 헌납했다. 그는 이런 공로로 가선대부와 통정대부, 절충장군 용양위 부호군이라는 명예직의 벼슬을 제수받았지만 유림儒林의 전통이 깊은 고창에서는 그저 향리일 뿐이었다. 그가 판소리를 접한 것은 향리로서 각종 연회에 가객과 기녀를 동원하는 일을 주선하는 위치에 있었기 때문이다. 그는 고창의 양반들과 교유하면서 신분에 대한

갈등을 많이 겪었고, 그에 대한 대리만족이 판소리를 통해 이루어졌다고 짐작된다. 그래서 판소리에 대한 후원과 교육, 체계적인 사설 정리 등을 펼쳤던 것이다. 그가 지은 〈자서가自敍歌〉에는 양반이 되지 못한 통분이 서려 있다.

사나이로 조선에 생겨 장생댁에 못 생기고 활 잘 쏘아 평통할까 글 잘한다 과거할까

또한 신재효는 결혼생활도 평탄하지 못한 불행의 연속이었다. 세 번을 혼인했으나 세 명의 부인이 모두 일찍 죽었으니 그의 가슴에 쌓인 한과 고독감이 얼마나 절절했는지는 충분히 헤아릴 수 있다. 그가 판소리에 심취하여 판소리의 보급과 후원을 적극적으로 펼친 배경에는 이렇듯 불운한 개인적 아픔이 있었던 것이다. 그는 판소리를 잘 들을 수 있는 귀명창이었지만 그 자신이 소리를 하지는 못했다. 그래서 자신의 넓은 집에 소리선생으로 명창을 두고 판소리를 배우러 오는 사람들을 가르치게 했다(신재효의 집 기둥이 관아의 기둥보다 클 정도였다고 한다). 이러한 사실은 당시 음악과 무용에 식견이 뛰어났던 정현석鄭顯奭의 〈증동리신군서贈桐里申君序〉에 나타나 있다.

여러 판소리 연창자들을 모두 자기에게 오도록 했는데, 일찍이 모든 창부들을 불러 문자를 가르치고, 음의 해석을 바르게 했으며, 심히 비속한 내용을 바꾸게 하여 그것을 때때로 익히게 했다. 이에 가깝고 먼 곳에서 배우러 오는 사람이 날마다 문에 가득 찼으나 그들을 다 먹이고 거처하게 했다.

진채선과 신재효가 언제, 어떻게 만나게 되었는지는 기록으로 전하는 것이 없다. 다만 진채선이 고창의 관기였다는 기록으로 유추한다면 신재효와는 고창 관아에서 대면했을 것이라 추측된다. 그리고 진채선이 신재효의 문하에서 판소리를 배우게 된 것은 관기 신분에서 벗어났음을 의미한다. 당시에는 돈을 주면 기생의 노역勞役을 면제받거나 양인良人이 될 수 있었기 때문이다.

진채선이 여성으로 명창이 되었다는 것은 타고난 재능도 있었지만 그보다는 본인의 피 나는 연습이 있었을 것이고, 또한 김세종金世宗 같은 명창이 소리선생으로 있었기 때문이다. 김세종은 동편제 소리의 명창으로 이론과 비평에 따를 자가 없었다고 하는데, 모두 신재효의 영향을 받은 것이라고 알려져 있다. 진채선을 직접 가르치고 경복궁 경회루에 데려가 대원군에게 소개한 사람도 김세종이었다고 한다. 그는 〈춘향가〉를 잘 불렀다고 하니, 진채선이 〈춘향가〉를 자신의 장기로 삼은 것도 김세종의 영향이 컸다고 볼 수 있다. 소리공부는 우선 훌륭한 소리선생을 만나는 게 첫째인데, 학습이 한 마디씩 따라 부르는 것으로 이루어졌기 때문이다. 이런 과정에서 판소리의 구성을 익히며, 제자는 스승의 소리를 전수받는 데서 끝나는 것이 아니라 자신만의 소리를 만들어 독창성을 펼쳐야 한다. 그렇기 때문에 소리꾼들은 자신만의 소리를 만들기 위해 독공獨功을 했다고 한다. 독공은 성음成音의 도를 깨치기 위한 것으로, 이를 위해 명창들은 깊은 산 속이나 동굴에 들어가 몇 달이건 몇 년이건 혼자 소리 연습을 하여 득음得音을 했다.

《조선창극사》에 소개된 일화에 박만순은 폭포 아래에서 수련을 하다 피를 다량으로 토해 득음을 했다고 하고, 방만춘은 십 수년 간을 절에서 수련하다 절 기둥을 안고 목이 터져라 소리를 지르다가 기절했다고 한다. 그때 절 목공이 산에서 그 소리를 들었는데 절이 무너지는 듯 굉장한 소리였다고 한다. 이렇듯 오랜 세월 연마하여 소리 성음을 자유자재로 구사하여 만물을 표현하는 경지에 이르렀을 때 비로소 명창이 될 수 있었던 것이다.

진채선 이전에는 여성이 판소리를 한다는 것을 생각조차 하기 어려웠는데, 이는 소리를 배우는 과정이 힘들었기 때문이라 여겨진다. 그런 까닭에 신재효가 양반 출신인 명창 권삼득을 중국 당唐대의 문장가 한유韓愈로, 고수관을 시인 백낙천白樂天으로 비유한 것은, 명창이 되는 것이 그만큼 험하고 힘들다는 것과 함께 판소리의 예술적 경지도 시문詩文을 짓는 것 못지않다는 점을 강조하고 싶었는지도 모른다. 한유와 백낙천은 중국의 대시인 이백李白·두보杜甫와 함께 '이두한백李杜韓白'이라 불리던 대문장가들이었다.

◈ 당대의 명창들과 겨루며 자신의 독창적인 '더늠'을 만들다

당대의 명창 박만순, 이날치, 정창업, 김수영 등도 신재효의 판소리 지원과 전문적인 교육의 영향을 받았다고 한다. 특히 신재효의 〈광대가〉는 명창광대의 네 가지 기본적인 조건으로, 이를 사대법례四大法例라 하여 후대에 전범이 되었다. 즉 명창광대는 인물치레, 사설치레, 득음, 너름새를 갖춰야 한다고 보았다.

광대라 하는 것이 제일은 인물치레, 둘째는 사설치레, 다음은 득음이요, 다음은 너름새라. … 사설이라 하는 것은 정금미옥 좋은 말로 분명하고 완

연하게, 색색이 금상첨화, 칠보단장한 아름다운 부인이 병풍 뒤에 나서는 듯, 보름달이 구름 사이로 얼굴을 내미는 듯 새눈 뜨고 웃게 하니, 대단히 어렵구나… 득음이라 하는 것은 오음을 분별하고 육율을 변화하여 오장五臟에서 나는 소리 농락하여 자아낼 제 그 또한 어렵구나 … (중략) 너름새라 하는 것은 귀성끼고 맵시 있고 경각의 천태만상, 위선위귀爲善爲鬼, 천변만화千變萬化, 좌중의 풍류호걸, 구경하는 노소남녀, 울게 하고 웃게 하는 이 귀성이 맵시가 어찌 아니 어려우며….〈광대가〉

명창이 되기 위해서는 인물도 좋아야 하고, 사설도 훌륭해야 하며, 오음육율五音六律의 이치를 깨달아 목소리를 자유자재로 내는 기량이 있어야 한다는 것이다. 그리고 구성을 천연덕스럽고 맵시 있게 극적으로 끌고 나가 착한 사람도 되었다 귀신도 되었다 하며 관객들을 울리고 웃기는 연기력도 갖춰야 한다는 말이다. 따라서 신재효가 사설을 합리적이고 사실적으로 개작했던 것도 바로 관중들의 호응을 얻기 위한 노력의 일환이라 생각된다. 또한 신재효가 진채선을 비롯하여 여성들에게 판소리 공부를 지도했던 것도 판소리를 보다 새롭게 발전시키려는 의도에서 비롯된 것으로 보인다. 그래서 그는 〈춘향가〉도 남창, 여창, 동창童唱의 양식으로 분류했다고 한다.

한편 《조선창극사》를 보면 19세기의 명창들은 각기 자신들의 더늠을 개발하여 판소리 장면의 내용 표현을 장기로 삼았다고 한다(더늠은 더 넣음의 준말로 특정한 대목이나 음악적 스타일을 말한다. 명창들은 사설을 윤색하거나 개작했는데, 고수관高壽寬의 경우 소리를 하는 자리에서 즉흥적으로 만들어 부르기도 했다고 한다).

진채선은 특히 〈춘향가〉와 〈심청가〉를 잘 불렀는데, 이 두 가지는 당시 사람들이 가장 좋아하던 소리였다. 비장미와 해학, 숭고함, 우아함을 고루 갖추었을 뿐 아니라 여성의 소리로 표현하기에도 적합한 레퍼토리였다. 그는 다른 명창들에게서는 찾아볼 수 없는 자신만의 더늠을 개발했는데, 신재효의 사설과도 다르고 김세종의 것과도 다른 독창적인 것이었다. 〈춘향가〉의 '기생점고' 대목은 변학도가 사또로 부임하면서 기생들을 면담하는 장면을 그린 것이다. 그런데 진채선은 이 대목 중 마지막 들어오는 기생 낙춘에 대한 묘사를 익살맞게 희화화했다.

낙춘이가 들어오는 데 제가 잔뜩 맵시 있게 들어오는 체하고 들어를 오는데, 시면한단 말을 듣고, 이마박에서 시작하여 귀 뒤까지 파헤치고, 분성적한단 말을 들었던지 개분 한 냥 일곱 돈 엇치를 무지금하고 사다가, 성 갈에 회칠한 듯 반죽하여 온 낯에다 맥질하고 들어오는데, 키는 사그내 장승만한 년이 초마자락을 훨씬 추이다가 턱 밑에다 떡 붙이고, 무손의 곤이 걸음으로 껑충껑충 엉금엉금 들어오더니, 점고 맞고, '나오' 운운….

낙춘이란 기생의 용모와 거동을 묘사한 것으로 얼굴에 분은 회칠한 듯 바르고 키는 장승처럼 큰데 치맛자락을 턱밑까지 올려붙이고 껑충 뛰다 엉금거리며 들어온다는 내용이다. 그 모습을 생각만 해도 웃음이 절로 터질 만한 사설이다. 그렇다면 진채선이 〈춘향가〉에서 이렇듯 기생 낙춘의 등장을 해학적으로 묘사했던 이유는 무엇일까?

〈춘향가〉는 가장 인기가 많았던 판소리 마당이었기 때문에 명창들도 즐겨 불렀다. 가왕歌王이라 불리던 송흥록은 '옥중가', 모홍갑은 '이별가', 고수관은 '자진사랑가' 등을 장기로 했다. 진채선이 다른 명창과 차별화할 수 있는 대목을 찾은 것이 '기생점고 대목'이었을 것이다. 이 대목은 비교적 즉흥성이 허용되고 창자가 자유롭게 사설을 바꿀 수 있는 부분이라고 한다. 또한 진채선 자신이 관기 출신이라 누구보다도 그들의 삶을 잘 알고 있는 까닭에 기생에 대한 묘사를 적나라하게 표현할 수 있었던 것이다.

한편 진채선의 낙춘에 대한 묘사는 단순히 관중을 웃기게 하기 위한 것만은 아니었을 것이라는 생각이 든다. 더늠은 창자의 표현 욕구를 분명히 드러내는 대목이기 때문이다.

19세기에는 기생들의 등급이 있어서 각각 그 격이 달랐다고 한다. 역사 속에 나오는 명기들은 옥당기생玉堂妓生으로 일패一牌라 하여 양반들의 연회에 참석하던 관기였다. 이들만이 기생으로 불렸다. 그리고 이패二牌는 은근자라 하여 몰래 매춘을 하는 부류였고, 삼패三牌는 매춘을 직업으로 하는 부류를 일컬었다.

그런데 신분제가 붕괴되어가는 19세기에 오면서 기녀사회의 엄격한 위계질서도 지켜지지 않았다. 진채선은 낙춘을 통해 기생 축에도 끼지 못하는 부류가 관리나 양반의 눈에 들려고 안간힘을 쓰는 현실을 풍자했던 것은 아니었을까. 진채선에 관한 기록이 거의 없기 때문에 그의 인생관이나 세계관을 파악하기는 어려운 것이 사실이다. 그런데 그가 자신만의 더늠을 독창적으로 만들었다는 것은 여성의 주체성을 확립하고자 했기 때문이라고 여겨진다. 그는 여성이 더 이상 연회에서 보조적인 역할로 흥을 돋우는 존재가 아니라 여성 명창으로서 판소리 무대의 주인공이 되고자 했을 것이다. 또한 신재효는 진채선의 재능과 열정을 알고 있었기에 경회루 낙성연에 보냈고, 진채선으로 하여금 〈성조가〉, 〈방아타령〉, 〈춘향가〉 등을 부르게 했다고 추측된다.

◆ 〈도리화가桃李花歌〉에 나타난 진채선의 소리와 신재효의 연모

〈도리화가〉는 진채선이 운현궁에 들어간 지 3년 만에 고창 근처 고을 관아에 연행하러 오자 신재효가 공연을 보고 쓴 가사歌詞 형식의 글이다. 여기에는 진채선을 향한 신재효의 사랑과 제자의 소리가 명창의 경지에 오른 것을 경탄하는 심정이 담겨져 있다. 그때가 1870년, 진채선이 24세, 신재효는 59세였다.

스물네 번 바람 불어 만화방창萬化方暢 봄이 되니 구경 가세 구경 가세 도리화 구경 가세.… 꽃 가운데 꽃이 피니 그 꽃이 무슨 꽃인고. 웃음 웃고 말을 하니 용궁 속의 해어화인가. … 낙포洛浦에 놀다가고 군산의 술을 빚어 도세장연度世長延(오랫동안 세상을 살다) 기이한 일 신선神仙 선자 그 아닌가. 채색하고 옷을 하고 신선되어 우화羽化하니, 아름다운 이름 뜻이 생각하니 더욱 좋다….

스물네 번과 도리화는 진채선의 나이와 그를 지칭하는 것이다. 그리고 채선의 이름자를 풀이하고 해어화라 표현한 것은 운현궁에서 대원군의 기생노릇을 하는 진채선의 처지를 비유한 것이다.

즐거운데 괴롭기는 몸 있으면 그림자라. 비취당상翡翠堂上 산호珊瑚발을 어이하야 마다하고 일진광풍一陣狂風 건듯 불어 벽항궁촌僻巷窮村 무슨 일인고. 수간부옥數間蔀屋 척박한데 추위더위 지날 적에 나가나 들어오나 빈 방안에 햇볕 나고 밤비 온다… 뜰 가운데 저 풀들아 뽑힌다고 한탄을 하지 마라. 옥 같은 고운 손이 네게 미치기 때문이라. 도리 다시 헤아리니 고생 끝이 영화

榮華 된다… 무정세월 한탄을 마소. 인간공도 人間空道 어이하리….

신재효는 운현궁 안에서 좋은 옷을 입고 호강하고 있을 진채선이 외지고 궁벽한 고을에 연행을 온 것을 기뻐하며 늘 그리워하던 마음을 드러내고 있다. 그리고 진채선에게 대원군의 총애를 받게 되었으나 자유롭게 살지 못하는 현실을 한탄하지 말라며 고생 끝에 낙이 온다고 위로를 하지만 이는 자신을 달래는 말이기도 했다.

신재효는 진채선을 가르치면서 그의 강인하고 당찬 성격과 소리에 대한 집념을 잘 알고 있었을 것이다. 또한 모든 예인들이 그렇듯이 진채선도 창공을 나는 새처럼 자유롭게 날개짓을 하고 싶지 않았을까? 그런 진채선의 심정을 누구보다도 잘 알고 있었던 신재효였다. 또한 진채선이 한양에서 먼 고을까지 연행 온 것은 대원군의 허락 없이는 어려운 일이었다. 이는 진채선의 간청 때문일 것이고, 그 이면에는 신재효에 대한 만남을 기대했는지도 모른다.

강호의 호걸들이 왕래하며 하는 말이 선녀 같은 낭자의 고운 얼굴 노래 또한 명창이라. 듣던 바 으뜸이니 못 들으면 한이 되리. 그중의 기묘한 일 쌓인 병이 절로 낫네. 이 말 듣고 일어 앉아 어서 바삐 보고지고. 주야로 기대하니 하루 날이 석 달 가을같이 길기만 하다. 어느 곳의 좋은 바람 사또 덕에 나발처럼 너를 보게 되었구나.

이 내용으로 보면 진채선은 신재효와 이별한 3년 간 이미 세상에서 알 아주는 명창으로 이름이 높았다는 사실을 알 수 있다. 따라서 진채선은 운현궁에 있으면서도 여러 연회에서 소리를 했던 것으로 추측된다. 그래서 신재효는 인근 고을 사또의 초청으로 진채선의 공연을 볼 수 있게 된 것이다.

너른 마루 비단자리에 은초불이 비치었다. 붉은 부채 손에 쥐고 단판일성 노래하니 황금갑주黃金甲冑 날랜 장수 청총마靑聰馬에 높이 앉아 진문陣門 밖에 썩 나서며 벼락같이 고함할 제 궁산심야窮山深夜 살찐 범이 밤샘을 하느라고 흐늘거려 포효하니 산천이 울리는 듯, 청천靑天의 단정학丹頂鶴(정수리가 붉은 학)이 구소九霄(하늘의 높은 곳)의 높이 떠서 알연히(분명치 않게) 길게 우니 청아淸雅하고 쇄락灑落하다. 형양포衡陽浦 가을 달의 기러기 짝을 이루고, 불승청원不勝請願 서리바람 여인如人하야 애를 끈네. 유막柳幕(장막처럼 늘어진 버들)의 꾀꼬리는 아리땁게 울어 짖고, 만년지萬年枝 앵무새는 무슨 말을 전하는고, 산 속에 저문 날에 뭇 새가 지저귄다. 들보 위에 티끌 일고 흰구름이 솟았구나. … 가고 오고 묘한 걸음 안고서는 고운 태도 금홍사錦紅紗 장막 속의 나드나니 제비로다. 비 갠 뒤의 목련화가 미풍에 흔들린다. 호상정湖上亭의 절세명기네 어찌 천명하며, 두추량의 금누사도 이에서 더할손가. … 일대문장一代文章 만고풍유萬古風流 지금까지 일렀으되 두 손님뿐이었지 절대가인絶代佳人 없었으니 언제나 다시 만나 소동파를 읊어볼까.

위 글은 붉은 부채를 손에 쥐고 소리하는 진채선의 목소리를 묘사한 것이다. 그 소리가 장수, 범, 학, 기러기, 서리바람, 꾀꼬리 등 다양하여 때로는 산천이 울리는 듯 우렁차기도 하고 구슬픈 듯하다 비 뿌리는 것처럼 변화무쌍한 것을 경탄하고 있다. 또한 자태는 제비같이 고우니 절세명기도 따라올 수 없다는 것이다. 신재효는 진채선이 명창으로서의 조건을 다 갖춘 것을 보고 너무나 기뻐했다. 특히 진채선은 여성이지만 소리가 우렁차고 맑아 우조羽調에 능하고 슬픈 감정을 표현하는 계면조도 여성적 감성으로 기량을 발휘했던 것이다. 그의 소리는 우조를 강조하는 동편제東便制에 속하지만 이후 계면조 중심의 기교를 쓰는 서편제西便制에도 영향을 끼쳤다.

동편제는 전라도 구례, 순창 등지에서 많이 부르는 소리로 송흥록의 법제法制를 표준으로 했다. 특별한 기교를 부리지 않고 '목으로 우기는 소리'라 한다. 곧게 내리지르는 통성을 쓰기 때문에 거칠면서도 호방한 맛이 있다. 그러므로 동편제 소리는 풍부한 성량을 가져야만 부를 수 있다. 김세종, 진채선, 박만순 등을 들 수 있다. 반면 서편제는 광주, 나주, 보성 등지에서 부르는 소리로 기교와 수식을 중요시하여 정교하며 감칠맛이 있다. 박유전제라 하고 그의 호를 따 '강산제'라고도 한다. 이날치, 정창업, 정정렬 등이 이에 속한다. 진채선 이후 여성 명창들의 등장과 함께 공연장소가 야외에서 실내로 옮겨가자 서편제가 발달했다. 실내에서는 소리를 크게 내지르지 않아도 되었기 때문이다.

한편 〈도리화가〉의 마지막은 '언제나 다시 만나 소동파蘇東坡를 읊어볼까.'라고 하여 재회에 대한 기대와 한탄을 보여주고 있다. 그런데 여기서 신재효가 '소동파를 읊어볼까.'라고 표현한 것은 이중적인 의미가 있는 것으로 보인다. 소동파는 송대宋代의 문장가로 〈적벽부赤壁賦〉를 지었다. 〈적벽가〉는 화용도에서 관우가 포위된 조조를 죽이지 않고 너그럽게 길을 터준 〈적벽대전〉을 소재로 한 것이다. 신재효는 소동파를 언급함으로서 대원군이 진채선을 놓아줄 것을 에둘러 간청하고 싶었는지도 모른다. 한편 그의 〈방아타령〉 사설에는 '독수공방 하는 사람 얼마 아니 남은 간장 마디마디 다 끊는다. 날만 찾아 기다리다 만나는 임이 날 곧 새면

가실 텐데 꼬기요 길게 울어 어서어서 재촉한다.' 라는 내용이 있다. 이는 오늘날의 방아타령과는 전혀 다른 것으로 연인에 대한 그리움을 노래하고 있다. 신재효에게 진채선은 애제자인 동시에 사랑하는 정인이었던 것이다.

◆ 〈추풍감별곡秋風感別曲〉을 부르고 대원군에게 낙향을 허락받다

진채선은 신재효의 〈도리화가〉를 전해 듣고 〈추풍감별곡〉을 불렀다고 한다. 〈추풍감별곡〉은 가사歌詞인데 〈채봉감별곡〉이라는 소설에 나오는 곡이다. 그 내용은 평양성 김 진사의 딸 채봉과 선천부사의 아들 필성이 연시戀詩를 주고받으며 약혼했으나 김 진사는 채봉을 허 판서의 첩으로 보내려 했다. 우여곡절 끝에 채봉과 필성은 재회를 하지만 평양감사 이보국이 채봉을 데려갔다. 이에 필성은 이보국의 이방으로 들어가고 채봉은 밤마다 필성을 그리며 〈추풍감별곡〉을 읊는다. 그리고 이들의 사연을 들은 이보국은 두 사람을 결혼시킨다는 것이 그 줄거리이다. 〈추풍감별곡〉은 님을 그리는 내용도 애절하지만 그것을 노래로 듣는다면 누구라도 눈물이 절로 글썽거렸을 것이다. 다음은 그중의 일부이다.

밤은 깊어 먼 곳 나무 희미하고
적적한 빈 방에 홀로 앉아
지난 일 생각하니 설움만 가득하고
산 밖이 태산이요 물 밖이 바다로다.
…
잠들어 꿈속에서나 그리운 그 님 볼 수 있을까

그러나 잠들려 해도 잠 못 드는 이내 신세

…

바람에 지는 낙엽 풀 속에 우는 벌레

무심히 듣게 되면 관계할 바 없건마는

구곡에 맺힌 설움 어찌하면 풀어낼꼬

아이야 술 부어라 행여나 관회할까

잔대로 가득 부어 취하도록 먹은 후에

석양산 길 험한 길로 을밀대 올라가니

풍광은 예와 달라 만물이 쓸쓸하다.

김막례의 증언으로는 대원군이 이 곡을 부르는 진채선의 심정을 알았는지 아니면 진채선의 간청 때문이었는지는 알 수 없으나 낙향을 허락했다고 한다. 이에 진채선은 고창의 신재효를 찾아가 한동안 같이 지내다 1884년 신재효가 세상을 떠나자 삼년상을 지낸 후 이름 모를 암자에서 지내다 생을 마쳤다는 것이다. 그런데 대원군의 총애를 받던 처지에 신재효와 같이 살기는 어려웠을 것이다. 그렇다고 예전처럼 소리를 하러 다닐 수도 없었다고 여겨진다. 그는 세상과 단절되어 살 수밖에 없었을 것이다.

만약에 진채선이 남자로 태어났다면 명창으로 마음껏 기량을 펼치고 제자를 양성하며 판소리의 한 유형을 만들었을지도 모른다. 그러나 그가 살았던 19세기는 신분제와 남녀 차별의 질곡에서 벗어나지 못했던 시대였다. 여성 명창이 예술인으로 공인되기에는 많은 세월을 기다려야 했던 것이다. 그러나 진채선의 등장으로 이후 많은 여성들이 판소리를 배우고 역경을 헤치며 명창의 반열에 오르게 되었다. 진채선은 판소리가 예술로 인정받기 시작하는 시기에 여성도 전문 예술인으로서 판소리의 주역이 될 수 있음을 보여주었다. 이러한 이유로 그가 판소리를 했던 시기는 짧았지만 판소리사에 남긴 영향은 과소평가 될 수 없다고 생각한다.

천민 출신의 무당 딸로 태어나 관아의 기생을 하다 판소리의 세계에 도전한 것은 그 자신이 인간으로서 주체적 인식을 가졌기 때문이 아니었을까? 여성으로 판소리를 배우는 것도 험난한 길이지만 당대의 명창들과 나란히 견줄 정도의 경지에 오른다는 것은 상상조차 하기 어려웠던 일이다. 진채선이 구체적으로 소리공부를 어떻게 했는지는 알 수 없으나 남성 명창의 몇 배 이상의 수련을 했을 것이라 짐작할 수 있다. 그리고 그가 자신만의 독창적인 더늠을 만들었다는 것은 당대의 남성 명창들 속에서 여성 명창으로서의 기량을 보여주기 위한 시도였다고 보여진다. 그가 판소리의 적나라한 사설을 여러 사람 앞에서 부를 수 있었던 것도 그러한 도전정신이 있었기 때문에 가능했을 것이다.

진채선이 나이 어린 20대 여성으로 명창이 된 것은 삶에 대한 도전정신과 소리에 대한 피 나는 노력의 결과였다. 진채선의 등장 이후 명창의 등용문이 된 '전주대사습'에서는 여성 명창들이 대거 등장하여 판소리의 맥을 이어오고 있다. 그런 점에서 진채선의 삶과 소리는 여성의 예술적 역량을 확장시키는 또 하나의 씨앗이 되었다고 생각한다.

여성 의병장에서
항일전사로
나서다

윤희순尹熙順(1860~1935)

19세기는 서구 열강의 제국주의가 전 세계적으로 팽창하던 시대였고, 대내적으로 조선은 사회 전반에 걸쳐 많은 변화의 풍랑을 겪었다. 특히 일본 제국주의의 침략이 단계적으로 진행되어 1910년에는 나라를 송두리째 병탄倂呑당하는 치욕의 역사를 기록하기에 이르렀다. 그리고 1945년 광복이 되기까지 많은 애국 열사들이 구국항쟁을 위하여 싸우다 일제의 총칼 앞에 피를 흘려야 했다. 그들 중에는 많은 여성이 함께 동참하여 청춘과 목숨을 바쳤다.

여성의 병장 윤희순은 구한말 의병장 유홍석柳弘錫(1841~1913)의 며느리로 남편 항재恒齋 유제원柳濟遠, 세 아들 유돈상柳敦相 · 유민상柳敏相 · 유교상柳教相과 함께 의병활동을 한 인물이다. 그의 시아버지인 유홍석은 의병대장 유인석柳麟錫(1842~1915)의 재종형再從兄이다. 윤희순은 9편의 의병가를 지어 항일투쟁을 촉구하는 한편, 여성들도 의병이 되어 일본을 몰아내고 나라를 구하자고 외쳤다. 특히 1907년 강원도 춘성군 가정리 여우천 골짜기에서 벌인 전투에 참여했던 그는 여성 의병 30명을 조직하여 스스로 군자금을 마련하고 무기와 탄환을 제조하는 한편 군사훈련도 받았다. 그리고 1910년 한일합방이 되자 유씨 집안과 함께 만주로 망명을 했다.

윤희순은 가족과 함께 중국의 여러 지역을 전전하다 1912년 중국 환인현에 정착하여 노학당老學堂을 세우고 인재를 양성하는 한편 더욱 맹렬한 항일운동을 전개했다. 1913년 유홍석이 죽고 1915년 남편과 유인석이 세상을 떠난 후에도 윤희순은 아들들과 함께 〈의병군가〉를 짓고 여성들도 의병에 나서도록 독려했다. 그후 1935년 맏아들 돈상이 일본 헌병에게 체포되어 순국하자 윤희순은 분통함을 이기지 못하고 크게 애통해하다 마침내 파란만장한 삶을 마감했다. 이렇듯 40년 동안 항일운동을 펼쳤던 윤희순의 일생은 한 가문의 의병운동사이자 민족의 항일투쟁사와 함께 한 것이었다. 윤희순은 죽기 전 〈해주 윤씨 일생록〉과 〈후손에게 남기는 말〉을 한글로 써서 남겼다. 이 기록들에는 그의 인생관과 교육관이 나타나 있었으며, 그가 평생 가족과 함께 항일투쟁과 구국전선에 나서게 된 배경을 보여주고 있다.

윤희순의 시아버지인 외당畏堂 유홍석柳弘錫과 의암毅菴 유인석柳麟錫은 이항로李恒老를 비롯한 성재性齋 유중교柳重教의 위정척사사상衛正斥邪思想을 정통으로 계승한 유학자들이었다. 19세기에 일본 제국주의에 대항해 전국 각처에서 일어난 의병들은 본래 유림儒林이 중심이었는데, 그들 대부분이 이항로의 문하생들이었다.

그렇다면 책을 읽고 붓을 잡던 유학자들이 의병을 일으키게 된 까닭은 어디에 있을까? 그리고 여성으로서 평생 항일운동에 투신한 윤희순의 구국을 향한 열정은 무엇으로부터 시작된 것일까?

◈ 19세기 서구 열강의 침입과 위정척사의 대두

19세기는 민란의 시대라고 부를 정도로 전국 각지에서 농민봉기가 빈번하게 일어났다. 평안도인에 대한 차별에 불만을 품고 일어난 1811년 홍경래의 난과 탐관오리의 학정虐政이 원인이 된 1862년의 진주민란(임술민란의 시발점이 되었다)이 그 대표적인 경우였다. 그리고 사회적으로는 양반 중심의 신분제가 붕괴되면서 천주교의 전파와 동학東學의 개창 등으로 새로운 사상이 보급되기 시작했다. 또한 국외적으로는 제국주의의 침략이 본격화되었고, 이에 대한 대응으로 대두된 것이 위정척사사상衛正斥邪思想과 개화사상開化思想이었다. 1866년의 병인양요(프랑스 군이 강화를 점령했다 퇴각한 사건), 1871년의 신미양요(미국 상선 제너럴셔먼 호가 대동강을 거슬러 올라와 통상을 요구하다 평양 군민의 화공으로 불타버린 것을 빌미로 미 군함이 강화에 침입했다 물러난 사건), 1876년의 강화도수호조약(병자수호조약. 최초의 불평등 조약으로 일본 침략의 교두보가 되면서 열강의 통상과 침략을 동시에 받게 되는 시발점이 되었다) 등 외세의 침입은 전국의 사대부 유림들을 위정척사사상으로 뭉치게 했다.

1880년 수신사로 일본에 다녀온 김홍집이 〈조선책략朝鮮策略〉을 고종에게 올렸다. 조정에서는 〈조선책략〉의 내용을 적극 수용하여 조선의 외교정책으로 청을 비롯한 서구열강과 수교할 뜻이 있음을 표명했다. 이에 1881년 이황李滉의 후손인 이만손李晚孫을 중심으로 한 영남의 유생들이 만인소萬人疏를 올려 조정의 개화정책에 반대하던 것이 척사상소운동으로 확산되었다. 그러나 일본의 후원으로 신식군대인 별기군別技軍이 창설되어 5영營이 축소되면서 기존의 군인들은 차별대우를 받게 되었고, 다음 해인 1882년 임오군란(13개월이나 밀린 구식 군인들의 군료를 1개월분만 지급했는데, 지급된 곡식에 겨와 모래가 섞여 있고 양도 절반밖에 되지 않은 것이 도화선이 되었다)이 일어났다. 또한 1884년의 갑신정변(김옥균을 비롯한 급진 개화파가 일본의 세력을 이용하여 조선의 독립과 근대화를 표방하며 일으킨 사건으로 청에 의해 진압되었다)은 개화를 표방한 일본의 의도가 좌절된 사건이었지만, 1894년의 동학농민전쟁

(전라도 고부에서 시작하여 삼남 지방을 휩쓴 농민봉기로 반외세, 반봉건을 주창했다)에서 나타나 듯 일본에 대한 저항의식이 일반 민중들 사이에서도 격렬하게 일어날 정도로 일본의 경제적 침탈은 이미 시작되고 있었다.

◈ 시국을 좇아 오륜을 알아야 하느니라

윤희순은 〈후손에게 남기는 말〉에서 "시국을 좇아 오륜을 알아야 한다."라고 당부하고 있다. 그리고 "매사는 자신이 알아서, 흐르는 시대를 따라 옳고 그른 도리가 무엇인가를 생각하여 살아가기를 바란다. 충효정신은 결코 잊어서는 안 되느니라."라고 유언했다. 이 대목은 윤희순이 당대의 유학자 가문으로 출가한 규중 부인이었음에도 집 밖으로 뛰쳐나가 의병활동과 항일투쟁에 나서게 된 이유가 드러나 있다. 오륜은 군신 간의 의리, 부모 자식 간의 친함, 부부 간의 구별, 어른과 아이 간의 순서, 친구 간의 믿음으로 조선시대의 윤리철학이었다. 그리고 그중에서도 임금과 신하는 의리가 있어야 한다는 것이 그 첫 번째였다.

윤희순은 철종 11년(1875) 한양에서 윤익상의 딸로 태어나 16세에 춘천에 사는 유제원과 결혼했다. 어려서부터 총명하고 효성이 지극하며 기개가 빼어났던 윤희순은, 홀로 된 시아버지를 효성으로 섬기고 조상을 받들며 손님을 지성으로 대접하고 집안을 화목하게 하여 시아버지인 외당 유홍석 선생으로부터 효부라 칭찬을 받았다. 그러나 남편 유제원은 외당의 백부伯父인 성재性齋 유중교柳重 집에 공부하러 가 있었고, 외당 선생은 밤낮으로 의병 거사에 골몰하여 어려운 살림은 윤희순이 꾸려갈 수밖에 없었다. 훗날 그는 당시의 처지를 "짝을 잃은 두견새 신세가 되다시피 살자니 항상 쓸쓸히 지내오던 차 외당 선생께서는 나라가 어지러우니 근심이라고 하시며 의병을 모집하여 큰 뜻을 이루기 위해 맘을 잡수시고…"라고 표현했다. 외당 유홍석은 1861년 개항이 되었을 때 척화왜소斥和倭疏를 낸 50여 명 중 한 사람이었다.

1895년 8월 일본공사 미우라 고로가 주동이 되어 명성황후를 시해한 (을미사변) 후, 일본은 조선 내정에 깊이 관여하여 친일내각을 수립했다. 그리하여 김홍집의 친일내각은 11월, 전국에 단발령을 강행했다. 이에 전국의 지방 유생들은 "머리는 만 번이라도 잘릴지언정 상투는 한 번도 자를 수 없다."라고 강렬히 저항했다. 이때 유홍석과 유인석도 함께 의병을 일으켰다. 윤희순은 자신도 따라나서며 의병을 돕겠다고 간청했으나 유홍석이 눈물을 흘리며 당부하기를, "오늘 가는 길은 죽을지 살지 알 수 없으니 너는 조상을 잘 모시도록 하라. 자손을 잘 길러 후대에 충성하고 훌륭한 자손이 되도록 하며 너희는 이런 일이 없도록 해주길 바란다. 네가 불쌍하구나."라고 했다. 그때 유홍석의 나이가 54세였고, 생사를 기약할 수 없는 길을 떠나는 시아버지를 보니 윤희순도 눈물을 멈출 수가 없었다. 그러나 윤희순은 시아버지가 의병으로 나선 후에도 의병으로 나서겠다는 뜻을 굽히지 않았던 것으로 보인다.

시부모를 충효로 이루었듯이 저 죽을 줄 모르고서 충효에만 정신이 들었사오니 어이 하오리오. 장하기도 하옵고 야속하기도 하옵고 하나 충효로 규중부인네 몸으로 봉두난발로 시아버님을 쫓아간다 하오니…. 〈윤씨실록〉 중 황골대소내 족손 모가 성재 선생 댁에 보낸 편지

이 글의 내용으로 보면 윤희순은 머리를 풀어헤칠 정도로 정신없이 의

병을 하러 가겠다고 나서며 집안 어른에게 간청을 했던 것 같다. 당시 윤희순의 맏아들 돈상이 두 살이었으니까 아이와 집안을 부탁했을 것이다. 윤희순이 20년 만에 낳은 아들이었다. 윤희순은 아마도 시아버지와 뜻을 같이하는 것이 효라는 생각을 했고, 또 효보다 우선하는 것이 나라에 충성하는 것이라 믿었던 것 같다. 그러나 주위의 만류와 어린 자식 때문에 쉽게 길을 떠나기는 어려웠다. 윤희순은 산에 단壇을 쌓고 매일 기도를 하며 시아버지가 무사히 돌아오기를 빌었다. 그런데 10개월 만에 돌아온 유홍석은 얼마 되지 않아 다시 의병으로 집을 떠났다.

◆ 1895년의 을미의병乙未義兵을 일으킨 유인석과 유홍석

1895년 명성황후의 시해사건은 을미의병 투쟁을 촉발하게 되었고, 유인석柳麟錫은 호좌의병대장湖左義兵大將이 되었다. 그는 〈격고팔도열읍檄告八道列邑〉이라는 격문을 전국에 띄워 의병봉기의 당위성을 밝히고, 관리들에게 친일행위를 중지하고 의병을 도와 나라의 원수를 갚자고 다음과 같이 호소했다.

아무리 어렵고 위태로운 곳이라도 뛰어들어 기어코 망해가는 나라와 천하의 도의를 다시 일으켜 하늘의 태양이 다시 밝도록 해야 합니다. 이렇게 하면 한 나라만이 아니라 천하 만세에 전할 수 있는 공이요, 업적이 될 것입니다.

이렇게 하여 의병항쟁은 전국으로 확산되어 호좌창의진湖左倡義陣을 편성했다. 화서학파華西學派(화서 이항노의 학맥으로 위정척사와 척왜양이 사상으로 발전됨) 의

유생이 중심이 되어 보부상, 지방군, 동학농민군 등이 참여하여 민병 400명과 포수 수백 명으로 구성되었다. 이때 유홍석도 함께 참여했다. 춘천에서 봉기했던 이소응李昭應은 호좌창의진이 충주성을 점령하자 유인석에게 합류했다. 그러나 왜군의 반격으로 이춘영이 전사하고 물자지원이 부족하여 의병부대는 제천으로 이동했다. 호좌창의진은 의병을 널리 모집했다. 문경의 이강년, 원주의 한동식·이인영 등이 합류하여, 이강년은 수안보의 일본 병참기지를 공격했다. 서상렬은 영남의병과 연합하여 상주의 일본군 병참기지를 공격했다. 의병을 해산하라는 조칙이 있었으나 유인석은 거부했다. 그후 관군과 일본군이 연합하여 제천을 대대적으로 공격하여 유인석의 부대는 단양, 화천, 양구, 소금강을 지나 결국 240여 명이 압록강을 건너갔다.

1895년 10월, 유인석은 고종으로부터 귀국하라는 초유문招諭文을 받고 귀국했다가 다음해 봄 다시 요동으로 망명했다.

◆ 아무리 남녀가 분별한들 나라 없이 소용 있나

시아버지가 의병으로 나간 뒤 동네에 의병대들이 찾아오자 윤희순은 식구들 양식과 춘천의 숯장수들이 숯을 사기 위해 맡겨놓은 곡식까지 군량미로 건네주고 밥을 지어 먹었다. 이에 집안 어른들이 윤씨네가 어떻게 살지 걱정을 할 정도였다. 그래도 윤희순은 그날 저녁 마을의 안사람들을 모아놓고 의병 돕기에 나서자고 주장했다. 반대하는 사람도 많았으나 친척들이 앞장 선 결과 의병들이 오기만 하면 잘 도와주었다. 윤희순은 자신이 직접 의병으로 나서지 못하자 여러 가지로 고민을 했다. 그래서 택한 방법이 격문檄文과 포고문佈告文을 짓고 〈안사람 의병가〉를 만들어 노래 부르게 하는 것이었다. 〈왜병대장 보거라〉는 조선 선비의 아내 윤희순의 이름으로 왜장에게 보낸 포고문이다.

만약 너희 놈들이 우리 임금님, 우리 안사람네들을 괴롭히면 우리 조선의 안사람들도 가만히 보고만 있을 줄 아느냐. 우리 안사람도 의병을 할 것이다. 더욱이 우리의 민비를 살해하고도 너희 놈들이 살아서 가기를 바랄쏘냐… 우리 조선 안사람이 경고한다.

〈안사람 의병가〉는 여성도 의병으로 나서자고 독려하는 내용이었다. "아무리 남녀가 분별한들 나라 없이 소용 있나."라는 대목은 오륜에서 남편과 아내가 유별하다 했지만 나라의 운명이 국모가 살해되는 풍전등화 같은 시국에서는 소용이 없다는 것을 강조한 것이다. 특히 윤희순의 〈안사람 의병가〉는 시아버지이자 의병장인 유홍석이 지은 〈안사람 의병가〉 노래가 여자들은 의병의 의복 버선이나 손질하고 따뜻하고 아늑하게 돌봐주자는 것과는 출발점이 다르다. 윤희순은 일본을 무찌르려면 한 사람의 의병이라도 더 필요했던 현실을 피부로 느꼈던 것이다. 그래서 의병들의 동참을 호소하고 항일정신을 고취하기 위해 의병가를 지어 노래 부르게 했다.

아무리 왜놈들이 강승强勝한들 우리도 뭉쳐지면 왜놈잡기 쉬울세라 / 아무리 여자인들 나라사랑 모를손가 / 아무리 남녀가 분별한들 나라 없이 소용 있나 / 우리도 나가 의병 하러 나가보세 의병대를 도와주세 / 금수에게 붙잡히면 왜놈 시정施政 받들손야 우리 의병 도와주세 / 우리나라 성공하면 우리나라 만세로다 / 우리 안사람 만세 만만세로다. 〈안사람 의병가〉

애달프다 애달프다 / 형제 간에 싸움이요 부자 간에 싸움이라 / 이런 일이 어디 있나… / 우리 조선 버리고서 남의 나라 섬길손야… / 자기 처를 버리고서 남의 처를 사랑하니 / 분한 마음 볼 수 없어 내 가슴을 두드리니 / 내 가슴만 아프구나 / 괜한 목숨 아무 데나 버릴손야 / 나도 나가 의병하세 의병들을 도와주세. 〈애달픈 노래〉

우리 조선 청년들아 의병하여 나라 찾자 / 왜놈들은 강승한데 우리나라 없이 어느 곳에 살자 하며 / 이 나라에 살자면 왜놈들을 몰아내어 우리 집을 지켜가세… / 우리 조선 사람 농락하며 안사람들 농락하고 / 민비를 살해하니 우리인들 살 수 있나 / 빨리 나와 의병하세… / 이왕 죽는 목숨이니 의병하다 죽는 것은 떳떳한 죽음이런만은 / 눈치보고 있다가 죽는 것은 개죽음이다 / 빨리 나와 의병하세 / 각 도에서 천지가 무너지는 듯 의병을 하는데 / 가만히 보고만 있을쏘냐 / 나도 나가 의병하여 나라 찾고 분을 풀어보세… / 나라 없이 살 수 있나 죽더라도 나가보세 / 왜놈들을 잡아다가 살을 갈고 뼈를 갈아도 한이 안 풀리는데 / 우리 청년들이 가만히 있을쏘냐 / 나가보세 의병하러… 〈방어장〉

〈방어장〉은 현재 전하는 의병가사義兵歌詞 중 최초의 작품으로 알려져 있다. 그런데 원문에 "외당 선생께서 방어를 지어 곳곳에 부치시던 글을 내가 써서 붙여 보고 다시 내가 지어 토를 부치던 글이니라. 윤희순 씀." 이라 되어 있다. 시아버지 유홍석은 유학자라 한문으로 썼을 것이고 이를 읽은 윤희순이 다른 사람에게 한글로 옮기게 한 후 다시 개작을 했던 것이다. 윤희순은 알기 쉬운 한글로 지어 한 사람이라도 더 의병으로 나서기를 간절히 원하는 마음에서 자신의 항일 감정을 여과 없이 담았다.

위 내용은 그야말로 사람의 감정을 동요시킬 정도로 격렬한 항일정신이 드러나 있는 동시에 윤희순의 절절한 구국정신을 보여주고 있다.

또한 1895년 12월 19일이라고 기록된 〈방어장〉은 군가 형태로 의병의 이유와 명분을 분명히 밝히고 있다. 일본은 동학농민운동으로 시작된 청일전쟁(1894)에서 승리한 후 조선 조정에 노골적으로 압력을 가하며, 친러정책을 펴던 명성황후를 시해하는 만행

윤희순의 항쟁사를 기록한 책으로 중국 요녕 민족출판사에서 출간. 중국 동포학자 김양(전 요녕대 교수)의 저서.

을 서슴지 않았다. 윤희순은 이렇듯 일국의 국모를 살해하고 조정의 내정을 마음대로 간섭하니 이는 나라를 잃은 것과 같다고 보았고, 그 때문에 의병이 되어 싸워서 일본을 몰아내자고 천명했던 것이다. 당시 〈구한말 제천의병〉의 '의병창의를 하면서'라는 유학자가 지은 것과 비교하면 사람들에게 주는 메시지의 강도가 현격히 다름을 알 수 있다.

늘그막에 밭두둑을 박차고 나선 뜻은 / 초야의 붉은 정성 바치려 함이었네. 난적亂賊을 치는 것은 누구나 해야 할 일 / 고금古今이 다름없네, 까닭을 묻지 말게. (의병창의를 하면서)

의병가는 문학성보다 의병을 격려하고 의병정신을 고취하는 것이 목적이므로 분기탱천하는 감정을 불러일으켜 항일의지를 더욱 굳건하게 하는 것이 급선무였다.

윤희순이 포고문과 〈안사람 의병가〉 등을 지어 노래 부르게 하니, 집안의 족모族母가 성재省齋 유중교柳重敎(윤희순의 시종조부媤從祖父)에게 편지를 보냈다.

저녁이고 낮이고 밤낮으로 소리를 하는데 부르는 소리가 왜놈들이 들으면 죽을 소리만 하니 걱정이로소이다. 실성한 사람 같사옵고 하더니 이젠 아이들까지 그러하며 젊은 청년 새댁까지도 부르고 하니 걱정이 태산이로소이다.

그러나 윤희순의 남편 항재 유제원은 이러한 아내의 행위에 대해 혁명적이며 큰 인물이라며 깊이 이해해주었다.

그리고 여자들도 나라를 위하여 일어나자고 했다. 집안일만 하고 문밖 출입이 없던 당시 여자들에게 이와 같은 외침은 크나큰 혁명이 아닐 수 없다. 더구나 남자들도 목숨을 나라에 바치라면 도망가는 것이 보통인데 가정부인들에게 이런 엄청난 강요를 한 것은 여간 큰 여걸이 아니고서는 도저히 꿈에도 생각하지 못할 일이다… 부인은 이 여자들을 깨우쳐 주기 위하여 안사람 의병가를 지어 모든 여자들이 함께 부르게 했으니 다음과 같다. 의병에게 총부리를 대어 골육상잔의 참극이 벌어졌다. 부인은 크게 한탄하고 애달픈 노래 및 병정가를 부르게 했으니 다음과 같다. 《외당선생삼세록畏堂先生三世錄》,〈항재실록恒齋實錄〉, 행장行狀

252

윤희순은 훗날 "의병을 돕고 포고문과 가사를 지어 노래를 부르게 하는 것도 고생스러웠지만 이런 일을 남자들이 모르도록 표시 없이 하자니 근심이 많았다."라고 고백했지만 남편과 시댁 어른들이 모를 까닭이 없었다. 그러나 윤희순의 투철한 구국 열정은 보수적인 유학자 집안 사람들조차 말릴 수가 없었고, 남편 유제원은 누구보다도 윤희순의 의병운동을 높이 평가했던 것이다.

◆ 나라에 은혜는 갚지 못할망정 제 나라를 팔아먹은 왜놈 앞잡이들아

1896년 윤희순은 '왜놈 앞잡이들아' 라는 글을 지어 친일파를 향해 사죄를 촉구했다.

이 나라에서 태어나서 나라에 은혜는 갚지 못할망정 제 나라를 팔아먹고 제 부모를 팔아먹고, 자기 성, 자기 조상, 자기 식구, 자기 몸뚱어리를 팔아서 돈을 벌며 명의名義를 얻어 어느 곳에 쓴단 말인가. 이 짐승 같은 놈들아. 이제라도 마음을 고쳐 모든 죄를 씻어 분기奮起하신 너의 조상 앞에 사죄를 고하여라. 후대에 너의 자식 손자까지 대대로 무슨 낯으로 이 나라에서 산단 말이냐. 후대에 너의 자손이 원망하지 않도록 하여라. 《외당선생삼세록》, 〈윤씨실록尹氏實錄〉, 행장

또한 윤희순은 왜놈과 함께 일본을 위해 싸우는 '부왜병정附倭兵丁' 들을 짐승과 오랑캐에 비유하며 무서운 질타를 퍼붓는 〈병정노래〉를 지었다.

우리나라 의병들은 애국으로 뭉쳤으니 / 고혼孤魂이 된들 무엇이 서러우

라 / 의리로 죽는 것은 대장부의 도리거늘 / 죽음으로 뭉쳤으니 죽음으로 충신되자 / 우리나라 좀벌레 같은 놈들아 / 어디 가서 살 수 없어 오랑캐가 좋단 말인가 / 오랑캐를 잡자하니 내 사람을 잡겠구나 / 죽더라도 서러워하지마라 / 우리 의병은 금수禽獸를 잡는 것이다… 〈병정노래〉

위 글은 병신丙申 춘작春作이라고 되어 있으니 1896년이며 봄에 처음으로 춘천에서 의병전투가 일어났던 때이다. 윤희순은 의병이 봉기하는 시점에 맞춰 의병가를 지었던 것이다. 그는 여러 편의 〈의병군가〉를 지어 "나라 없이 살 수 없고 인군人君 없이 살 수 없으니 왜놈을 잡는 의병이 만세"라고 격려하는 한편, 〈병정가〉를 지어 왜놈들은 우리 대에 못 잡으면 후대에 가서는 못 잡겠느냐는 한맺힌 의지를 다짐했다. 윤희순의 의병가는 춘천뿐 아니라 제천의병부대에서도 널리 불렸다고 한다.

◆ 1905년 을사늑약乙巳勒約 당시 여성들의 항거와 항일의식

1904년의 러일전쟁에서 전세가 유리하게 전개되자 1905년 일본은 미국과 가쓰라 태프트 밀약을 체결하여 미국의 사전 묵인을 받았고, 영국과는 제2차 영일동맹을 체결하여 양해를 받았다. 그 내용은 한국의 외교권을 박탈하여 보호국가로 한다는 것이었다. 그리고 바로 을사늑약을 체결했다. 이때 늑약 체결에 찬성한 5명은 박제순, 이지용, 이근택, 이완용, 권중현 등으로 이들을 '을사오적乙巳五賊'이라 했다. 을사늑약의 사실이 알려지자 장지연張志淵은 〈황성신문〉 11월 20일자에 논설 '시일야방성대곡是日也放聲大哭'을 발표하여 일본의 침략성과 을사오적을 규탄했다. 각처에서 유생들과 전직 관리들이 상소를 올리고, 민영환을 비롯하여 조병

세, 송병찬, 홍만식 등이 죽음으로 항거했다. 이때 여성들도 함께 참여했으니 을사늑약을 파기하라고 상소하다 헌병대에 투옥되어 죽은 이건석을 비롯한 8명의 부인들은 매서운 추위 속에서 옥바라지를 하여 '팔의부八義婦'라 불렸다.

한편 을사늑약을 반대했던 한규설의 소실은 남편이 자결하지 않고 살아 돌아온 것을 꾸짖으며 스스로 굶어 죽기를 결심했다. 이한영, 조동윤, 이두노의 부인들도 나랏일을 그르치고도 죽지 못한 남편들을 꾸짖고 단식투쟁을 했다. 또한 을사오적 중 하나인 이근택의 집에서 일하던 침모와 부엌일을 하던 여성들은 역적의 하인 노릇을 할 수 없다고 욕하고 그집을 나갔다.

이제 여성들도 국가의 중대사에 자신의 신념을 적극적으로 표명하고 실천하게 되었던 것이다. 을사늑약 이후 여성의 항일의식이 고조되는 가운데 여성 교육의 중요성이 부각되기 시작했다. 한말의 민족사학자이며 독립운동가인 박은식朴殷植은 "이천만의 대한 인구 중 반수가 여자인데 그 반수가 교육이 없어 야매野昧한 자가 되면 타국 인민을 대적할 능력이 있겠냐."라며, "여성 교육은 생존의 제일 긴요한 관문이다."라고 하여 여성 교육을 적극 강조했다.

1906년 서울에는 양규의숙을 비롯하여 진명여학교 · 명신여학교 · 동덕여학교가, 평양에는 애국여학교 등 지방에도 많은 여학교가 차례로 설립되었다.

◆ 최초로 '안사람 의병단'을 만들어 군사활동을 펼치다

을사늑약이 체결되자 유인석은 전국의 유림에게 통문을 돌려 일본의

만행을 규탄하고 국민적 단결을 호소했다. 시아버지인 유홍석은 다시 의병을 일으켰다. 강원도에서 시작된 의병항쟁은 충북, 경기, 중부지역으로 확산되었다. 이때 유림의 거두라 불렸던 최익현崔益鉉(1833~1906, 항일의병운동을 하다 일본군에게 붙잡혀 대마도로 끌려가 옥사했다)이 전라도 태인에서 거의擧義하자 전국의 유생들이 참여하게 되었다. 홍주의 민종식, 공주의 이세영 등과 함께 경북 영해에서는 평민 출신의 신돌석 등이 의병대장으로 활약했다.

1907년 2월 대구에서 국채보상운동(1904년 고문정치를 하며 통감부가 일본에서 차관을 들여와서 부채가 엄청났다. 이것을 갚는 것이 주권 수호라 생각하여 모금을 한 운동)이 일어났다. 이때 부녀자들은 "나라 위하는 마음과 백성된 도리에 어찌 남녀가 다르리오."라고 하며 전국적으로 적극 동참했다. 서울에서는 이준 열사의 부인 이일정이 주도하여 대안동국국채보상부인회가 결성되었다. 그런데 7월에 일제는 헤이그 밀사사건(이준 열사가 자결했다)을 빌미로 고종 황제를 강제로 퇴위시키고 정미 7조약을 체결했다. 그리고 군대까지 해산했다. 이에 일본의 만행에 분개하는 반일감정이 폭발하여 전국적으로 다시 의병이 확산되면서 유림과 농민·상인과 함께 해산된 군인까지 합세한 전민족적 항쟁으로 변했다. 민긍호가 이끄는 원주 진위대가 의병화하여 13도 연합의병대가 결성되었고, 경기의 허위許蔿를 중심으로 서울 진공작전을 펼쳤으나 실패로 끝났다.

유홍석은 춘천 진병산 의암소에서의 싸움과 홍천전투에서 패하자 청년 600명과 여성, 노소들을 춘성군(지금의 춘천시 남면) 가정리 여우내 골짜기에 모아 군사훈련을 다시 실시한 후 가평 주길리전투에 나가게 되었다.
윤희순은 이 군사훈련에 30여 명의 안사람 의병단을 이끌고 참가했다. 뿐만 아니라 의병 뒷바라지는 물론 군자금을 마련하여 놋쇠와 구리를 구입해 무기와 화약까지 만들며 적극적인 항일투쟁에 나섰다(당시의 화약 제조 유적이 아직도 남아 있다). 아마도 윤희순은 시아버지인 유홍석의 부대가 계속 전투에서 패했다는 소식을 들었던 것 같다. 그 소식을 듣고 윤희순은 동네 부인들과 함께 안사람 의병단을 만들어 의병부대로 달려갔던 것이다. 집안의 족모가 성재 선생 댁에 보낸 편지에는 윤희순에 대해 근심을 하면서도 그의 나라를 위하는 충정을 이해하고 있음이 나타나 있다. 그런 까닭에 나라를 구하겠다고 나선 것이 장한 일이니 전통적인 법도를 내세워 너무 나무라지 말라는 배려도 덧붙였던 것이다. 이는 평생을 남녀차별 속에서 부덕을 지켜온 나이 많은 사대부 여성조차 남녀의 법도보다는 구국항쟁이 더 중요하다고 느꼈던 것이 아니었을까?

하루는 모여 숙덕숙덕하더니 집 좀 봐달라고 하여 어린것을 떼어놓고 남복차림에 나서며 최골댁과 윤집이 제천 장담 성재 댁을 간 지가 수일이 되도록 소식이 없사오니 근심이 되어 알고저 하옵고 만약 거기에 있사오면 잘 타일러 보내주시옵기 바라나이다. 그리고 요사이는 윤희순이가 누구냐고 묻는 사람이 많아지고 하니 조심하라고 하옵소서. 걱정이 태산 같사오니 잘 훈계하여 주소서. 허나 저로서는 그 사람들이 장하기도 하옵나이다. 시국이 이렇듯이 혼란 중에 법도가 무슨 소용이 있사오리오. 〈윤씨실록〉 황골대소내 존속 모가 성재 선생 댁에 보낸 편지

위 내용으로 보면 윤희순이 안사람 의병단을 만들어 유홍석의 의병부대로 떠나면서 집안 족모에게는 제천의 성재 선생 댁에 다녀오겠다고 둘러댔던 것으로 짐작된다. 윤희순의 시댁은 이항로의 학파였던 만큼 남녀

차별적인 인습이 강한 분위기였다. 특히 유씨 집안의 정신적 지주였던 유인석의 여성관은 지극히 봉건적이었다.

여학교라는 것은 천지를 본받지 않아 금수와 같은 사람을 만들어내는 곳이라 말하지 않을 수 없다. 옛 성인은 천지의 도를 근본으로 삼아 남녀의 성품에 따라 그 가르침을 달리했던 것이다… 여자는 밖으로 나가지 않고 여선생의 가르침에 따라 여자의 할 일을 배우고… 마침내 자기 마음대로 처리하지 않고 남편과 아들을 공경하고 섬기게 된다.

그런데 문중門中의 규중 부인이 포고문과 의병가를 짓는 것도 모자라 부인들을 모아 자식도 팽개치고 의병으로 나섰으니 집안 어른들의 걱정과 반대가 적지 않았을 것이다. 그러나 윤희순은 나라를 구하는 것이 조상과 의병항쟁을 하는 시아버지에게 효도하는 길이고, 그것이 후손을 잘 기르기 위해서라고 생각했다. 그리하여 시댁 어른들의 근심과 훈계를 감수하고 의병으로 나설 수밖에 없었다. 이렇듯 그의 투철한 항일의지와 애국심은 시아버지를 설득하고도 남았을 것이다.

가평 주길리전투에서 유홍석이 큰 부상을 입고 제천에서 치료를 받게 되었다. 1909년 안중근 의사가 이등박문을 사살함으로써 의병의 사기가 높아졌다. 유홍석은 재차 거병하려던 중 1910년 한일합방이 이루어졌다. 이 소식을 들은 유홍석은 통곡하면서 오랑캐의 정사政事를 받을 수 없으니 가족이 모두 자결할 뜻을 보였다. 그러자 아들 유제원이 죽기보다는 요동으로 건너가 후일을 기약하자고 권유했다. 1911년 유홍석은 70세의 노구를 이끌고 먼저 이역만리로 떠났다. 그런데 다음 날 왜병들이 침입하여 윤희순과 맏아들 돈상을 붙잡았다. 유홍석이 간 곳을 대라고 하자 윤희순은 "나라와 겨레의 광복을 위하여 투쟁하시는 아버님의 가신 곳을 설혹 안다고 하더라도 원수인 네놈들에게 말할 수 없다."라고 호통을 쳤다. 왜병은 아들을 때려죽인다고 협박했으나 "어린 아들을 죽인다고 내가 거룩하신 독립투사 아버님과 자식을 바꿀 줄 아느냐?"라며 윤희순이 호통을 치자 그 모습에 놀란 왜병들은 더는 말 못하고 돌아갔다. 자식의 생명이 생사의 갈림길에 놓인 순간조차도 그는 한 치의 망설임도 없이 나라를 구하는 일을 선택했다. 그것은 집안 어른에게 미친 듯도 하다는 말을 들을 정도로 오직 항일과 구국에 대한 열정만이 가슴에 가득했기 때문이었다.

◆ 민족학교 '노학당'을 세워 반일 애국노래를 가르치다

유인석을 비롯한 윤희순의 시가와 의병가족 45가구가 처음 정착한 곳은 중국 신빈현 평정산진 난천자 마을로 '고려구'라고 불렸다. 고려구는 평정산 산골이라 안전하게 지낼 수 있었다. 고려구에서 이들은 향약鄕約을 조직하고 협력해 옥수수, 수수쌀로 연명하면서도 항일투쟁에 대한 준비를 계속했다.

1912년 윤희순 가족은 난천자 마을을 떠나 환인현 팔리전자진 취리두로 이사했다. 윤희순은 환인현桓仁縣 환인읍 읍내에 민족학교인 '동창학교東昌學敎'가 건립되자 보락보진普樂堡鎭에 분교인 '노학당老學堂'을 세웠다. 이곳에서 50여 명을 배출했다고 한다. 독립운동가 이회영李會榮(1867~1932. 1910년 중국 길림성으로 망명하여 1921년 신채호와 함께 임시정부의 단합을 위해 노력했다. 이시영의 중형이다), 우병열, 채인산 등의 찬조가 있었고 윤희순이 교장을 맡았다. 그는 학교의 운영자금을 모금하면서 항일운동을 함께 펼쳤

다. 그는 노학당이 있는 보락보진과 30km 떨어진 팔리전자진八里甸子鎭의 집을 오가며, 조선인 500여 호가 거주하는 중간 지점인 오리전자五里甸子 일대를 들러 항일운동과 노학당 운영자금을 전담했다. 오리전자 협피구 마을은 1919년 3·1운동 소식이 전해지자 조선독립만세를 외친 곳으로 유명하다. 이 마을에 살던 이쟁영 씨는 1999년 당시에 다음과 같이 증언 했다.

보락보에 있는 노학당의 윤 교장이라는 조선 여성이 가끔 오는 데 반일 선전도 하고 친히 작곡 작사한 애국노래를 가르쳐준다고 조선인들이 자랑 스럽게 말하는 걸 들었다. 윤 교장이 가르쳐준 반일, 애국노래는 힘과 용기 를 주었다. (강원일보, 2002년 8월 15일자)

이때 부른 반일 애국노래가 윤희순의 〈의병군가〉였다.

나라 없이 살 수 없네 나라 살려 살아보세 / 인군 없이 살 수 없네 인군 살 려 살아보세 / 조상 없이 살 수 없네 조상 살려 살아보세 / 살 수 없다 한탄 말고 나라 찾아 살아보세 / 전진戰陣하여 왜놈 잡자 / 만세만세 왜놈 잡기 의 병만세

노학당이 있던 보락보진에도 생존해 있는 중국인 중에는 '조선 여성 윤 교장'을 기억하는 사람이 있다고 한다. 독립운동가 후손인 박춘배(박 종수의 손자)의 증언에 의하면 "할아버지 생전에 노학당과 연설 잘하는 윤 교장의 이야기를 늘 인상 깊게 들었다."라고 회상했다.

◆ 우리 조선인은 목숨을 내놓을 테니 중국인은 식량과 터전을 주시오

현재 중국 오리전자진에 사는 중국인들은 이를 악물고 일하는 사람들, 목숨 걸고 일제와 싸우는 사람들이 바로 조선 사람이라고 기억하고 있다고 한다. 실제로 윤희순도 황무지를 개간하여 생계를 꾸리면서 조선인과 중국인들에게 단합해서 일제와 싸우자고 반일사상을 선전하고 다녔다는 것이다. 그는 중국인들에게 "우리 조선 사람은 목숨을 내놓을 테니 당신네 중국 사람은 식량과 터전을 주시오."라고 설득하며 함께 항일투쟁에 나설 것을 역설했다. 또한 "일본의 노예가 되지 말고 마음을 합해서 몰아내야 조선 사람이 살지 그렇지 않으면 못 산다."라는 말을 자주 했다고 한다.

1913년 유홍석이 세상을 뜨고 2년 뒤 남편 항재 유제원도 불귀의 객이 되었다. 윤희순의 애통함과 분한 심정에는 망국의 설움까지 겹쳤을 것이다. 그러나 그는 비통함에 잠기는 대신 아들 돈상과 함께 독립투쟁의 의지를 더욱 불살랐다. 돈상은 각지로 다니며 동지를 모으고 윤희순은 〈의병군가〉와 〈안사람 의병가〉를 가르쳐 의병에 나서도록 선동했다. 이 시기의 의병은 독립군으로 합류해갔다. 아들 돈상은 독립단을 만들어 독립운동을 펼쳤는데, 군자금을 모금하며 여자들도 군사훈련에 참가시켜 가족부대를 만들었다. 그러나 윤희순 일가는 1915년 취리두를 떠난 뒤 무순, 관전, 환인, 석두성, 해성 등 요녕성 일대 10여 곳을 전전할 수밖에 없었다. 일본 경찰의 습격과 밀정의 밀고 때문이었다. 그런 와중에도 윤희순은 돈상敦相(1894~1935), 민상敏相(1897~미상), 교상敎相(1902~1950) 등 세 아들을 모두 독립운동가로 키웠다. 윤희순 가족이 광복 직전까지 살았던 중국 해성시 묘관촌 중국인들은 그의 셋째 아들 유교상을 '류세즈'(유 절

름발이)로 기억하고 있다. 유교상이 10대에 비밀문서를 품고 심부름을 하다 말이 넘어지면서 무릎을 찧어 다리가 자라지 못했던 것이다. 그리고 유돈상이 독립운동을 하다 무순에서 체포되어 순국하자 그 아들 유연익은 유민상과 유교상에게 의탁하여 독립군의 심부름을 하며 유년기를 보냈다고 한다. 그야말로 온 가족이 항일운동에 투신했는데, 그 중심에 윤희순이 버티고 있었던 것이다.

◈ 만리타국 원한 혼이 될 수 없어 서럽구나

윤희순은 20년 동안 일가를 끌고 독립운동을 했다. 그가 겪지 않은 일이 있었을까 싶다. 언젠가는 일본 경찰을 피해 이사를 가려고 여러 집의 살림을 한곳에 모아두었다. 남자들은 시장에 가고 여자들은 저녁 준비를 하는데 일본 경찰과 앞잡이들이 집에 불을 질렀다. 모든 살림과 서적이 불타는 가운데 손자, 손녀들이 불 속에서 우는 것을 윤희순이 뛰어들어 간신히 구해내었다. 남자들은 산 속에 숨어 있고 여자들은 왜놈에게 끌려갔다가 석방된 후 10여 명의 여자들은 중국인의 도움으로 연명을 했다. 그리고 각자 흩어져 살기로 했다. 이때 윤희순은 절망하는 가운데서도 조선의 광복에 대한 강한 열망을 드러내고 있다.

이렇게 기구하게 살자니 죽어지면 좋겠는데 죽자 하니 우리 조선에 가서 죽으며 광복이 빨리 와서 자손들이 잘사는 걸 보고도 싶고 차마 죽을 수도 없고 죽어지지도 않고 하여 원수로다.

1919년 전 민족이 참여한 3·1만세운동 이후 만주, 러시아에서 활동하던 독립군의 역량이 강화되어 전세가 고조되었다. 따라서 독립군의 국내진공작전이 본격화되었다. 1920년 일본은 간도침공을 위해 독립군 섬멸작전에 나섰으나 김좌진의 청산리대첩과 홍범도의 봉오동전투에서 참패를 당했다. 이때 한국독립군들은 러시아령의 자유시로 이동하는 중 1921년 러시아 군과 교전이 일어나 참변을 당하고(자유시사변) 다시 만주로 옮겨가게 되었다. 이렇듯 당시의 독립군들은 타향살이의 설움과 핍진한 생존의 고통을 견디면서도 항일투쟁을 계속해 나갔다.

윤희순이 1923년 정월 대보름날 밤에 쓴 가사歌詞〈신세타령〉은 의병 생활의 생생한 현실적 고통과 자신의 심중을 솔직히 토로하고 있다.

…

애닯도다 애닯도다 우리 의병 불쌍하다
이역만리 찬바람에 발자국마다 얼음이요
발끝마다 백설이라 눈썹마다 얼음이라
수염마다 고드름이 눈동자는 불빛이라
부모처자 떨쳐놓고 나라 찾자 하는 의병
불쌍하고 불쌍하다 물을 잃은 기러기가
물을 보고 찾아가니 맑은 물이 흙탕이요
까마귀가 앉았구나
…

어느 때나 고향 갈까 죽은 고혼 고향 갈까
까막까치 밥이 될까 어느 짐승 밥이 될까
어느 사람 만져줄까 나라 잃은 설움이란
하루 살면 살았거늘 어이 이리 서러우냐

둘도 없는 목숨 하나 나라 찾자 하는 의병

장하기도 장하도다 이역만리 타국 땅에

남겨둔 건 눈물이라 슬프고도 슬프도다

…

엄동설한 찬바람에 잠을 잔들 잘 수 있나

동쪽하늘 밝아지니 조석거리 걱정이라

이리하여 하루살이 살자 하니 맺힌 것이 왜놈이라

어리석은 백성들은 왜놈 앞에 종이 되어

저 죽을 줄 모르고서 왜놈 종이 되었구나

슬프고도 슬프도다 맺힌 한을 어이할고

자식 두고 죽을쏘냐 원수 두고 죽을쏘냐

내 한 목숨 죽는 것은 쉬울 수도 있건만은

만리타국 원한 혼이 될 수 없어 서럽구나

…

   윤희순은 자신이 환갑이 넘도록 조선의 독립은 이루어지지 않고, 많은 사람들이 항일의지를 꺾어 변절하는 세태를 목격했다. 그런 와중에도 오직 나라를 찾겠다는 일념으로 이역만리 타국 땅에서 추위와 배고픔을 견디는 의병에 대한 연민은 한없이 깊어만 갔다. 광복이 되기 전까지는 죽을 수도 없다는 비장한 각오를 다진 것은 이 때문이었으리라. 일제강점기의 저항시인 이상화가 〈빼앗긴 들에도 봄은 오는가〉(1926)라고 외쳤듯이 "푸른 웃음 푸른 설움이 어우러진 사이로 다리를 절며 하루를 걷는" 상황에서도 윤희순의 광복을 향한 붉은 열정은 활화산 같았다. 그러나 1935년 맏아들 돈상이 독립운동을 하다 무순撫順에서 일본 헌병에게 체포되어 순국하고 며느리마저 죽자, 윤희순은 11일 뒤 자손에게 훈계하는 글과 일생록을 남기고 생을 마감했다. 그의 나이 76세였다. 너무나 안타깝게도 자신의 소원과는 달리 광복을 보지 못한 채 차가운 타국 땅 요동 해성현에서 세상을 버리고 말았다. 하지만 그의 꺾이지 않은 항일독립정신은 후손에게 면면히 전해지고 있다.

윤희순의 친손자 유연익(광복회 강원도 지부장)의 증언에 의하면, 그는 고아 신세에 할머니마저 돌아가시자 작은아버지의 슬하에서 지냈고, 8~10세 때는 심양에서 50km 떨어진 무순을 오가며 독립운동가들의 심부름을 했다고 한다. 그후 광복이 되면서 고국으로 돌아와 온갖 고생을 하면서도 자수성가할 수 있었던 것은 그의 가슴 속에 할머니 윤희순의 유언이 깊이 새겨져 있었기 때문이었다고 회고했다.

윤희순이 자손에게 훈계한 내용은 충효정신과 타인에게 성심성의로 대하라는 것이 요체이고 "모든 정신은 발끝에서부터 머리까지 조심이 있어야 한다."라고 했듯이 금전에 대한 욕심도 경계했다. 그리고 그는 '충효애국정신 자손만대보존'이란 유훈遺訓을 남겼다. 윤희순은 만주 해성현 묘관둔에 묻혔으나 1994년 정부의 후원과 친손자 유연익의 노력으로 춘천시 남면 관천리 선영에 돌아와 합장되었다. 1983년 대통령 표창, 1990년 건국훈장 애족장을 추서했다.

구한말에 태어나 유학자 출신의 의병운동가 집안으로 출가했던 윤희순은 30대의 나이에 의병가를 짓고 40년을 항일투쟁을 한 여성이다. 따라서 그와 그의 가족사는 피 맺힌 한국 근대사의 한 페이지이자 숭고한 항일투쟁사의 단편인 셈이다. 그런데 왜 그는 여성으로 풍랑의 시대 속에서 항일투쟁의 가시밭길을 선택했던 것일까? 그가 남긴 자손을 훈계하는 글에서 우리는 그 해답을 찾을 수 있다. "사람이 해야 할 일 외에는 하지 마라." "매사는 자신이 알아서 흐르는 시대를 따라 옳은 도리가 무엇인지 생각하여 살아가길 바란다."는 내용은 윤희순의 인생관을 단적으로 표현한 것이다. 어떻게 보면 그는 오륜에 충실한 삶을 추구하는 전통적 가치관을 가졌던 여성이다. 그러나 한편으로는 전통과 인습에 머무르지 않고 시대가 요구하는 현실적 상황을 정확히 인식하고 실천했던 삶의 소유자였다. 자신이 선택한 길을 희망과 열정으로 인내했던 조선의 아내였고 어머니였다.

뒤늦게나마 몇 년 전부터 그의 삶이 새롭게 재조명되고 있는 것은 다행스런 일이라 생각한다.

현재(2005년 기준) 9,694명의 독립유공자 중 여성은 154명으로 1.6%에 불과하다고 한다. 게다가 대부분의 국민이 알고 있는 여성 독립운동가는 유관순뿐인 것이 우리의 현실이다. 이는 과거의 남녀 불평등적인 교육이 계속되고 있음을 단적으로 드러내는 부분이다.

오늘날 우리 사회가 당면한 사회문제의 핵심에 여성 교육이 있다고 생각한다. 우리는 과연 가정과 학교와 사회에서 여성에게 무엇을 가르치고 있는가? 그리고 여성들은 무엇을 배우고 있는가? 우리 시대가 요구하는 여성상은 어떤 것인가를 자문해봐야 하지 않을까? 현재의 역사를 살고 있는 우리가 한 인간으로서 여성으로서 무엇을 지향하며 살아야 하는지를 고민할 때 윤희순의 삶은 하나의 이정표가 될 것을 확신한다.

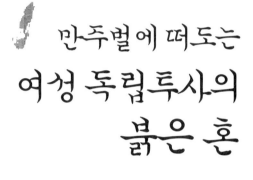

만주벌에 떠도는
여성 독립투사의
붉은 혼

남자현南慈賢(1872~1933)

1933년 2월 27일 중국 하얼빈 교외 정양가正陽街에서 중국인 차림의 거지노파가 일본 경찰에게 체포되었다. 그의 몸을 수색하니 폭탄과 권총이 나왔고, 피 묻은 옷을 감고 있었다. 그 노파가 바로 남자현이었다. 환갑이 넘은 나이에 만주국 전권대사인 부토 노부요시(武藤信義)를 암살하려던 거사가 수포로 돌아가는 순간이었다. 남자현은 1920~1930년대 만주 항일투쟁의 대표적 여성 독립투사였다. 그는 직접 전투에 참가하는 한편 군자금을 조달하고 독립단체의 통합운동에 앞장섰으며, 여성의 계몽과 민족의식을 위해 교회와 조선여자교육회를 설립했다. 남자현의 생애는 의병운동사에서 시작되어 일제의 침략에 맞선 독립운동사의 일부라고 해도 과언이 아니다. 작고한 고정희 시인은 남자현의 생애를 한 편의 시로 구현했다.

…

구한말의 여자가 다 이리 잠들었을진대
동포여, 무엇이 그리 바쁘뇨
황망한 발길을 잠시 멈추시고
만주벌에 떠도는 남자현의 혼백 앞에

남자현 지사 생가. 경북 영양군 석보면 지경리 소재.

김좌진(1889~1930) 독립운동가.
청산리대첩을 지휘하다.

자유 세상 밝히는 분향을 올리시라

그때 그대는 보게 되리라

'대한여자독립원大韓女子獨立願'이라 쓴

아낙의 혈서와 무명지를 보게 되리라 《또 하나의 문화》, 제3호, 1987년

남자현, 그는 어떤 여성이었기에 47세에 독립운동을 하러 만주로 떠나고 60세가 넘도록 위험을 무릅쓰고 의열義烈 활동을 했던 것일까?

남자현은 경북 영양군 석보면 지경리에서 통정대부 남정한南廷漢의 딸로 태어났다. 그는 어려서부터 총명하여 7세 때 국문을 다 배웠고 12세에 소학과 대학을 배워 통달했다. 또한 품성이 단정하고 의義에 용기로웠다고 한다. 부친 남정한의 제자 가운데 70여 명이 의병으로 활동했던 것을 보면 민족주의의 가풍 속에서 성장했다는 것을 알 수 있다. 그는 19세에 부친의 제자이고 애국청년이던 명문 가문인 의성 김씨 김영주金永周와 결혼했다.

남자현의 묘로 하얼빈 남강 외인 묘지에 있었다. 비석 오른쪽에 서 있는 사람이 아들인 고故 김성삼.

남자현 가족 사진. 남편 김영주와 함께 찍은 것으로 앞줄 왼쪽에서 두 번째가 남자현.

1896년 명성황후가 시해되자 전국 각처에서 의병이 일어났다(을미의병). 남자현의 남편 김영주는 "나라가 망해가는 데 어찌 집에 홀로 있을 것인가. 나는 이미 나라의 원수를 죽어서라도 보복하기를 결심했으니 지하에서 다시 보기를 원한다."라는 말을 남기고 의병장 김도현의 휘하로 들어갔다. 그리고 7월 11일 경상북도 진보군 진보면 홍구동전투에서 전사했다. 남편을 잃은 후 남자현은 3대 독자이며 유복자인 김성삼과 홀로 된 시어머니를 정성껏 모시며, 양잠을 해서 명주를 짜 장에 내다 팔며 생계를 꾸려갔다. 현재 생존해 있는 친손자 김시연 옹은 "사람들이 말하기를 할머니는 무슨 일이든지 능숙하게 잘하는 재주가 있었다."라는 말을 들었다고 한다. 남자현이 진보면에서 효부로 표창장을 받았다는 사실은 그가 전통적인 여성 규범에 충실했다는 뜻도 있지만, 인간적인 애정과 의리를 소중히 하는 그 자신의 가치관을 실천했던 것으로도 해석된다. 그가 독립운동에 투신하게 된 일차적 계기는 남편의 죽음과 국권의 상실이었기 때문에 일제와 투쟁하여 독립을 이루는 것이 남편의 원수를 갚는 길이라고 생각했던 것이다. 그는 "나라의 적이 사적으로는 원수이니 함께 하늘을 받들 수 없음을 맹서한다."라고 말했다.

1905년 을사늑약이 체결되자 남자현의 친정아버지 남정한 公(공)은 의병영소義兵營所를 설치하고 남자현은 이에 적극적으로 의병활동을 도왔다.

◈ 나라를 잃고 서간도로 집단 망명을 떠나는 안동의 애국지사들

1910년 8월 29일 일제가 우리의 주권을 강탈하는 한일합방이 이루어지자 남자현의 시가媤家를 비롯한 안동과 영양의 우국지사들은 가족을 이끌고 만주로 집단 망명을 떠났다. 안동의 많은 명문 거족 중에서도 의성 김씨는 퇴계 이황의 학맥을 정통으로 계승한 학봉鶴峰 김성일金誠一(선조 앞에서도 직언을 서슴지 않았던 선비로, 임진왜란 때 진주대첩을 이끌었다) 이후로 명성을 드높였다. 독립운동가로 유명한 일송一松 김동삼金東三(1878~1937)과 김대락의 처남이던 석주石州 이상룡李相龍(1858~1932)도 의성 김씨와 고성 이씨 문중 사람 각각 150명 정도와 함께 떠났다. 김동삼의 문중에서는 훗날 20명의 독립유공자가 배출되었다. 뒤이어 이들과 혼맥을 가진 여러 문중도 대규모로 집단 망명을 떠나게 되었다. 이들은 1911년 1월에 압록강을 건넌 뒤 서간도 요녕성의 유하현 삼원보에 정착했다. 이 무렵 독립운동가였던 서울의 이시영, 이회영 형제와 11남매 등 50여 명의 대가족도 서간도로 망명했다.

1911년 4월 삼원보三源堡에서 민족적 성격의 자치기관인 경학사耕學社가 조직되었고, 그 부속으로 신흥강습소(신흥무관학교의 전신)가 설치되었다. 김동삼과 이시영 일가를 비롯한 신민회(비밀결사조직)가 중심이 되었다.

김동삼 독립운동가. 본관은 의성 김씨.　　남자현 지사 혈서 어록.　　이상룡 독립운동가. 대한민국 임
시정부의 국무령.

경학사는 병농제兵農制를 채택하여 이주한 동포들을 대상으로 독립군
기지를 건설하는 데 그 목적을 두었다. 이에 1919년에는 신흥무관학교
본교를 설치하여 의병장 출신인 이세영李世永(이순신 장군의 후손)을 교장으
로 임명했다. 신흥무관학교는 1920년에는 2,000명이 넘는 졸업생을 배
출하여 독립군의 중추적인 역할을 했다. 김동삼은 남자현의 시가 쪽 어
른으로 1914년에 백서농장白西農庄을 건립하고 그 장주庄主가 되었다. 백
서농장은 이름과는 달리 사실은 신흥학교 졸업생을 비롯한 385명으로
만든 군대병영이었다. 이 백서농장이 훗날 서로군정서西路軍政署로 개편되
었고 남자현이 입단하여 활동했던 조직이다. 그해 2월 길림吉林에서 '대
한독립선언서'가 발표되었는데, 김동삼은 이상룡과 더불어 민족대표 39
인 중 한 사람으로 서명했다. 남자현이 소속되어 있던 서로군정서는 원
래 정부조직으로 추진되었다가 1919년 4월 11일 상해임시정부가 수립되
는 것을 보고 정부의 산하조직으로 편제되었다.

◆ 3 · 1만세운동 후 항일투쟁을 위해 서간도로 떠나다

1919년 전국적으로 3 · 1만세운동이 일어나자 남자현은 적극적으로 가담하여 독립선언서를 나눠주며 만세운동에 참여했다. 일제 통치에 저항하여 독립을 이루려는 3 · 1운동은 제1차세계대전이 끝난 후 1918년부터 각계에서 비밀리에 추진되었다. 3 · 1만세운동은 독립선언서의 지방 배포와 시위에 군중을 동원하는 데 여성이 적극 참여했다. 특히 지방에서의 만세 시위는 여성들의 활약이 컸다. 개성의 어윤희魚允嬉, 천안의 유관순柳寬順, 전주의 임영신任永信, 부산의 주경애朱敬愛 등은 그 지역에서 만세운동을 주동한 대표적 여성들이다. 3 · 1만세운동에 참여한 여성들은 여교사와 여학생 등의 지식인층과 기독교인들이 다수를 차지했고, 반수 이상이 문자해독이 가능했다고 한다. 이때 남자현은 전국적으로 전개된 3 · 1만세운동을 계기로 중대 결심을 하기에 이른다. 비폭력 시위에 무력으로 만행을 자행하는 일제에 대항하기 위해서는 만주로 가서 본격적으로 항일투쟁을 해야겠다는 것과 독립투쟁을 위해서는 여성의 교육이 무엇보다도 중요하고 절실하다는 사실을 깨달았던 것으로 보인다.

또한 3 · 1운동의 주동 세력인 기독교인들이 일제의 혹독한 고문과 탄압에도 꺾이지 않는 것을 보고 느끼는 점이 많았다. 그들의 깊은 신앙심에 감명을 받은 것이다.

그는 3월 9일 아침에 짐을 챙겨 혼자 만주로 망명했다. 그의 나이 47세였다. 3대 독자인 김성삼이 결혼한 후였고 을미의병이 일어난 지 24년 만이었다. 그는 오랜 세월 시어머니를 봉양하고 아들이 장성하기를 기다렸던 것이다. 이는 전통적인 가치관이 확고했던 친정과 시가의 영향도 있었겠지만 무엇보다 자신에게 주어진 현실에 충실했고 책임감이 강했

기 때문이었을 것이다. 이제 더 이상 망설일 이유가 그에게는 없었다. 그는 경상북도 영양의 산골짜기에서 출발하여 각 도의 땅을 밟으며 마침내 압록강을 건너 시가와 고향 사람들이 모여 사는 요녕성遼寧省 유하현柳河縣 삼원보三源堡로 찾아갔다. 그리고 서로군정서에 여자대원으로 입단했다. 그는 남편의 원수이자 나라의 적인 일본에 대해 무력투쟁을 하기로 결심했다.

◆ 서로군정서에 여성 대원으로 입단하여 항일무장투쟁에 나서다

만주에서 독립군기지를 최초로 개척한 곳은 북간도 연길현延吉縣 용정촌龍井村과 화룡현和龍縣 장재촌長財村에 건설된 명동촌이다. 서간도 지방의 독립운동기지 건설은 1910년 이전부터 준비되었다. 의병대장으로 유명한 유인석(1842~1915)이 1915년 남만주의 관전현 보달원에 항일 근거지를 마련했던 것이다. 따라서 남자현이 망명한 1919년에는 이미 통화현通化縣 합니하哈泥河에 부민단扶民團(경학사)이라는 자치기관을 중심으로 한 한족회韓族會가 발족되어 있었다. 부민단에서 확대 개편된 한족회는 행정조직으로 금주·금연령을 공포하여 처벌을 할 만큼 자치통치가 이루어지고 있었다(유하현 삼원보에 본부를 둔 한족회는 중국 당국의 묵인하에 자치를 했다). 한족회는 민정기관이고 서로군정서는 군정기관이었다. 일제의 자료에 의하면 서로군정서의 조직은 임시정부에 버금갈 정도로 규모가 컸다고 한다. 일종의 작은 자치정부의 조직과 체계를 갖추고 있었다.

또한 고산자孤山子에 신흥무관학교 본교가 설립되어 독립군 사관을 양성했는데, 이범석李範奭·이청천李靑天 등이 교관으로 활동하며 군사훈련을 시켰다. 남자현은 망명 후 외아들 김성삼과 가족을 유하현으로 불러

들인 후 김성삼을 신흥무관학교에 입학시켰다. 당시 신흥무관학교의 주목적이 독립군 양성이었다는 사실을 생각하면 남자현의 독립 항쟁에 대한 뜨거운 열망을 짐작할 수 있다. 3대 독자의 생사보다 더 시급한 것이 조국의 독립이라고 생각했던 그였다.

당시 1919년의 3·1운동 이후 서간도에서 조직된 군정부는 경상도 출신이 다수를 형성하고 있었다(북로군정서의 총재부와 대한국민회의는 함경도, 북로 군사령부는 경기도와 충청도 출신이 다수를 형성). 그리고 지방 양반 출신들이 지도자가 되었다. 처음 만주 지역으로 망명한 이시영, 이상설 등은 중앙 양반이었으나, 이상룡·김동삼 등은 경북 안동 지역, 김좌진은 충남 홍성, 북로군정서의 서일은 함경북도 경원의 양반이었다.

한편 1919년 4월 상해임시정부가 수립되자 노령, 한성, 상해 등 여러 군데에서 조직된 '임시정부'는 통합하지 않을 수 없었다.

1919년 11월 17일 상해임시정부 의정원(의장 이동녕, 국무총리 이승만, 내무총장 안창호, 외무총장 김규식, 법무총장 이시영, 군무총장 이동휘 등)과 국무회의에서 임시정부의 위치는 상해에 두고, 독립군을 지휘할 군정부는 만주에 건립하는 것을 허락한다는 타협안의 원칙이 통과되었다. 이로써 군정부는 서로군정서로 바꾸고 무장독립투쟁을 지휘하는 역할을 담당했다. 서로군정서의 주요 활동은 일제 식민통치기관의 파괴 및 군자금 마련, 친일 반역자의 색출과 처단 등이었다.

◈ 만주 벌판을 누비며 전투에 참가하고 군자금을 모은 독립군의 어머니

남자현은 서로군정서에서 2개 연대 밑의 6개 대대이거나 참모부장 김동삼 휘하에서 활동했을 가능성이 높은 것으로 추측된다. 당시 사령관은

이청천이 맡고 있었다.

1920년 3·1운동에 고무된 독립군 부대들의 국내진입작전이 수십 차례에 이르고 국경 근처에 있던 일제의 관공서와 경찰주재소가 곳곳에서 파괴되자, 일제는 독립군 소탕을 목적으로 간도까지 침략을 자행했다.

그해 6월에 중국 길림성 화룡현 봉오동에서 홍범도가 이끄는 독립군이 일본군을 참패시켰다. 이로써 독립군의 사기는 크게 고조되었고 일본군은 대대적인 토벌계획을 수립하게 되었다. 이 때문에 서로군정서 참모장으로 독립군 조직을 지휘하던 김동삼은 이청천과 함께 안도현安圖縣(백두산에서 이어진 삼림지역으로 길림성과 접경지대여서 국내 진입에도 좋고 피신하기에도 용이한 곳이었다)을 거쳐 북간도로 부대를 이동시켰다. 남자현이 가족과 함께 길림성吉林省 액목현額穆縣에 이주한 것도 이 시기였다. 그가 1921년부터 액목, 화전, 반석 등지에 교회를 세우고 '조선여자교육회'를 만들어 항일투쟁과 계몽운동을 펼쳤던 것은 이 지역이 남만주와 북만주 사이의 교통 중심지였기 때문이다. 그리고 그는 1921년 액목현 삼송 육도구전투에 참여했다.

한편 김동삼과 북로군정서는 8월에 왕청현 서대파의 북로군정서를 토벌하려는 작전이 진행 중이라는 정보를 얻고 대책을 논의했다. 10월부터 3차에 걸쳐 북로군정서는 만주 화룡현에서 2,500명으로 일본군 5만 명을 크게 무찔렀다. 한국 무장독립사상 가장 빛나는 청산리대첩이었다. 남자현은 이 전투에서 부상당한 독립군을 간호하여 독립군의 어머니로 불렸다.

그런데 청산리전투에서 대패한 일본은 이에 대한 보복으로 경신참변庚申慘變을 일으켰다. 일제는 독립군의 뿌리를 뽑고자 근거지인 한인사회와 항일단체, 학교, 교회 등에 대한 초토화 작전을 펼쳐 수많은 한인마을을 불태우고 학살하는 만행을 저질렀던 것이다. 이 때문에 1920년 10월 초부터 11월 말까지 서북간도 일대의 8개 현(훈춘, 왕청, 화룡, 연길, 유하, 홍경, 관전, 영안)이 피해를 입었다. 그 와중에 김동삼의 동생 김동만이 살해되고 김규식의 아들 김성로가 전사했다. 이에 김동삼은 친인척과 고향 사람들을 북만주 영안현 주가둔으로 이주하게 하고, 자신은 유하현과 홍경현(지금의 신빈현) 일대로 옮겨 활동했다. 김동삼을 중심

조소앙(1887~1958) 독립운동가. 삼균주의 정립.

으로 한 서로군정서의 일부는 남만주에서 항일투쟁을 전개해나갔다.

남자현의 항일전투는 조소앙의 〈여협女俠 남자현전南慈賢傳〉에 "선생은 남녀 한인 600명을 몰래 모집하여 의군을 조직하여 더욱 맹렬한 항전을 했다."라고 소개되어 있다.

한편 남자현은 만주 일대를 다니면서 군자금 모집에 여념이 없었다. 그것은 상해임시정부가 수립된 후 중요한 당면과제 중 하나가 군자금을 마련하는 일이었기 때문이다. 따라서 상해임시정부에서는 애국공채를 발행하거나 국민의연금으로 군자금을 충당했고, 이를 비밀행정조직망인 연통제와 교통국에 의해 전달받았다. 국내에서 모은 군자금도 이 조직들을 통하여 연결되었다.

중국 단동의 이륭양행怡隆洋行(아일랜드 출신의 조지 쇼가 경영하던 무역회사로 독립군에게 물자를 제공하면서 임시정부를 원조했다)과 부산의 백산상회白山商會는 대표적 연락거점이었다. 백산상회의 주인 안희제安熙濟는 경상남도 의성 출신으로 1909년에 김동삼·신채호 등과 함께 국권회복운동을 펼쳤고, 경술

보물 제1477호, 안동의 임진각.
수원시 채규식 소유.

국치 후 만주로 건너가 안창호·신채호 등과 만나 독립운동기지 건설과 군자금에 대한 논의를 했던 것이다. 1914년에 설립된 백산상회는 독립운동자금 마련 및 항일투쟁 비밀공작원의 연락거점 확보에 그 목적이 있었다. 그래서 서울, 인천, 원산을 비롯하여 안동, 봉천, 길림 등지에 연락사무소를 설치했다. 이에 국내외 독립투사들은 각자의 혈연과 지연, 학연을 통해 군자금을 모으는 데 온 힘을 기울였다.

한편 3·1운동 직후 남자현의 시가 쪽 안동 지방에서는 동향 출신들이 주축을 이루고 있던 서로군정서를 지원하는 활동이 활발히 전개되었다.

금계金溪마을에서는 이상룡, 김동삼, 김원식 등의 일족들이 중심이 되어 군자금 지원을 위해 의성단을 조직했다. 또한 학봉 김성일의 종고종이던 김용환은 의성 김씨의 종택宗宅에 내려오던 전 재산(전답 700두락, 18만평)을 군자금으로 보내고 자신은 파락호로 위장했다. 뿐만 아니라 김동삼의 족속인 김대락(1845~1915)은 자신의 고택(440평) 백하구려白下舊廬(경북 안동시 임하면 천전리 소재)를 군자금 마련을 위해 처분했다. 이들 뿐만 아니라 이상룡은 자신의 생가이자 종택인 임청각(보물 제182호로 안동시 법흥면 소재)을 세 번이나 팔았는데, 그때마다 고성 이씨 문중에서 다시 사들였다고 한다.

이렇듯 안동 지역에서 모금된 군자금은 김동삼과 이상룡에게 보내졌고, 남자현은 그들의 군자금을 전달하는 한편 자신도 직접 동만주 일대를 다니며 군자금을 모았던 것으로 추측된다. 남자현은 서로군정서의 의용군에서 활동하던 신광재辛光在(1886~1921)와 채찬蔡燦(?~1925, 일명 백광운으로 참의부 제1중대장으로 사이토 총독을 저격했으나 실패했다) 등과 함께 평안북도와 접경을 이루던 관전, 집안, 통화, 임강 등지에서 군자금을 모집했다. 그리고 1922년 9월에는 참의부 중대장이었던 채찬과 함께 국내로 잠입하여 군자금 조달활동을 펼쳤다.

군자금 모집에는 여성단체의 적극적인 참여가 큰 힘이 되었다. 1919년 국내에서는 대한민국애국부인회가 결성된 뒤 김마리아가 중심이 되어 전국적 조직망을 갖고 군자금을 모집했고, 중국에서는 훈춘애국부인회가 조직되어 200명이 거액의 군자금을 모아 전달했다. 군자금의 모집은 각계각층에서 이루어졌는데, 특히 지방의 부호들 중에 많은 재산을 아낌없이 희사한 사람이 많았다.

◈ 교회와 조선여자교육회를 설립하여 항일의식을 계몽하다

1921년 남자현은 길림성 액목현에 이주한 후 가족들에게 생활 터전을 마련해주었다. 그의 친손자 김시연 옹의 증언에 의하면 그의 가족은 액목현 교회에서 처음에는 여관을 운영했다고 한다. 그래서 독립군의 숙식을 제공하는 장소로 이용되었는데, 늘 많은 사람들이 드나들어 어머니(남자현의 며느리)가 솥이 작은 것을 한탄했다는 것이다. 그러다 나중에는 잡화를 파는 상회를 했기 때문에 상해임시정부 쪽에서 독립신문 등을 물건 속에 넣어 보내오면 사람들에게 나눠주기도 하고 독립군의 연락 장소가 되기도 했다고 한다. 그러나 남자현은 집에 있는 날이 거의 없고 몇 달에 한 번씩 밤에 들렀다가는 밤에 떠났다고 한다. 그래서 김시연 옹은 할머

니인 남자현의 얼굴을 몇 번 밖에 보지 못했다고 회상했다. 언젠가 밤에 자다 눈을 떴는데 할머니가 자신을 따뜻한 시선으로 내려다 보고 있었던 일과 올 때마다 방에서 뭉칫돈을 세고는 밤에 집을 떠났던 기억이 난다고 했다. 그런데 만주보통학교를 다니던 그 당시 친구 중에 평안도 출신이 있었는데, 그 아이의 집에만 놀러 가면 그 집 식구들이 남 선생님 손자가 왔다며 극진히 대접해줬던 일이 기억난다고 한다. 그 당시에는 이유를 몰랐는데 나중에야 알게 되었다는 것이다. 학교에서도 '남 선생님 손자'라고 불렀다고 한다. 그런데 무슨 사건만 터지면 순사가 집으로 찾아와 할머니가 어디로 갔느냐고 묻고 아버지를 연행해가곤 했다는 것이다. 그 당시 남자현은 요시찰 인물이었기 때문에 담당순사가 있었던 것으로 보인다. 마침 그 담당이 조선 사람이었는데 그도 할머니를 '남 선생님'이라고 부르며 공손하게 대했다고 회고했다.

남자현이 몇 달씩 집에 들르지 못한 것은 당연했다. 그는 동만주(북간도) 일대에 12개의 교회를 세워 항일의식을 고취시키면서 신앙으로 광복에 대한 희망을 품도록 했다. 당시에 많은 사람들을 한자리에 모으기 위해서 '나라를 위하여 기도하자'는 것이 좋은 명분이 되었다는 것이다.

길림, 신경, 하얼빈을 중심으로 한 동만주는 1880년 이후부터 함경도 사람들이 이주해 살았던 지역이다. 또한 대한민국임시정부의 국무총리를 맡았던 이동휘(1873~1935)를 비롯해 김약연 목사 등이 기독교를 전도하면서 1919년 3월 13일의 만세운동을 전개한 곳이다.

한편 만주로 이주할 당시에 한인들은 생활기반을 마련하면서 민족학교부터 세웠다. 이는 독립운동가 안창호가 대성학교를 설립한 취지에서와 같이 민족정신을 고취하여 민족운동가를 양성하기 위한 목적에 있었다. 그런 까닭에 일제는 한인의 민족학교를 파괴하는 것이 중요한 목표

중 하나였다.

1920년, 경신참변으로 수십 개의 학교가 소실되고 교사들이 피살되자 만주 일대의 한인사회는 민족학교의 재건과 신설에 노력을 기울였다. 1921년부터 대표적 민족학교였던 창동·정동·명동학교가 차례로 재건되어 조선어와 조선 역사를 가르치며 독립운동의 인재를 배출했다. 이러한 시대적 요청 속에서 남자현은 "무지와 몽매도 적이다."라고 하여 여성의 계몽과 함께 항일투쟁을 위한 전사로 키우기 위해 재만조선여자교육회在滿朝鮮女子敎育會를 10여 개 이상 설립했던 것으로 짐작된다. 액목, 화전, 반석을 중심으로 한 지역이었다. 남자현이 여성 교육의 목적을 항일투사의 양성에 두었다는 사실은 독립운동가 조소앙의 글을 통해 알 수 있다.

그는 1934년 진광震光지 1월 호에 발표한 〈여협 남자현전〉에서 다음과 같이 기술했다.

수년이 지난 후 요녕성 통화현에 도착하여 여학교를 세우고 교장으로 선출되었다. 여자의군女子義軍을 인재로 양성하여 한국 임시정부를 도와 함께 협력했다.

여기서 여자의군은 여성 의용군을 뜻하는 것이 아닌가 한다. 남자현이 활동하던 서로군정서 산하에는 의용군이 있었기 때문이다. 남자현은 누구보다 여성 대원의 필요성을 절실히 느꼈기 때문에 여성의 교육에 힘을 쏟았을 것이다.

한편 남자현의 양녀로 불리던 이장청李丈青이 1925년 정의부 소속인 남만여자교육회南滿女子敎育會의 조직을 책임졌다는 사실은, 당시 만주 일대에서의 여자교육회 설립이 항일투쟁을 위한 기간사업으로 이루어졌음을 시사하고 있다. 이장청은 홍경, 유화, 철령, 장춘, 교화, 길림, 안도, 무송, 집안 등지를 다니면서 여성들을 모아 적극적으로 군자금을 모으자고 선전하며 남만주의 반일 역량을 확대해 이름을 떨쳤던 여성이다. 아마도 남자현과 이장청은 긴밀한 연락을 취하면서 각각 동만주와 남만주를 중심으로 여자교육회를 설립했을 것으로 추측된다.

◈ 일본군의 간도 침입과 독립군의 활발한 항일전

청산리대첩 후 독립군들은 북만주의 밀산密山으로 이동했다. 밀산은 1910년 전후부터 이동휘李東輝를 중심으로 민족운동가들이 독립운동기지로 운영해왔던 곳이다. 1920년 북로군정서, 서로군정서, 홍범도의 연합부대가 통합하여 대한독립군단을 결성했다(총재 서일. 부총재 홍범도·김좌진).

1921년 3월에 대한독립군단은 다시 이동을 시작해 노령의 이만에 도착했다. 노령의 정세를 관망한 끝에 김좌진이 이끄는 병력은 북만주로 돌아오고, 홍범도·이청천·안무·최진동이 이끄는 병력은 노령의 자유시로 떠났다. 그러나 이들은 1921년 6월 28일 대참극인 자유시참변(혹하사변)을 겪게 되었다(흑룡강 연안의 스바보드 자유시에서 재소한인단체인 사할린의용대와 군정회의가 독립군을 자기들 세력으로 편입시키려고 갈등하던 중 볼셰비키가 무장해제를 강요하여 이 과정에서 소련군과 충돌한 사건). 그중 생존한 일부가 북만주로 돌아왔다. 따라서 8월 이후 북만주의 독립군 세력은 김좌진이 밀산과 영안현을 중심으로, 구춘선의 병력은 돈화와 액목현을 중심으로 신민단·광복단·한민단 등도 각각 진영을 갖추게 되었다. 이들 독립군단들은 남북만주를 연결하는 교통의 요지인 돈화, 액목, 안도현을 거점으로 특파대를 파견하여 낙오된 독립군들을 모으고 남만의 독립군과 연락을 취했다.

한편 남만주로 이동한 서로군정서의 일부 병력은 관전, 집안, 통화, 임강현 등을 근거지로 구축하고 무장투쟁에 나섰다. 이들의 항전소식은 대한민국 임시정부가 발행한 〈독립신문〉에 기사화되었다. 일제의 통계자료에 의하면 1921년 1월부터 1922년 9월까지 평안남북도와 함경남북도 및 중국의 국경지대에서 일본군과 독립군의 교전이 441차로 기록되어 있다. 독립군은 이같은 전투 외에도 유격전이나 야간 기습전을 감행하며 활발한 항일전을 펼쳤다. 그러나 독립군의 무장투쟁에 대해 일제는 군경의 배치를 증설하고 수색대를 편성하여 간도는 물론 남북만 한인의 거주지에 대한 수색작전을 실시했다. 또한 경신참변 후 일제는 중국인에게도 위협을 가하여 한국독립군에 대한 중국인의 배척이 심하게 되었다. 그런 어려운 여건 속에서도 독립군의 항일투쟁은 만주 일대 곳곳에서 계속되었다.

◆ 혈서로 독립운동계의 단결을 호소하며 통합운동을 펼치다

1920년경 서간도 일대의 독립운동은 90여 개의 단체가 활동하여 1921년부터 각 단체 간의 통합운동이 전개되었다. 그러던 중 1922년 3월부터 8월까지 남만주 환인현 등지에서 분쟁이 벌어져 상해임시정부에서 화해를 주선하려 김이대(후에 변절함)를 보냈으나 성과를 보지 못했다. 이때 남자현이 보인 통합 노력에 대해 1948년 잡지 〈부흥〉 12월 호에는 '독립운동의 홍일점-여걸 남자현' 이란 제목으로 글이 실렸다.

··· 이에 선생은 ··· 근심하여 산중에 들어가 한 주일 동안 금식기도를 하고 손가락을 베어 그 피로 글을 써서 책임 관계자들을 소집했다. 그 성의와 순국정신에 감격한 독립운동 간부들은 누구나 그 뜨거운 눈물과 죽음을 각오하는 피의 설유에 각각 잘못을 회개하고 완전한 쌍방 간의 화합이 성립되었다. 이로 말미암아 환인, 관전 등지의 주민들은 그 은공을 감사하여 곳곳마다 나무로 비를 세워 그 공덕을 표창하고 만주 각층 사회에서는 누구나 선생을 존경하게 되었다.

한편 1921년 이후 여러 차례 준비되던 국민대표회의가 1923년 상해에서 열렸다(이 회의는 독립운동 대표자 총회로 국내외 대표 400명 정도가 한자리에 모일 만큼 규모가 컸다). 김동삼은 서로군정서와 남만주 대표로 참석했고 의장에 선출

남자현 지사의 항일 순국비.

되었다. 안창호와 윤해가 부의장을 맡았다.
그러나 국민대표회의는 임시정부를 개조하
자는 개조파와 이를 해체하고 새로운 정부
를 수립하자는 창조파로 나뉘었다가, 창조
파가 블라디보스토크로 떠나는 바람에 결
렬되고 말았다. 개조파는 안창호 · 김동
삼 · 이유필 등이고 창조파는 이청천 · 원세
훈 등이었다. 상해임시정부는 출범 때부터
문제를 안고 있었다. 국무총리로 추대된 이

한말의 의병장 이강년(1858~1908).

승만은 임시정부 수립 직전인 1919년 2월 미국 윌슨 대통령에게 조선을
일본에서 해방시키는 조건으로 국제연맹에 위임통치청원서를 제출했다.
이 소식을 들은 신채호와 이동휘는 국무총리 추대를 반대했고, 많은 독립
운동가들이 격분했다. 또한 이승만은 독립운동을 서구 열강의 인정을 받
으려는 외교에 치중했기 때문에 무장 항일투쟁을 하던 단체들의 불신이
컸다.

1923년 8월에 결성된 참의부는 채찬, 박응백, 김소하 등이 집안현 화순
자花甸子를 중심 근거지로 하여 압록강 접전 지역인 관전, 환인, 집안, 통
화, 무송, 장백, 안도 유하현 등을 관할로 자치행정과 항일무장투쟁을 전
개했다. 참의부는 국내진입작전을 주된 활동 목표로 삼았다.

1924년 평안북도 위원군에서 국경 순시를 하던 사이토 총독을 참의부
가 기습공격을 하는 사건이 발생하자, 일본은 동삼성 총사령부에 항의를
하며 '이주 한인 단속령'을 발포했다.

1924년 만주지역에 독립운동단체들이 난립하게 되자 7월과 10월에 길림

에서 전만주통일의회주비회가 열렸고 독립군 조직의 통합을 논의했다. 이 때 남자현은 이규동(길림주민회장), 편강렬(의성단장), 양기탁, 손일민 등과 통합 운동에 전념했다. 1948년, 〈부흥〉 12월 호 독립운동의 홍일점 – 여걸 남자현

이규동은 울진 출신으로 신흥무관학교를 졸업한 뒤 1920년대 길림성 영길현 신안촌에 신창학교를 세웠고, 정의부의 산업위원장을 맡아 170 명의 유격대를 편성했던 인물이다.

편강렬(1892~1928)은 일찍이 이강년 의병진에서 선봉장으로 참가했고, 서울진공작전을 펼치던 의병장 허위許蔿의 휘하에서 전투를 했던 인물이 다. 1923년 10월 산해관에서 양기탁 등과 의성단을 조직했다.

의성단은 독립사상의 고취와 국내외 친일분자나 시설의 암살과 파괴 를 지도했는데, 250여 명의 무장단원이 있었다. 양기탁梁起鐸(1871~1938) 은 〈대한매일신보〉를 창간하여 항일사상을 고취시켰고, 1907년 안창호 와 함께 신민회新民會를 조직하고 의성단 결성에 참여했다. 또한 손일민孫 逸民(1884~1940)은 1919년 만주에서 발표한 '대한독립선언서'에 서명한 39인 중 한 사람으로, 환인현의 동창학교 설립과 통화현 합니하의 신흥 학교 창설에 참여했다. 김구가 그의 사망 소식을 듣고 독립운동계의 손 실이라 애도할 정도로 많은 활동을 했던 인물이었다.

이렇듯 남자현이 통합운동을 함께 추진한 인물들의 면면을 살펴보면, 그들이 독립항쟁에서 무엇보다 중요하게 생각한 것은 그들의 적극적인 무장투쟁과 의열활동을 통해 하루라도 빨리 조국의 독립을 달성하는 것 이었다.

이 무렵 김동삼이 전만주통일의회주비회의 의장에 선임되어 정의부가 탄생되었다. 이로써 국민대표회의 결렬 후 정의부는 참의부, 신민부와

함께 만주 지역 3대 조직의 하나가 되었다. 정의부는 유하현 삼원보에 본부를 두고 그 관할구역을 하얼빈과 액목현을 경계로 그 이남 지역으로 정했다. 정의부는 이주 한인을 대상으로 중앙 및 지방조직을 구성했고, 각 부서와는 별도로 독립군을 총괄할 사령부가 조직되어 이를 통해 항일 무장활동을 전개했다. 군사조직인 의용군사령부는 군사부 예하에 소속되었다. 또한 소학교 및 중학교, 실업학교를 설립하여 교육의 장려를 도모하고 산업을 촉진시켰다.

1927년 초부터 정의부는 한국 민족운동계에 일어난 민족유일당 운동에 동참, 독립운동 세력을 하나로 통일시키는 데 노력했다. 양기탁도 김동삼, 이청천과 함께 정의부에서 활약했다. 남자현도 같이 참여했던 것으로 추측된다.

한편 1925년 3월에 조직된 신민부는 북만주 지역의 영안현 영안성내에서 대한독립군단(이범윤과 김좌진이 중심)과 대한독립군정서(북로군정서의 후신)가 주축이 되었다. 신민부의 독립운동 방법론은 무장투쟁을 우선하자는 것이었다. 신민부의 실질적인 지도자는 김좌진으로 주요 구성원이 무관학교 출신들이었다. 그런데 1920년대 후반에 들어 3부는 민족유일당을 거쳐 국민부와 혁신의회 등 2개의 세력으로 나누어졌다. 여기에는 각자의 출신 배경과 사상, 독립에 대한 방법론의 차이 등 여러 요인이 작용했다.

◆ 조선공산당의 결성 후 좌우 통합운동에 앞장서다

1925년 4월 서울에서 김재봉과 박헌영을 중심으로 조선공산당이 결성되었다. 사회주의사상과 마르크스주의가 소개되면서 민족주의는 사회주의와 대립을 하게 되었다.

소련정부가 코민테른 제2회 대회(1920)에서 피압박민족의 민족해방운동을 지원할 것을 밝히자 상해를 비롯한 중국 지역 독립운동가들은 적극적인 관심을 보였고, 여운형을 비롯한 민족주의계 인사들도 이동휘 등의 공산주의자 그룹에 가담했다. 따라서 만주 지역 사회주의운동은 지식인층과 학생, 청년층이 적극 가담하여 좌파 계열의 많은 단체들이 만들어졌다. 사회주의와 민족주의가 좌우로 나뉘는 가운데 미쓰야 협약이 체결되어 독립운동은 위기를 맞게 되었다.

재만 한인사회를 기반으로 3부가 자치행정과 항일무장투쟁을 활발히 전개하자 조선총독부 경무국장 미쓰야와 봉천성 당국이 미쓰야 협약을 체결했던 것이다(1925년 6월 11일, 일본은 이른바 '제국신민'으로서의 한인에 대한 지배권을 중국측에 요구, 강력하게 한인 민족운동을 탄압하여 독립군의 기세가 현저히 감소되었다).

이제 재만 한인사회는 일제의 탄압과 중국 관헌의 배척이라는 이중고에 시달려야 했다(독립군의 국내 진격 회수가 1924년에는 560회나 되었으나 1925년에는 270건으로 격감한 것도 그 때문이다). 안으로는 좌우의 갈등과 밖으로는 일제와 중국의 탄압에 대한 대응책이 시급했다. 이에 안창호는 '대동단결론'을 전개하기 시작했다. 즉 민족유일당을 결성하여 민족해방운동 단체를 결속하고 분립된 좌우의 전선을 통일해야 한다는 인식에서였다. 정의부는 김동삼을 중심으로 1927년 초부터 만주 지역의 민족유일당 결성운동에 힘을 기울였다. 4월 15일 길림 남쪽 영길현永吉縣에서 유일당촉성회의가 열리자, 김동삼은 정의부 중앙위원 자격으로 참석했다.

조선공산당 만주총국도 1927년 민족유일당을 조직하기 위한 방안을 모색했다. 그러나 추진 과정에서 사회주의자들과 민족주의자들이 서로 다른 입장을 드러냄으로써 분열되기 시작했다.

1929년, 좌우합작을 위해 민족유일당 재만책진회가 조직되어 김동삼이 중앙집행위원장으로 선출되었다. 김동삼은 민족유일당 결성에 노력했으나 같은 지역에 국민부가 발족되어 결성은 무산되고 말았다.

　1930년 7월 한국독립당이 조직되자 김동삼은 고문을 맡았다. 이렇듯 김동삼은 늘 통합운동의 선봉에 섰으며, 남자현은 그의 통합운동에 적극 동참했다. 남자현은 한국독립당의 요직을 맡아 단상에 올라 다음과 같이 연설을 했다.

　"여러 용이 있으나 머리가 없는데 어찌 적을 넘어뜨릴 수 있겠는가? 마땅히 각자 마음을 합치고 힘을 모아야 할 것이다. 호를 세우고 문벌을 나누어 사용하지 말아야 한다." 좌우가 그 지혜로움에 감복했다. 조소앙 〈여협 남자현전〉

◆ 정의의 사事를 맹렬히 실행하는 의열활동을 펼치다

조소앙의 〈여협 남자현전〉에는 그의 의열활동을 다음과 같이 기술했다.

　1928년 4월까지 암살단을 조직하여 단장이 되었고, 단원 4명을 통솔하여 자신이 직접 화약을 넣은 탄환과 수창 등 군 병장기를 갖고 경성에 들어가 일제 총독 사이토를 암살할 것을 모의했다. 그때가 1925년 4월 6일이었다. 그러나 적에게 사로잡혀 군병기를 빼앗기고 선생은 경성을 몰래 빠져나갔다. 다시 중국에 도착해 간도 밀산 용정촌에 있을 때는 분주히 돌아다니며 지극히 어렵고 힘들게 지냈다. 맹수와 독사가 있는 곳에서 침식을 하면서도 신출귀몰하게 적군이 오래 머무를지를 엿보아 공격과 수비의 기묘한 방법으로 병력을 움직였다….

사이토 총독은 1919년 강우규가 암살하려다 실패한 적이 있으며, 1924년에는 참의부 소속이던 채찬이 기습공격을 한 적이 있었다. 위의 글에서 암살단이라고 표현한 것은 의열단을 지칭하는 것이다.

1919년 11월 만주 길림성에서 조직된 의열단은 항일 무장비밀결사조 직으로 주요 활동 목표는 일제의 고관 암살과 조선총독부, 동양척식주식 회사, 매일신보사, 각지의 경찰서 등 일제의 중요 기관을 테러하는 데 있었다.

훗날 조선의 용대를 창설한 김원봉金元鳳(1898~1958)은 고향인 밀양과 경남 지방의 의열 청년들, 신흥무관학교 동기생 등 12명의 동지와 함께 의열단을 창단했다. 의열은 "정의의 사를 맹렬히 실행한다."라고 한데서 유래한다. 의열단은 조국의 독립을 위해 과감하고 적극적인 무장투쟁과 희생정신을 강조했다.

신채호는 김원봉의 요청에 따라 의열단의 경륜과 강령을 체계화하여 1923년 1월 '조선혁명선언'을 발표했다. 즉 일부 독립운동가들의 문화 주의, 외교론, 준비론 등의 입장을 비판하고 민중에 의한 직접 혁명과 평등주의에 입각한 독립노선을 제시한 것이다. 또한 당시 세계를 지배하던 제국주의 체제를 타파할 것을 선언했다. 신채호는 일체의 타협주의를 배격했다. 의열단은 1926년부터 사회주의 이론을 수용하기 시작하여 1928년에는 민족주의에서 사회주의 노선으로 전환했다. 당시의 대표적 의열 활동으로는 강우규가 사이토 총독에게 폭탄을 던진 일과 김익상이 1921년 조선총독부 청사에 폭탄을 던지고 중국으로 망명한 일, 김상옥이 1923년 종로경찰서에 폭탄을 투척한 일, 1926년 나석주가 동양척식주식

회사와 식산은행에 폭탄을 투척한 것 등이
었다.

김원봉의 의열단과 심산心山 김창숙金昌淑
(1879~1962, 경북 성주의 유학자로 서로군정서를 조직
하고 1925년 임시정부 의정원 부의장을 역임, 성균관대
학교를 창립했다)이 조직한 다물단, 김구가 상
해에서 조직한 애국단, 편강렬의 의성단 등

단재 신채호.

이 당시의 대표적인 독립운동 조직이었다.
남자현은 평소에 가까웠던 편강렬의 의성단 활동에 자극을 받고 자신도
의열단을 조직했던 것으로 추측된다.

남자현은 1927년 안창호 외 47인의 검거사건 때도 적극적인 석방운동
을 주도하여 지도력을 발휘했다.

1927년 1월 27일에 길림성에서 안창호의 강연회가 열렸는데, 3부 통
합협의가 진행되던 때였다. 각지의 재만 독립운동단체 간부 및 유지들이
수백 명 참석했다. 나석주 의사 추도회 겸 민족 장래에 대한 강연회였다.
이때 중국 경찰이 안창호, 김동삼 등 47명의 주요 인사들을 체포하여 감
금했다. 이에 길림의 한인들은 시위행진과 여론을 일으켜 임시정부를 비
롯하여 북경정부와 길림당국에 석방을 요구했다. 남자현은 이때 옥바라
지를 하는 한편 중국 당국과 교섭을 하여 전원이 석방되는 데 큰 힘을 보
탰다. 이에 그의 명성이 중국 사회에 널리 알려지게 되었다.

◆ 민족진영의 위기 속에서 "구국에 죽기를 맹서하노라."

민족유일당운동이 실패로 끝난 후 공산주의 세력의 협력도 깨지자 민

족진영은 공산주의 세력의 확대로 위기의식을 갖게 되었다. 1928년 12월, 정의부측의 김동삼, 참의부의 김승학(독립신문 사장), 신민부의 김좌진 등이 참여하여 혁신의회를 조직했다. 이후 1930년 김좌진이 피살된 후 홍진, 이청천 등이 위하현에서 한국독립당을 조직했다. 같은 해, 상해에서는 이동녕, 안창호, 김구, 조소앙 등의 민족주의자를 중심으로 같은 이름의 한국독립당이 발족되었다. 조소앙이 남자현에 대한 약전을 쓰게 된 것은 당시에 같이 참여하여 그의 활동을 익히 알고 있었기 때문이었다.

한국독립당 기관에서 요직을 중임했을 때, 독립당대회에서 등단하여 연설하기를, 실력을 배양하자고 했다. 격앙되어 비통한 나머지 소매에서 날카로운 칼을 내어 식지를 잘랐다. 그리고 혈서로 "구국에 죽기를 맹서하노라." 네 자를 적으니, 대중은 흥분하여 모두가 일어날 생각조차 못하고 만세를 불렀다. 조소앙 〈여협 남자현전〉

한국독립당은 조소앙의 삼균주의(상해임시정부의 지도이념으로 1948년 대한민국헌법에 반영되었다)를 기본노선으로 정립했다. 이념은 민족주의와 민주주의를 바탕으로 하고 여기에 민중적 항일투쟁과 무력적 대일투쟁방식을 채택했으며, 토지와 생산기관을 국유로 한다는 사회주의적인 성격도 띠고 있었다. 남자현이 한국독립당에서 활동한 것은 아마도 한국독립당에서 고문으로 있던 김동삼의 적극 추천 때문이었을 것이다.

◆ 국제연맹조사단장 앞에서 '조선독립원'이라고 혈서를 쓰다

1931년 9월 18일 류타오거우 사건으로 비롯된 일본 관동군의 만주에

대한 침략전쟁이 일어났다. 이른바 만주사변(9 · 18사변)이다. 일본은 봉천 외곽의 류타오거우에서 만철 선로를 폭파하고는 중국측 소행이라고 트집잡아 만주 지역으로 침공해왔다. 그런 뒤 일본군은 1932년 초까지 만주 지역을 점령하고 3월 1일에는 괴뢰국인 만주국의 성립을 선포했다. 만주를 대륙 진출의 병참기지로 삼으려고 한 것이다. 이에 중국측이 국제연맹에 제소함에 따라 1932년 9월에 조사단이 하얼빈에 도착했다.

선생은 좌우 사람들에게 말하기를 "나는 직접 가서 만주국이 왜적에 의해 날조된 흑막을 폭로하고야 말겠다."라고 했다. 그리고 단신으로 하얼빈으로 가서 조사단장 리튼의 면전에서 거듭 눈물로 호소하며 한국과 중국이 무고한 피해를 입은 부분을 논리적으로 설명했다. 대표단에게 만주국의 성립은 왜구의 교활한 모의였음을 갈파하도록 한 것이다. 그리고 말을 마친 후 좌우 손의 식지를 끊었다. 항일의 의지를 결사적으로 표시한 것이었다. 만주국이 허위로 만들어졌음을 말하는 것이었다. 조소앙 〈여협 남자현전〉

남자현은 혈서로 '조선독립원朝鮮獨立願'이라고 썼다. 결국 조사단은 조사보고서를 만들어 일본군의 철수를 권고했으나 일본은 이를 거부하고 1933년 국제연맹을 탈퇴했다. 이후 일제는 1937년 중일전쟁, 1941년 태평양전쟁을 일으켜 자신들의 멸망을 초래하게 되었다.

한편 만주사변이 일어나자 임시정부와 독립당은 김구에게 특무공작을 맡겨 의열투쟁을 벌이게 했다. 그리하여 김구의 '한인애국단'이 조직되어 이봉창, 윤봉길의 의거로 나타났다. 1931년 10월 김동삼은 이원일, 남자현 등과 함께 항일공작을 추진하기 위해 하얼빈에 잠입했다가 일경에게 체포되었다. 이때 남자현은 김동삼의 친척이라고 하며 면회를 가는 한편, 여러 동지에게 알려 김동삼이 국내로 호송될 때 구출하고자 계획했으나 성사되지 못했다. 남자현의 상심이 너무나 컸던 것은 당연한 일이었다. 남자현에게 김동삼은 시댁 친척 어른이면서 만주 벌판에서 10여 년을 같이 구국항쟁을 한 이념적 지도자이자 동지였기 때문이다. 김동삼은 1937년 서대문형무소에서 순국했다. 장례는 그를 존경하던 만해 한용운이 치렀다.

◆ 독립은 정신으로 이루어지나니

1933년 3월 1일 일제가 괴뢰국 만주국을 세운 1주년 기념행사날 일제의 만주국 전권대사인 부토 노부요시를 암살하려던 남자현은 하얼빈에서 체포된다. 그는 이규동과 함께 계획을 세우고 하얼빈에 갔다. 2월 27일 중국 거지노파 차림으로 변장을 하고 폭탄과 권총을 차고 죽은 남편의 옷을 몸에 감았다. 죽은 남편의 옷이 그에게는 부적과 같았던 것이다. 그러나 하얼빈 교외 정양가正陽街를 지나다가 일경에게 체포되어 일본 영사관에 구금되었다.

남자현은 일찍이 일제가 '한국의 여자 비장飛將'이라 칭할 정도로 1920년대 다방면에 걸친 항일투쟁을 전개한 인물이다. 그런 만큼 일본 경찰이 요주의 인물로 지목해 체포령을 내리기도 했으므로 평소에도 남자현에 대한 감시가 각별했던 것이다.

해방 후 반민특위 기소장에 의하면 남자현은 밀정 이종형의 밀고로 체포되었다고 기록되어 있다. 이종형은 일본 헌병의 밀정으로 돈화, 동만주 일대를 배회하며 애국지사 50여 명을 밀고한 밀정密偵이다. 만주사변 후 일제는 만주에 수많은 밀정을 만들어 독립운동가들을 검거하여 항일투쟁의 대세를 꺾으려고 했던 것이다. 김동삼의 체포도 밀정에 의해서였다.

남자현은 60세가 넘은 여자의 몸으로 여섯 달 동안 악형을 받았음에도 17일 동안 단식항쟁을 했다. 죽을 지경에 이르자 보석으로 석방되어 아들과 손자, 여러 동지 앞에서 "사람이 죽고 사는 것이 먹는 데 있는 것이 아니고 정신에 있다. 독립은 정신으로 이루어지느니라."라고 유언을 남기고 순국했다. 1933년 8월 22일, 62세의 나이였다.

당시 하얼빈의 지역 유지, 부인회, 중국인 지사들은 남자현을 '독립군의 어머니'라고 존경하고 하얼빈 외국인 묘지에 안장했다. 그러나 최근에 보훈처의 해외 항일유적지 조사답사팀에 의하면 현재 그 무덤은 유실되고 없다고 한다.

남자현의 손자 김시연 옹의 회고에 의하면, 그의 아버지 김성삼은 남자현이 "일제하에서 내 아들을 공부시킬 수 없다."라고 하여 신흥무관학교를 나온 후 장사를 다니며 독립운동을 도왔다고 한다. 남자현의 임종 당시 김성삼은 신의주에 새우젓을 팔러갔는데 자꾸만 집에 가고 싶은 마음이 들었다. 그래서 장사를 하다 말고 교화에 있는 집으로 가 보니 하얼빈에서 전보가 열 몇 개 와 있어 아들 김시연을 데리고 갔다고 했다.

남자현은 세 가지 유언을 남겼는데, 첫째는 자신이 갖고 있던 249원 50전 중에서 200원은 조선이 독립되는 날 축하금으로 바칠 것(유족은 1946년 3·1절 기념식장에서 김구·이승만에게 전달했다고 한다), 둘째는 손자 시연을 대학까지 공부시켜 자신의 뜻을 알게 할 것, 셋째 49원 50전 중 반은 손자 공부하는 데 쓰고 남은 반은 친정의 증손자에게 주라는 것이었다. 남자현의 친정 증손자 남재각은 김시연 옹보다 서너 살 아래였는데 같이 생활하고 함께 학교를 다녔다고 한다. 남자현이 죽은 후에도 아들 김성삼은 늘 경찰서에 불려 다녔고, 때로는 손자 김시연도 같이 갔다고 했다. 김성삼은 해방 후 육군사관학교를 나와 장교생활을 하다 세상을 뜨고, 김시연은 하얼빈 농대를 나온 후 해방이 되자 귀국했다. 그리고 줄곧 농업고등학교에서 교편생활을 하다 정년퇴직했다. 그가 평생 중요하게 여긴 것은 '정직'이어서, 사소한 거짓말도 할 줄 몰랐다고 한다. 김시연은 선열유족회에 참여하여 남자현의 유지有志를 지켜가고 있다.

1962년 남자현은 여성 독립유공자 중 최고 훈장인 건국훈장대통령장에 추서되었다. 그리고 1999년 경상북도 영양군에서는 그의 생가터인 석보면 지경리에 본채와 부속사를 복원했다. 현재 생가에는 '남자현 지사 항일순국비'와 추모각이 있어 역사교육의 장이 되고 있다.

남자현의 사후 1930년대 만주에서 무력투쟁에 참여했던 여성들은 본격적인 유격대의 전투요원으로 활동했다. 1937년 전투에서 '여장군'의 칭호를 받은 허성숙과 1933년 이후 용정유격대에서 활약을 하던 리경희를 비롯한 많은 여성이 전투에 직접 참가하여 전사했다. 1939년 강서성 곤륜산 전투에서 부상을 입고 그 후유증으로 전사한 박차정朴次貞은 김원봉의 부인으로, 조선의용대 부녀복무단원으로 맹활약했다.

남자현이 자신에 대해 남긴 기록은 없다. 다만 조소앙 선생이 남긴 〈여협 남자현전〉에 그에 관한 것이 비교적 자세히 기술되어 있을 뿐이다. 그러나 독립운동사에 관한 기록을 찾으면 그에 관한 일들이 몇 줄이라도 언급되어 있다.

그는 늘 보통사람이 아니라는 말을 들을 정도로 남다른 능력이 있었던 것으로 전해진다. 그러나 생각해보면 그의 능력은 재능이 아니라 인간으로서 지켜야 할 도리와 의리에 최선을 다하고자 한 책임감과 열정에 있

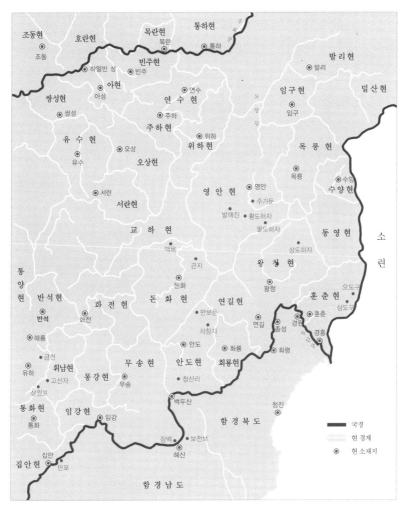

재만 한인 민족 운동자의 주요 활동지.

었다. 그래서 그는 어머니와 며느리의 도리를 다한 후 항일투쟁을 위해 47세에 만주로 떠났던 것이다. 그에게 항일투쟁과 독립운동은 나라의 적이자 남편의 원수를 갚는 유일한 선택이었다. 그리고 그는 자신의 신념과 목적을 위해 나이도 잊고 여성이라는 것에 구애받지 않으며 조국의 광복과 민족을 위해 자신을 던졌다. 자신을 필요로 하는 곳이라면 어디든지 한걸음에 달려가 부상병도 돌보고 군자금도 마련했고, 분열과 갈등이 있는 곳에서는 손가락을 칼로 자르면서까지 화합하기를 여러 번 호소했다. 교회와 여자교육회를 설립한 것도 항일투쟁을 위해서였고, 의열단을 조직한 것도 항일투쟁을 위해서였다. 그는 항일투쟁에 나선 그 순간부터 봉건적 여성의 틀에서 해방된 사람이었다.

한편 1920년대 서울에서는 서구 자유주의 여성해방론을 부르짖던 소설가 김일엽과 조선총독부의 관비장학생으로 동경 유학까지 다녀온 성악가 윤심덕 등이 연애 스캔들을 일으켰다. 또한 당시의 시대상을 그린 현진건의 〈술 권하는 사회〉는 봉건적이고 무지한 아내와 동경 유학생 출신 남편의 갈등을 그리며 소극적이고 자조적인 식민지 지식인의 모습을 보여주고 있다. 반면에 일부 여성들은 기독교나 사회주의자들을 중심으로 여성의 해방과 함께 독립운동을 전개했다. 이렇듯 동시대를 살면서 같은 여성의 처지라도 그 삶의 선택은 저마다 다를 수밖에 없었다. 물론 일제의 식민지 지배를 받던 시대적 상황 속에서 지식인의 갈등은 컸을 것이다. 게다가 조선 지식인에 대한 일제의 회유와 압박도 계속되었다. 그래서 1930년대에는 많은 지식인들이 친일파로 변절했고, 그들 중 대부분은 해방 후에도 자신의 기득권을 세습하기에 이르렀다.

필자는 예전에 대학에서 근대사를 공부할 때, 내가 만약 그 시대에 살았다면 어떤 삶을 선택했을까라는 자문을 한 적이 여러 번 있다. 과연 가시밭 길을 걷는 항일투쟁에 과감히 나섰을까? 아니면 식민지라는 치욕적인 현실에 순종하면서 숨죽이며 목숨을 연명하고 있었을까? 혹은 적극적인 친일파가 되어 개인과 가문의 부귀영화를 누렸을까? 선택을 하는 것은 개인의 자유일지 몰라도 역사의 정의는 단 한 가지일 뿐이다. 불가佛家의 '파사현정破邪顯正'이란 뜻은 사악한 것을 깨뜨리면 바른 것이 드러난다는 뜻이다. 사악한 것은 무명無明이고 바른 것은 지혜智慧라고 한다. 국가와 민족이 유린당하고 국토가 타국의 군화에 짓밟히는 현실에 당면할 때 우리는 어떤 정신으로 살아야 할 것인가?

광복 60년이 지난 오늘날까지도 친일에 대한 논쟁은 끝나지 않았다. 그래서 더욱더 남자현의 "독립은 정신으로 이루어진다."는 유언은 우리 민족의 역사적 명제라 할 수 있다. 나라를 잃고 민족의 주체성이 말살되는 상황에서 여성 해방이 어떤 의미가 있을까.

현재 우리는 외국의 자본이 계속 침투되는 가운데 한반도를 둘러싼 열강들과 경쟁해야 하는 현실에 직면하고 있다.

우리 사회는 이미 다방면에서 남녀평등을 구현하고 있다. 그러나 오늘을 살고 있는 우리 여성들의 국가관과 민족의식이 얼마나 확고한지는 의문의 여지가 있다. 그런 면에서 앞으로도 더 많은 무명의 여성 항일투사를 찾아내는 일과 그들의 삶을 조명하는 작업은 후대를 사는 여성들에게 남겨진 숙제가 될 것이다. 대한민국의 오늘을 살고 있는 우리 여성들은 어떤 정신으로 살 것인가? 남자현, 그는 과거의 이름이 아니라 미래의 이름이 되어야 할 것이다.

어릴 적부터 매사에 호기심이 왕성했던 필자에게 역사 속의 다양한 인간들의 삶은 너무나 흥미로웠다. 중학교 때부터 대학에서 역사를 전공하고자 희망했던 것은 그 때문이었다. 그 당시 일반적으로 여자가 대학에서 무엇을 공부하는지는 그다지 중요한 것이 아니었다. 그리고 실제로 여대생의 비율이 10%도 되지 않았던 시절이었다. 여자가 대학을 다닌다는 것은 부모의 경제력이 좋고 고등교육을 받았을 거라는 이중적인 의미를 갖는 것이었다. 그래서 당시 여대생을 보는 시선은 선망과 함께 질시를 담기도 했다.

대학을 졸업할 때까지 군사정권에 저항하는 학생들의 데모가 계속되었다. 그중에는 여학생들도 꽤 있었다. 그때 사람들이 이구동성으로 하는 말이 그랬다.

"어휴! 어느 집 딸년인지 몰라도 시집은 다 갔다. 아니 남자도 아니고, 계집애를 대학까지 보내줬으면 감지덕지인 줄 알아야지… 얌전히 다니다 졸업장이나 딸 것이지… 하여튼 옛날부터 여자가 글 배우면 골치라니까!"

재학시절 내내 나는 보수적 성향의 남학생들과 논쟁을 벌이는 소모전

을 치러야 했다. (그럴수록 여성으로서가 아니라 인간으로 씩씩하게 살리라는 투지를 불태웠다)

그후 졸업논문의 주제를 '동학농민전쟁'(당시에는 동학난 혹은 농민운동 정도의 표현밖에 쓸 수 없었다)으로 정했다. 개인적으로 제도사나 인물보다는 민란에 관심이 많았기 때문이었다. 그런데 주변에서 또 한마디씩 던졌다.

"너는 여자애가 하고많은 주제 중에 왜 그런 것에 관심을 두냐? 네 성향을 보면 결혼해서 편안하게 살 것 같지 않아 참, 걱정된다!"

그러나 그런 얘기들은 그후 여성으로 사회생활을 하면서 겪은 서사시의 서곡에 불과했다. '여자가 뭘?' '여자가 왜?' '여자 주제에' '여자가 그렇지!'

이런 경험들은 우리 세대의 여성들이 공통적으로 갖고 있는 '문신'과도 같은 것이었다. 그런 이유로 이 땅에서 자기 힘으로 돈을 벌고 기득권자인 남성들과 어깨를 부딪치며 사회생활을 하는 여성들은 늘 그 문신을 드러낸 채 사는 것과 같았다. 한 10년 전 까지만 해도 자기 아내가 사회생활하는 것이 자존심을 상하게 한다고 여기는 남자들이 적지 않았다. 남편의 허락을 받아야 직장생활을 할 수 있다는 여자들도 많았다.

요즘 여성들의 '취업은 필수, 결혼은 선택'이라는 인식과 비교하면 격세지감을 느낀다. 후배들 말로는 현실적으로 현재 직업이 없는 여성은 결혼하기가 쉽지 않다고 한다. (외모가 출중한 미인이거나 장모가 부자인 경우는 예외지만) 그리고 결혼을 하고도 돈을 벌지 않는 아내에 대해 시집 식구와 남편이 은근히 압력을 넣는 경우도 종종 있다고 한다. (18세기에도 돈 잘 버는 여성을 현부賢婦라고 표현했다) 그런데 중요한 현실은 이제 여성들은 더 이상 수동적이거나 〈인형의 집〉의 노라처럼 살지 않으려 한다는 점이다. 무엇보다도 자신만의 선택에 충실하고자 한다. 반면에 공동체 의식이나 국가관이 취약해진 것도 사실이다.

개인적으로는 뚜렷한 여성의식도 없이 학창시절을 보냈던 필자가 여성에 대한 책을 내기까지 수십 년의 세월이 흘렀다. 우리 사회가 끊임없이 내게 화두를 던졌기 때문이다. 그래서 자생적으로 여성의식에 눈뜨게 되었고 여성에 관한 교양서를 쓰고자 열망했다. 그런데 이 책도 많은 우여곡절을 겪었다. 그래서 마음속으로 '팔자 센 여자들의 역사라 그런가 보다'라는 생각도 들었다. 하지만 본고의 작업을 통해 여성문제에 대한 새로운 시각을 갖게 되었음을 기쁘게 생각한다. 그리고 누구보다 내 자신의 정신이 번쩍 들었고 이런 느낌이 독자 여러분에게 전해졌으면 하는 바람이다.

늘 글 쓰는 작업을 물심양면으로 도와주신 부모님께 감사를 드립니다. 또한 대학시절의 은사이신 조광 교수님께 고마움을 전합니다. 그리고 원주문화원, 제주 만덕 기념사업회 박찬식 사무국장님, 남자현 지사의 친손자 김시연 옹, 전북 고창군청 문화관광과 조용호 과장님, 춘천 의병마을 남귀우 국장님께도 감사드립니다.

또한 편집부 여러분께 감사드립니다.

그 외 저자 교정을 도와주고 격려해준 한미혜, 정미화, 이희라, 하지혜 님께도 고맙다는 말을 전합니다.

2007. 4 임해리